高等学校新形态规划教材

气排球实用教程

主编　王　成　卫荣辉　林海强

西北工业大学出版社

西　安

【内容简介】 本书是气排球教学训练及学习推广的新形态教材,适合不同水平,不同人群的学习研究。本书主要包括气排球运动概述,气排球运动技术分析与教学训练,气排球运动战术分析与教学训练,气排球运动员专项素质与体能训练,气排球运动科研方法,气排球运动竞赛组织与编排,以及气排球运动竞赛规则与裁判方法等内容。

本书既适合高校体育专业教学使用,也适用于广大气排球爱好者学习参考,同时在推广气排球运动的过程中,尝试探索气排球运动对提升全球胜任力的三大维度和六大核心素养所发挥的积极且重要的作用。

图书在版编目(CIP)数据

气排球实用教程/王成,卫荣辉,林海强主编.——
西安:西北工业大学出版社,2021.1(2025.1 重印)
ISBN 978 - 7 - 5612 - 7633 - 4

Ⅰ.①气… Ⅱ.①王…②卫… ③林… Ⅲ.①排球运动-运动训练-教材 Ⅳ.①G842.2

中国版本图书馆 CIP 数据核字(2021)第 031016 号

QIPAIQIU SHIYONG JIAOCHENG
气 排 球 实 用 教 程

责任编辑:蒋民昌	**策划编辑:**杨 军
责任校对:朱晓娟 董姗姗	**装帧设计:**董晓伟

出版发行: 西北工业大学出版社
通信地址: 西安市友谊西路 127 号　　　　邮编:710072
电　　话: (029)88491757,88493844
网　　址: www.nwpup.com
印 刷 者: 陕西向阳印务有限公司
开　　本: 710 mm×1 000 mm　　1/16
印　　张: 15.5
字　　数: 304 千字
版　　次: 2021 年 1 月第 1 版　　2025 年 1 月第 6 次印刷
定　　价: 69.00 元

如有印装问题请与出版社联系调换

让气排球走向更加广阔的世界

（代序）

　　排球，这项 1895 年起源于美国的运动项目，以它力与美相结合的魅力吸引着世界上成千上万的爱好者，以它宽厚包容的风采使世界 200 多个国家和地区协会聚集在它的麾下。

　　排球，这项要求技术细腻、决策果断、团队配合的运动项目，以它特有的高度技巧性和竞技性在吸引广大球迷的同时，又局限了大众的亲身参与。一名排球运动员达到中等水平需 3～5 年的训练，达到优秀则需 7～8 年的时间，威廉·G.摩根发明排球时那种嬉戏篮球胆的热闹已不复存在。

　　就在竞技排球发展由于其高度技巧性而妨碍其普及和作为健身手段在群众中广泛传播的时候，摩根先生发明嬉戏篮球胆的排球游戏在中国大地以气排球的形式推广开来。这一竞技排球的变种，既保留了排球中最根本的内涵，比赛中球不得落地、一人不得连续击球、三次击球须过网等，又简化了竞技排球中的许多繁琐规定，在参赛人数、球体材料、场地大小、球网高低和技术打法等方面进行了大胆改革，使之更适于排球运动在不同年龄、不同性别、不同健康状况的人群，尤其是老年人群中的开展。

　　气排球，技术起点不高、身体条件不限、团队健身活动、有益身心健康，已从局限于中老年群体参与的发展初期向全国各地、各群体、各行业系统进行辐射，迅猛发展，社会影响力逐渐扩大，呈现出前景广阔的喜人局面。

　　王成，西北工业大学"宝钢奖优秀教师"；卫荣辉，陕西学前师范学院"双师双能型"教师；林海强，西安科技大学教学新秀。三位来自西安不同高校的教师，被气排球深深吸引，聚到一起，学习气排球项目、参与气排球体验、裁判气排球比赛、进行气排球培训、推广气排球运动。在审视气排球发展的时候，他们深深感受到了理论的重要，感受到了实践经验必须上升到理论高度才能导致飞跃。《气排球实用教程》就是他们献给读者多年积淀的实践感悟、学习体会和经验总结，尤其是书中以气排球为特殊媒介探索培养气排球学习者全球胜任力素养的尝试给人留下深刻的印象。

希望本书能使读者通过气排球的体验，走向更加广阔的世界，并为这个世界的繁荣昌盛作出贡献。期待更多的体育工作者，将自己的或他人的运动实践经验提炼、总结、升华。

钟秉枢

中国排球协会副主席

2020 年 11 月

前　言

随着"健康中国 2030"的大力开展,作为大众体育系列的气排球运动近年来在全国迅猛发展,各行各业、各年龄组、各学段学校都陆续开展了气排球教学、比赛及交流。气排球运动发展呈现出广阔的前景,局面喜人。

本书是气排球教学训练的专业教材。通过对气排球运动的起源和发展、比赛方法和特点的学习,探索气排球运动对全球胜任力素养提升的推动与影响。重点对气排球运动技术与教学训练进行详细介绍,并对"捧球""抱球""插托球""单手托球"等特色技术与二次攻及其转移等特色战术进行分析,同时又紧扣当前气排球运动教学、训练与竞赛的实际需要,为气排球教学、训练、管理及科学研究提供参考,以帮助气排球参与者更加全面地参与气排球交流活动。

相关研究文献显示,全球胜任力是面对日益变化的全球化环境应运而生的一种综合能力,对国际化人才的培养具有重要而积极的影响。笔者尝试探索以气排球运动这一体育媒介,对加强国际化人才的全球胜任力素养提升积极影响,希望对于中国全球化进程有所贡献。本书所涉及的全球胜任力主要包括三大维度和六大核心素养,其中,三大维度包括:①广度,全面了解一个系统内的可迁移技能;②发展,如何在各个学习阶段发展技能;③深度,实用且详尽的指导教学和评估。六大核心素养包括:①创新性思维;②批判性思维;③学会学习;④沟通能力;⑤合作能力;⑥社会责任等素养。

本书由西北工业大学王成、陕西学前师范学院卫荣辉和西安科技大学林海强主编。其中:王成编写了前言,第一章,第三章第四节,第四章和第五章以及相关的新形态教材教学资源;林海强编写了第二章,第三章第一节、第二节和第五节以及相关的新形态教材教学资源;卫荣辉编写了第三章第三节,第六章和第七章以及相关的新形态教材教学资源,全书由王成统稿。其中插图照片由张学民、王煜锴摄影,技术动作由西北工业大学男排队员王天峰、张文翰、孙铭泽、任健示范,微课视频由西北工业大学男排队员和西安科技大学校男排队员参与拍摄。裁判手势与司线员旗示由气排球国家级裁判卫荣辉示范,书中翻译部分由魏冉、何飞、严立给予大力协助,在此一并表示感谢!

需要本书教学资源请登陆 http://nwpup.iyuecloud.com.下载,扫书中二维码可观看相应技术视频。

在编写本书过程中,笔者参考了大量的研究成果,同时得到了西北工业大学体育部的大力支持,在此表示诚挚的感谢。

虽然编者付出了巨大努力,但是由于编者学术水平和工作能力所限,本书难免出现错误或纰漏,恳请同行和广大读者批评指正,以便我们加以修订完善。

编　者

2020 年 11 月

目　　录

第一章 气排球运动概述

【本章内容概要】

本章主要介绍气排球运动的起源与发展、比赛方法和特点，并尝试性探索气排球运动对全球胜任力素养提升的意义。通过本章学习，可以帮助学生更好地了解气排球运动，促使他们积极参与气排球运动，并享受气排球运动带来的乐趣和健身价值。

第一节 气排球运动的起源与发展

气排球运动是我国土生土长，在人民群众中不断发展壮大，集运动、健身、休闲和娱乐等为一体的一项体育项目。它是由中国人自创的一种排球的衍生运动项目，它和排球运动十分相似，但是在许多方面又不同于排球，是一项在球的材质和大小、球网高度、场地大小和竞赛规则等方面有别于其他类型排球的一项运动。气排球的原理是在保留排球特性的基础上，使打气排球与打排球的技术方法基本一致，但是对于人们参与的难度进行了适当地降低。气排球具有球质软、球体大、球网低、规则宽、简单易学、集体性强、趣味性浓和安全性高等特点，受到了越来越多人的喜爱。尤其是在我国南方地区，气排球的开展如火如荼。经过近 40 年的发展变化，2017 年在第十三届全国运动会上，气排球被纳入群众体育的正式比赛项目，标志着该运动受到高度认可，掀起了新一轮的发展热潮。

一、起源期（1984 — 1990 年）

1984 年，为了更好地开展老年人体育活动，丰富退休职工的业余生活，呼和浩特铁路局集宁分局的老干部在组织群众体育运动时，以打气球的形式，在羽毛球场地开始了这项运动，参照 6 人排球赛制订简单规则，用两层气球套在一起活动，后又改用儿童软塑球。这样就开创了气排球的先河。1986 年，在广西壮族自治区灵川县，为更好地推广老年人体育活动，老年人体育协会副秘书长龚艺先生利用塑料袋充气成球，在当地举办了首届老年人"气排球"比赛。此阶段的气排球规则从无到有,以符合老年人的运动特点为基础,以娱乐健身交流为核心。虽然是一个简单模糊的雏形,但为今后气排球的发展奠定了良好的基础。

二、探索期(1991 — 2002 年)

1991 年是气排球发展的重要一年,在全国铁路系统离退休人员的体育工作大会上,内蒙古集宁铁路分局的代表进行了气排球展示,得到了大家的一致赞誉。6 月,气排球运动推广小组在北京正式成立,火车头老年体协编制出第一本《气排球竞赛规则》,在上海特制了比赛标准用球。1992 年 3 月,在石家庄举行了第 1 期全国铁路气排球学习班,气排球运动逐渐走向标准、规范化。11 月,湖北武汉市成功举行了首届全国铁路系统气排球比赛,有 7 支男队、6 支女队参赛,这是气排球运动探索发展的重要标志。1993 年 3 月,中国火车头体协在北京成立老年人气排球协会,该组织为气排球初期的发展提供了强有力的保障。1995 年 5 月,时任国际奥委会主席萨马兰奇先生在天津第 43 届世界杯乒乓球比赛考察期间,观摩了铁道科学院的气排球队演示,并给予了高度评价:"气排球很好,既适合老年人,也适合中年人、青少年,我们要把这项运动好好地推广下去。"1998 年,全国老年体育工作会议决定要在全国推广气排球运动。1999 年,火车头气排协承办了全国老年气排球教练员、裁判员培训班,并与中央电视台共同拍摄完成第一部气排球电视教学片,在 CCTV - 1《夕阳红》栏目中连续播出,获得良好的反响。由于气排球简单易学,比赛趣味性强,且是群众体育项目,具有较强的亲和力,受到了许多老年人的喜爱。

在探索发展期,气排球运动主要是在全国铁路系统的老年人中推广,从诞生初期的娱乐游戏性开始往竞技方向发展,但影响规模较小,受关注度相对较低。

三、普及推广期(2003 — 2014 年)

2003 年 11 月,在浙江省丽水市举办的华东地区首届老年人气排球比赛,标志着气排球运动的推广普及取得了实质性进展,气排球运动开始走出铁路系统,逐步辐射全社会。同年,国家体育总局排球运动管理中心再次修订了《气排球竞赛规则》,进一步规范了气排球比赛。2004 年 10 月,在浙江省丽水市,全国首届老年人气排球比赛隆重举办,进一步加深了气排球运动在民众中的影响力,走向全国。同年,呼和浩特铁路局在北京体育大学将气排球作为娱乐排球的一种形式向师生们介绍,并在附近的中学推广,气排球开始进入校园。2005 年 7 月,中国老年人体育协会制订了《老年气排球竞赛规则》,更加规范了气排球比赛,并在全国中老年人气排球比赛中实行。从 2007 年开始,国家体育总局社体中心、中国老年人体育协会和排球运动管理中心等部门多次对气排球规则进行调研和修改,大力促进气排球比赛的开展。2009 年,全国首届老年人健身大会气排球交流活动在山东威海隆重举行,共有来自 7 个省市 66 个代表队的 755 名运动员参加,规模空前。如今,气排球已经成为全国老年体协的五大竞技项目之一,在老年人运动中具有重要的地位和作用。2010 年春节,时任国务院总理温家宝在广西壮族自治区考察期间,曾到东兰县中学看望慰问教职工,并和他们一起进行气排球互动,气排球的发展得到党和国家领导人的关心和支持。2013 年,中国排球协会、排球管理中心组织编写、重新出版了《气排球竞赛规则》,大大规范了气排球运动。2014 年,在福建漳州举办的气排球国家级裁判员和骨干培训班,标志着我国气排球运动具备了组织正规比赛、交流和推广的基本要素。气排球运动作为社会性群众体育运动项目之一,在全民健身活动中风生水起。气排球运动在此阶段已经走向全国,规则日趋完善,在南方部分省市已经形成气候,越来越多的中青年加入进来,参与人群结构有了一定的变化。但是在全国范围内发展不平衡,南方比北方发展要迅猛,全国性的比赛还是以老年人气排球赛为主,缺乏规模效应。

四、蓬勃发展期(2015 年至今)

随着全民健身运动的广泛开展,健康中国战略的不断推进,气排球运动的发展十分迅猛。气排球不再仅局限于老年人运动,更多的中青年、学生等加入了气排球运动大军,从以往只局限于老年群体逐渐向社会上的各个群体、系统、行业等进行辐射,在社会上的影响力逐渐扩大,全国性的气排球比赛不断增多,更多的人参与其中,体验并爱上了这项运动。2015 年 4 月,首届全国大众排球运动交流推广研讨会在首都体育学院举行,中国排协宣布将继续加强以气排球为主的大众排球活动的组织建设,以校园、社区、企事业单位为基本要素,全面推进大众排球发展,说明这种起源于我国民间、并在群众中得到广泛开展的排球运动形式得到了管理部门的高度认可,它将在全民健身中发挥更大作用。会上还宣布将举办每年一度的"超级杯"全国气排球联赛,主要参赛者的年龄涵盖了 24～59 岁人群,覆盖范围包括青年、中年和老年群体。2015 年首届"超级杯"全国气排球联赛共有 80 支球队近 800 名运动员亮相总决赛赛场。2016 年"超级杯"全国气排球联赛共有 96 支队伍的近 1 000 名选手参赛。如今,每年一届的"超级杯"气排球赛分站赛、总决赛已经成为国内最具影响力和规模最大的全国性气排球赛事。从 2015 年开始,以宇生富为代表的新一代气排球产品推出并广受好评,气排球的球体更大,手感更好,与排球的技术衔接较为紧密,这是传统气排球的一次重大革新和发展。2017 年第十三届全国运动会将气排球项目正式纳入群众比赛项目,掀起了新一轮的气排球热潮。第十三届全运会决赛的队伍都经历了各省、市、自治区举办的海选赛、争霸赛等各种形式的选拔,据统计,有超过152 900名群众报名参加,共进行了48 546场各级各类的选拔赛,成为真正的全民全运。相关数据表明,从2014年开始,气排球的参与人数约为300万人次,2017第十三届全运会结束后,全国打气排球的人数已经上升至近2 000万人次。全国青少年气排球夏令营自2012年首次举办以来,已经逐渐发展成为一项传统体育赛事。从2016年开始,排球管理中心推出全国大学生气排球联赛,2018年又推出第一届中国气排球公开赛,涵盖中年、青年两个级别,同时还推出了全国小学生气排球联赛。青少年群体逐渐成为气排球比赛的重要参与者,说明气排球运动逐渐摆脱出老年人运动的范畴,正式进入青少年的日常体育活动中,覆盖整个年龄层次,这也是全民健身的重要突破口。气排球运动从最初在铁路系统由群众自发性组织活动,发展到由老年人体协组织活动,再到如今由体育行政部门牵头,多部门、多单位参与的每年10余次全国性赛事,无不体现了我国气排球运动的快速发展和壮大,气排球运动正在成为全民健身运动新一轮的排坛旋风。

五、气排球竞赛规则的演变

(1)1992年由中国火车头老年人体育协会审定出版《老年人气排球竞赛规则》。

(2)2005年7月由中国老年人体育协会审定出版《老年气排球竞赛规则》。

(3)2010年8月再次修订出版《老年气排球竞赛规则》。

(4)2012年4月由中国火车头体育协会和中国火车头老年人体育协会共同审定出版《气排球竞赛规则》。

(5)2013年7月由中国排球协会审定出版《气排球竞赛规则》。

(6)2017年5月由中国排球协会审定出版现行的《气排球竞赛规则》。

第二节　气排球运动的比赛方法与特点

气排球运动在中国大地上开展已有近四十个春秋,1997年获得国家专利,成为一项由中国人发明并拥有自主知识产权的新型体育项目,这项运动的发明和兴起是中国对世界体育事业的一大贡献。前国际奥委会主席萨马兰奇曾经对气排球题词:"气排球很好,既适合老年人,也适合中年人、青少年。"经常打气排球,能使颈部、手指、手臂、腰部、腿脚及头脑的灵活反应有较好的锻炼,有减缓衰老、延年益寿的效果。

一、气排球运动的比赛方法

气排球比赛是由两支人数相等（四人制或五人制）的球队，在被球网隔开的两个面积均等的场地内（半场各为长 6 m，宽 6 m），根据规则，以身体任何部位将球从网上规定范围（球网上沿以上，两个标志杆之间），在限定的击球次数内将球击入对方场区，而不使球落入本方场区内的、集体的、攻防对抗的运动项目。

气排球比赛的形式多样，可以男女分别组队，也可以男女混合组队，有四人制，也有五人制，球网高度可根据分组情况灵活设定。其比赛的基本方法是由一名发球队员在裁判员鸣哨且做出允许发球的手势后，8 s 内在发球区用一只手或手臂将抛起的球直接击过球网开始，每队最多击球 3 次（栏网触球除外），使球越过球网，且从两个标志杆及其向上延长线的范围内飞入对方场区，击球时不得持球，一人不得连续击球两次。比赛不间断地进行，直至球落地、触及标志杆、触及场外物体或某队犯规。

比赛中一方每获得 1 分，则按照位置表的队员站位顺序，顺时针轮转一个位置，由轮转至 1 号位的队员继续发球进行比赛。

比赛采用三局两胜制，第一、二局为 21 分制（某队得到 21 分，同时领先对方 2 分为胜一局），决胜局（第三局）为 15 分制（某队得到 15 分，同时领先对方 2 分为胜一局），每局双方各有 2 次请求暂停，时间为 30 s，第一局结束至第二局开始间隔 2 min，第二局结束至第三局开始间隔 3 min。

二、气排球运动的特点

气排球运动除运动量适当、不激烈，可男女分组参与，也可以男女老少混合参与。一场气排球比赛，30～40 min，可燃烧 186 kcal 热量，既消耗了少量血糖，又减少了脂肪，不仅锻炼了心脏功能，还能减轻体重。它包括空中击球技术、击球时间短暂、全身各部位均可击球、得失分计算、战术配合和触球次数有限等排球运动的共性，但还具有不同于排球、软式排球的 10 种特性。

（1）球体大。球为圆形，球的面料由柔软的高密度合成革材质制成。颜色为彩色。圆周长为 72～78 cm（排球、软排均为 65～67 cm），手接触的部位增大，容易控制球，容易发力。

（2）重量轻。球的重量为 120～140 g（排球为 260～280 g、软排为 220～240 g），不用大力击球，容易接起球（一次比赛所用的球必须是同一特性、同一品牌）。

（3）球压小。球内气压为 0.15～0.18 kg/cm²（排球为 0.30～0.325 kg/cm²）。手接触球的感觉良好，容易熟悉球的性能。

（4）球质软。球体由柔软的薄皮包裹内胆材料制成。击球时，没有疼痛感，不伤手指,解除了"怕痛"心理。

(5)球性好。球体弹性适量,易控制击球力量,易传(发)高、远球。

(6)球速慢。球在空中飞行时飘度大,滞空时间长,球落地速度较慢,便于移动后做出各种击球动作。

(7)球场小。比赛场区长为 12 m、宽为 6 m(排球、软排球均为 18 m×9 m)。传球、扣球或防守时不需要大范围移动和助跑。

(8)球网低。男子球网高度 2.1 m,女子球网高度 1.9 m,基层男女混合球网高度 2.0 m。球网高度用量尺从场地中间丈量,球网两端离地面必须相等,不得超过规定高度 2 cm。

(9)球技易。气排球技术要求不高,规则也简单易行,一学就会,观赏性和趣味性强,适合人群广泛,老少皆宜。

(10)较安全。气排球活动难度不大,技术要求不高,双方隔网对抗,队友之间相互配合多,不伤手指,安全性较高。

总之,气排球比赛中来回球次数增多,大大提高了参与活动的趣味性、协作性和精彩对抗性,使气排球健身活动具有一定的运动负荷,加上其项目特有的亲和性,从而产生了较高的健身价值和社会价值,也很好地展示出其在校园体育文化推广和普及进程中的良好前景。

第三节　气排球运动与全球胜任力素养

全球胜任力是以跨文化为基础,进行沟通力、合作力与创新力的探索,以气排球运动的特殊媒介属性注入到全球胜任力素养提升,气排球运动不仅可以提高运动能力,也能提高跨文化交际技能,以球会友扩大"朋友圈";不仅能够帮助获取和吸收科学锻炼的知识,也能帮助参与者学会建构知识体系,为终身参与体育健身奠定基础;不仅能丰富自身的人文内涵,也能引导参与者团结协作、胸怀天下、立己达人,以集体福祉为愿景,积极推进全球胜任力素养可持续发展。

全球胜任力是清晰了解世界、洞察世界的'望远镜'和'放大镜',是以开放的心态、包容的胸怀有效参与多元文化的桥梁和纽带,是实现人类共商、共建、共享的助推器和发动机。结合气排球运动的项目特点,可以更加充分地认识到气排球运动对培养全球胜任力素养的重要意义:相关资料显示,获得全球胜任力,就获得了在"地球村"工作的资格证书和参与全球治理的国际通行证;以气排球运动推动全球胜任力素养的培养,就是提升人们参与全球竞争与合作的核心素养,为适应全球化发展奠定坚实的基础,为成为合格的世界公民做好准备。

在逆全球化思潮的背景下,做强做大国内市场,正视全球格局变动以及供应链不稳定的现状,运用气排球运动这种特殊的体育媒介手段,更加有力地加速中国在当前国际形势下的角色转变,利用百年未有的大变局,抓住新的历史机遇,提高参与者的应对能力、意志力、挑战力和抗压力、责任担当等硬核能力,以及国际化交融意识的培养,不失为一种有益的探索。

相关研究文献显示,全球胜任力是面对日益变化的全球化环境应运而生的一种综合能力,尝试探索以气排球运动这一体育媒介,对国际化人才的培养具有重要而积极的影响。本教程所涉及的全球胜任力主要包括三大维度和六大核心素养,其中三大维度主要包括:(1)广度,全面了解一个系统内的可迁移技能;(2)发展,如何在各个学习阶段发展技能;(3)深度,实用且详尽的指导教学和评估。六大核心素养则包括:创新性思维、批判性思维、学会学习、沟通能力、合作能力和社会责任等素质。

全球胜任力三大维度、六大核心素养的中英文对应图如图1-3-1、图1-3-2所示。

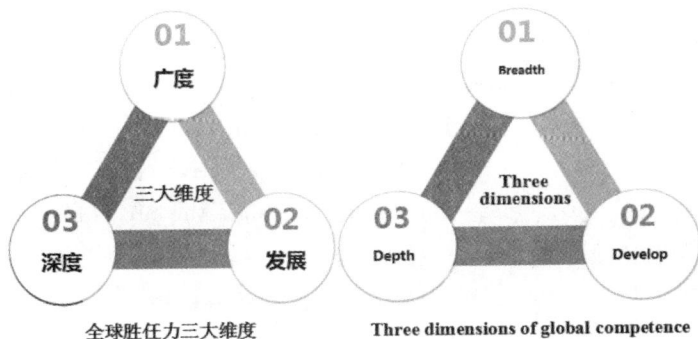

全球胜任力三大维度　　　Three dimensions of global competence

图1-3-1 三大维度

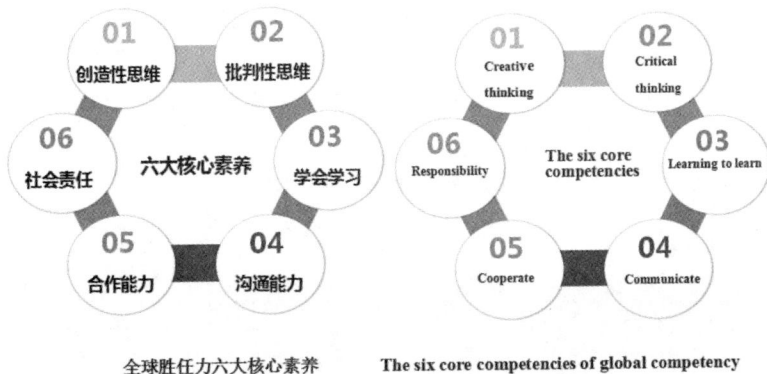

全球胜任力六大核心素养　　The six core competencies of global competency

图1-3-2 六大核心素养

气排球与全球胜任力的交叉融合思考一
Reflection Ⅰ on the Cross Integration of Air Volleyball and Global Competence

在气排球运动概述这一章中的理论内容可以渗透到培养学生的全球胜任力素养中。根据排球运动与气排球运动的特点不同,在参与的群体方面带来了更多的选择。针对该问题,有必要对气排球运动的体系展开学习讨论。其中,气排球运动的发展是值得重点关注的内容,因为这部分内容会涉及到气排球运动发展历程中面对来自不同方面的各种问题。关于这些内容的学习与讨论,从全球胜任力素养提升的角度出发,通过参与气排球运动使学生达成:①知识层面能够促进学生学会学习;②技能层面能够欣赏气排球文化特点、提升创新与创造能力、增强自身的适应性;③态度与价值观层面培养宽容、欣赏、沟通以及合作的意识。

Much of the contents in this chapter connect the development of students′ global competence. The different characteristics between volleyball and air volleyball bring more choices to the participants. Therefore, it is worth to understand the air volleyball more thoroughly for further discussion. The development of air volleyball is worth scrutiny as the contents in this part involve the problems occurred in the development of air volleyball. The study and discussion of these contents, from the perspective of global competency, will help students to achieve followings through the air volleyball: 1) the learning ability of the students to learn proactively; 2) the ability to enjoy the cultural feature brought by this sport, to improve the innovation and creativity, and to enhance the adaptability; 3) positive attitudes and tolerance of different values as well as appreciation, communication and cooperation.

思考题一

1. 气排球是在什么背景下发明的？气排球发展历程分哪几个时期？
2. 气排球的特点有哪些？
3. 气排球对全球胜任力的发展有哪些促进作用？

第二章 气排球运动技术分析与教学训练

【本章内容概要】

本章主要介绍气排球运动技术的概念与分类、气排球技术的教学理论及教学方法等;分析了准备姿势与移动、发球、接球、传球、扣球、拦网等基本技术的理论与练习方法。另外,由于气排球的球体轻、弹性好、易飘晃等特点,使得气排球具有一些富有特色的技术动作,本章将学习"捧球""抱球""插托球""单手托球"等特色技术。

当对各项技术分析时,应遵循动作学习规律,由易到难,对技术重点、难点进行剖析,帮助学习者掌握技术要领,指出每项技术动作易犯错误,并针对性给出纠正方法,以帮助学习者及时发现动作问题并解决问题;针对每项技术特点,提供多种练习方法,便于学习者的技术水平提高和高效的参与比赛。

第一节 气排球技术概述

一、气排球技术概念

气排球技术是指在规则允许的条件下,运动员采用的各种合理的击球动作和其他配合动作的总称。

二、气排球技术特点

气排球属于排球运动的一种,因此排球的各项技术同样适用于气排球。

(一)技术的独特性

由于气排球的特点和竞赛规则,使得气排球衍生出了一些富有特色的技术动作。气排球球体较大、重量较轻,在飞行中受气流的影响易产生"晃动""下坠"

和"变线",击球时采用"捧""抱""托"等动作能很好地解决气排球在运行中出现的这一系列问题,也由此创造出气排球独特的"插托(搬挡)球""抱球""捧球""单手托球""抱传球""插托传球"等具有气排球特色的击球技术动作。

(二)完成动作的技巧性

气排球技术动作多样,所有击球动作均为凌空击球,并且要求在极短的时间内将球击出、球不能在手中停留,不得接住和抛出。同时,运动员不能连续击球两次,每方要在三次内击球过网,这就使气排球技术具有相当高的时空性,要求运动员具有高度的技巧。

(三)技术运用的攻防两重性

气排球的各项技术大多是攻中有防、防中有攻,攻防兼备。例如拦网技术,它是防守的第一道防线,但同时又可直接得分,成为进攻手段;又如垫球,主要用于接发球和接扣球,是重要的防守技术,但垫过网的球往往会因出其不意而直接得分。因此,气排球技术大都具有攻防两重性。

(四)各项技术均有得失分的可能性

气排球比赛当运用各种技术击球时,都存在着直接得分和直接失分的可能性。

(五)击球部位的全身性

气排球比赛中,运动员可以用头、手、腿、脚等身体的任何部位击球,在增加比赛的激烈程度和观赏性的同时,也对运动员的球感提出了更高的要求。

(六)技术与战术的关联性

技术与战术互相联系、互相依存、互相制约,技术是战术的基础,技术好则更能充分发挥战术的作用,完成一个技术动作的过程可以同时实现其战术目标。例如,做一个前交叉传球,就是要达到晃开对方第一起跳拦网的战术目的。所以,当训练技术时,不能忽视战术目标的要求。

三、气排球技术分类

气排球技术可分为有球技术和无球技术。气排球无球技术包括:准备姿势、移动、起跳、落地以及各种掩护动作。气排球有球技术包括:发球、接球、传球、扣球和拦网(见图 2-1-1)。

```
                                   ┌─ 准备姿势
                                   ├─ 移动
                        无球技术 ──┤
                                   ├─ 起跳
                                   └─ 落地
气排球技术 ──┤
                                   ┌─ 发球
                                   ├─ 接球
                        有球技术 ──┼─ 传球
                                   ├─ 扣球
                                   └─ 拦网
```

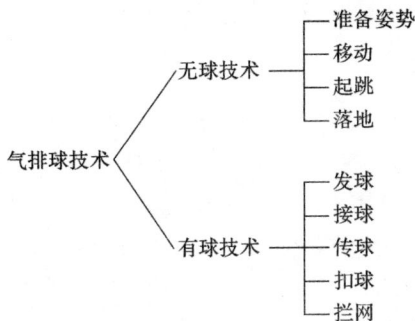

图 2-1-1 气排球技术分类

第二节 无球技术动作分析与教学训练

　　无球技术是指不接触球的各类动作,主要为有球技术服务;主要分为准备姿势、移动、起跳和落地。无球技术是有球技术的基础,两者密不可分,相辅相成,良好的无球技术能够帮助运动员更快地接近来球,提高击球高度,并有效预防各类运动损伤,因此在气排球技术使用过程中,必须重视无球技术的学习(见图2-2-1)。

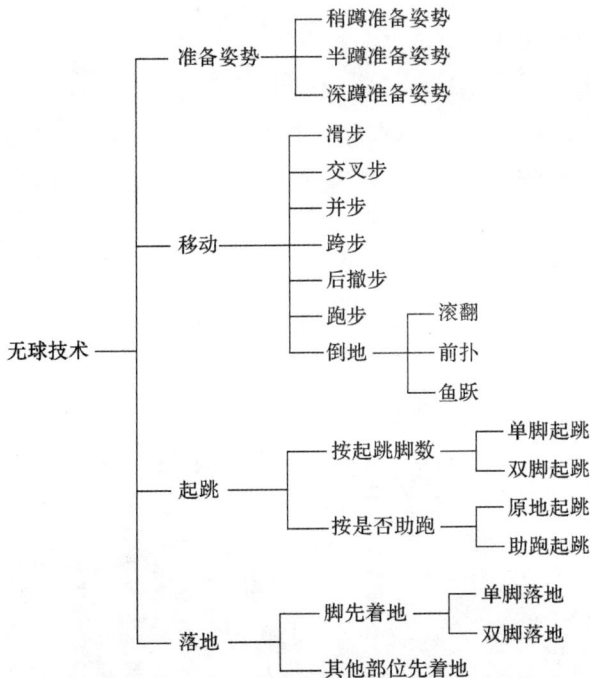

```
                              ┌─ 稍蹲准备姿势
                   准备姿势 ──┼─ 半蹲准备姿势
                              └─ 深蹲准备姿势

                              ┌─ 滑步
                              ├─ 交叉步
                              ├─ 并步
                   移动 ──────┼─ 跨步
                              ├─ 后撤步            ┌─ 滚翻
                              ├─ 跑步             ├─ 前扑
                              └─ 倒地 ────────────┼─ 鱼跃

无球技术 ──┤
                                               ┌─ 单脚起跳
                              按起跳脚数 ───────┤
                   起跳 ──────┤                 └─ 双脚起跳
                                               ┌─ 原地起跳
                              按是否助跑 ───────┤
                                               └─ 助跑起跳

                                               ┌─ 单脚落地
                              脚先着地 ─────────┤
                   落地 ──────┤                 └─ 双脚落地
                              其他部位先着地
```

图 2-2-1 气排球无球技术分类

一、准备姿势

(一)准备姿势的概念

人体在起动、移动和击球前所采用的合理的身体姿势,称为准备姿势。合理的准备姿势是指既要使身体重心处于相对稳定的状态,又要便于移动和完成多项击球动作,为迅速起动、快速移动及击球创造最好的条件,是完成各项技术动作的前提和基础,良好的准备姿势应有利于快速移动或做出下一个有球动作。

(二)准备姿势的分类

根据身体重心的高低,准备姿势分为:稍蹲准备姿势、半蹲准备姿势和深蹲准备姿势,三种准备姿势主要的不同表现在膝关节角度的大小上(见图 2 - 2 - 2)。

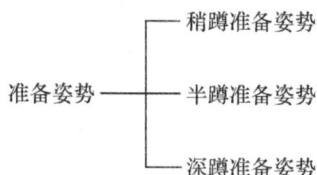

准备姿势 —— 稍蹲准备姿势
—— 半蹲准备姿势
—— 深蹲准备姿势

图 2 - 2 - 2　准备姿势

(三)准备姿势的动作方法及要领

1. 稍蹲准备姿势

两脚左右开立比肩略宽,两脚前后销错开,脚跟稍提起。站在左半场时则左脚略在前,右半场则右脚略在前,两脚保持微动。膝关节保持微屈,膝关节角度在 140°～160°,上体前倾,肩的垂直线应在膝关节前面,重心靠前,含胸收腹,两眼注视来球。两臂自然放松屈肘,两手置于腹前,两脚始终保持微动,以便自如地完成移动和击球动作(见图 2 - 2 - 3)。

图 2 - 2 - 3　稍蹲准备姿势

2. 半蹲准备姿势

重心稍低,比稍蹲准备姿势的膝关节角度更小,膝关节角度在 $90°\sim140°$,膝关节垂直线应在脚尖前面,以减小身体的稳定性。动作方法与稍蹲准备姿势相同(见图 $2-2-4$)。

图 $2-2-4$　半蹲准备姿势

3. 深蹲准备姿势

深蹲准备姿势的身体重心比半蹲准备姿势的身体重心更低、更靠前,两脚左右、前后的距离更宽些,膝关节的弯曲程度更大些,膝关节角度小于 $90°$,上身前倾,肩部投影过膝,双手置于胸、腹之间(见图 $2-2-5$)。

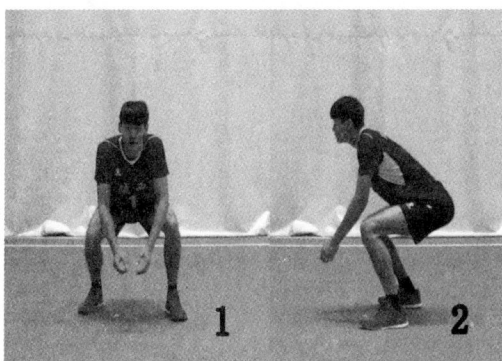

图 $2-2-5$　深蹲准备姿势

(四)准备姿势的运用

1. 稍蹲准备姿势的运用

一般用于当对方正在组织进攻时的判断,或球虽在本方但离自己较近不需要长距离移动击球时,以及在进行二传、扣球和接速度较慢弧度较高的发球、处理球时可运用稍蹲准备姿势。

2. 半蹲准备姿势的运用

半蹲准备姿势是气排球比赛中最基本的准备姿势,在接发球时运用最多,在防守、拦网时也常运用。其目的是在防较低的来球时能迅速起动和短距离快速移动。

3. 深蹲准备姿势的运用

深蹲准备姿势主要运用于接球速快的大力发球、大力扣球与接拦回球,在接低远的球和衔接各种倒地动作的接球时也要求采用深蹲准备姿势,以扩大防守范围。

(五)准备姿势的教学顺序与步骤

1. 教学顺序

准备姿势的教学顺序为:原地准备姿势练习→移动后转换成准备姿势练习。两种练习可按照:稍蹲准备姿势→半蹲准备姿势→深蹲准备姿势的顺序进行。

2. 教学步骤

(1)观看中国大学 MOOC 网站《气排球》(林海强等)第二章第一节准备姿势与移动,并尝试自己模仿练习。

(2)讲解、示范,并以正面示范结合侧面示范腿和脚部动作规格与要领。

(3)原地徒手模仿视频动作反复自练。

(4)在各种移动和跳跃、滚翻技巧动作后紧接着转换成准备姿势。

(六)准备姿势的训练方法

(1)学生做准备姿势,教师巡回检查纠正动作。旨在建立初步概念,体会完整动作。

(2)看信号做动作:教师手臂向前平举时,做半蹲准备姿势;手臂上举时,做稍蹲准备姿势;手臂向侧下方举时,做深蹲准备姿势。如此反复进行,教师可随时纠动作。

(3)组织学生练习时,可以让学生同时练习,也可以将学生分为两排,面对面练习,让一排先做,另一排注意观察自己的搭档的动作,及时发现错误并帮助对方纠正动作。

（七）准备姿势常见错误动作及其纠正方法（见表 2-2-1）

表 2-2-1 准备姿势常见错误动作及其纠正方法

常见错误动作	纠正方法
臀部后坐	讲清重心靠前的道理，使双膝投影超过脚尖
直腿弯腰	多做低姿移动辅助练习
有意提脚跟	讲清脚跟提起是腰、膝、踝弯曲所引起的自然动作的道理
全脚掌着地	提示提脚跟，使两脚前后略分大些

（八）准备姿势小结

上体前倾稍收腹，重心落在前脚掌。

两手置于胸腹间，双膝内收起脚跟。

抬头注视来球点，全身处于微动态。

二、移动

（一）移动的概念

从起动到制动之间的位移和动作称为移动。

移动的完整过程包括起动、移动、制动三个环节。起动是移动的开始，移动是起动的继续，制动是移动的终止。起动是在准备姿势基础上交换身体重心的位置，破坏准备姿势重心的稳定，使身体便于向某一方向做移动；移动则是在起动的基础上，利用脚步动作来改变运动员在场上的位置，完成技术动作和战术配合的行动；制动是移动的结束，要及时克服身体的惯性冲力，保持好击球前的身体姿势。

及时起动和快速移动是为了及时接近、对准球，保持好人与球的位置关系以便击球，同时也是为了迅速占据场上有利位置；适时制动，是为了稳定中心、保持身体平衡，以及顺利地完成各种击球动作。

起动、移动速度的快慢，主要取决于人体重心转移的速度和腿部肌肉的爆发力，也与正确的准备姿势、灵敏的反应速度、临场判断能力、身体协调能力有关。

运动员在场上要根据来球的方向、弧线、速度和落点，及时地做出向前后左右的起动、移动和制动，使身体快速接近来球，并处于合适的位置，然后做出相应的击球动作。

(二)移动的组成及步法分类

移动主要由起动、步法和制动组成。其中步法分类见图 2-2-6 所示。

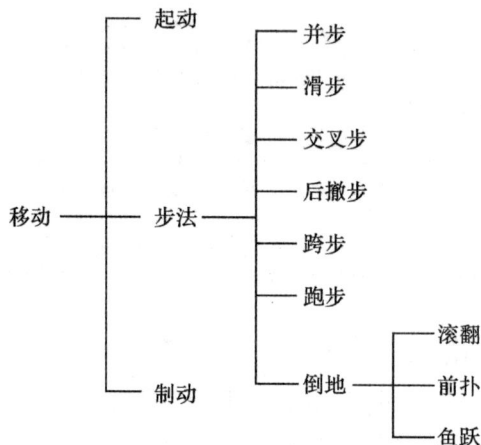

图 2-2-6　移动的组成及步法分类

(三)移动的动作方法及要领

1. 起动

(1)起动的概念。起动是指从静止到移动发力动作的过程。它是移动的开始,是在准备姿势的基础上变换身体重心的位置,破坏准备姿势的平衡,使身体向目标方向移动。起动的快慢是移动的关键,起动的速度取决于反应能力和腰腿部的速度力量。

(2)起动的动作方法。以向前起动为例,在正确准备姿势的基础上,迅速抬起前腿,收腹,使上体向前探出,同时后腿迅速用力蹬地,使整个身体急速向前起动。

2. 移动步法

起动后,应根据临场技战术的需要,灵活地采用多种移动步法进行移动。移动的主要步法和动作方法如下:

(1)并步。

1)动作方法(见图 2-2-7)。两脚前后站立与肩同宽,两膝微屈,上体稍前倾,两手自然放松置于腰腹。并步时,前脚向来球方向跨出一步,后脚迅速蹬地跟上,并做好击球前的姿势。并步的特点是容易保持身体平衡,便于做击球动作。

2)动作特点。并步的特点是:可向前、后、左、右各方向移动。

3)动作应用场景。并步主要应用场景:近距离的移动,如抱球、传球、垫球和拦网等技术。同时,经常与跨步或其他倒地击球技术结合使用。

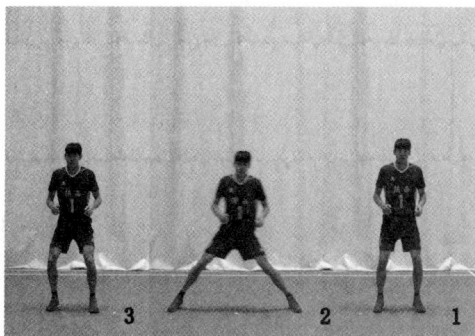

图 2-2-7　并步

（2）滑步。

1）动作方法（见图 2-2-8）。两脚平行站立，向左滑步时，左脚先向左侧迈出一步，右脚同时迅速并上做连续并步。

图 2-2-8　滑步

2）动作特点。滑步的特点是：移动时身体重心变换快，但移动速度相对较慢。

3）动作应用场景。滑步主要应用场景：短距离移动中，即来球距体侧稍远，并步不能接近球时运用滑步移动接球。

（3）交叉步。

1）动作方法（见图 2-2-9）。两脚左右开立，向右侧交叉步移动时，上体稍向右转，左脚从右脚前，向右交叉迈出一步，然后右脚再向右侧方向跨出一大步，同时重心移至右脚，身体转向来球方向，保持击球前的姿势。

2）动作特点。交叉步的特点是：步子大，动作快，便于制动。

3）动作应用场景。交叉步主要用于：体侧 2～3 m 左右的来球，或二传手和拦网者在网前移动及防守两侧来球时运用。

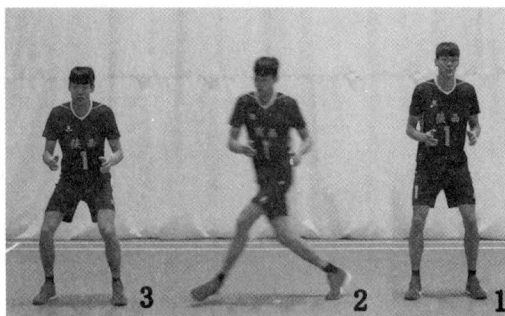

图 2-2-9　交叉步

（4）后撤步。

1）动作方法（见图 2-2-10）。上体稍后仰，身体重心移至向后跨出的脚上。后撤步时，一腿用力蹬地，另一腿向来球反方向后撤，前腿随重心后移自然跟上，两臂作好迎球动作。

2）动作特点。后撤步的特点是：便于向后降低重心，高点挡球。

3）动作应用场景。后撤步主要应用场景：当来球较高且快速飞向身体时。

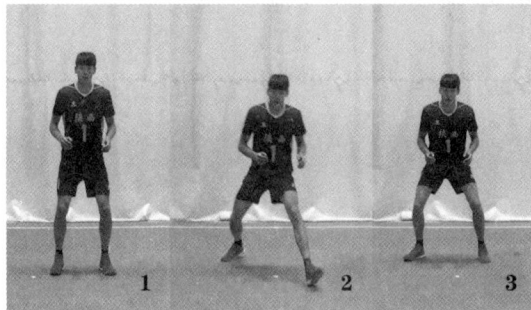

图 2-2-10　后撤步

（5）跨步。

1）动作方法（见图 2-2-11）。跨步前膝部弯屈，上体前倾，身体重心移至跨出脚上。跨步时，一腿用力蹬地，另一腿向来球方向跨出一大步，后腿随重心前移自然跟上，两臂作好迎球动作。

2）动作特点。跨步的特点是：跨距大，便于向前、斜前方降低重心进行跨步移动，低点击球。

3）动作应用场景。跨步主要应用场景：跨步可以单独使用，也可与滑步、交叉步、跑步的最后一步结合运用。当来球低、速度快、距离身体 1 m 左右时运用较多。

图 2 - 2 - 11 跨步

(6)跑步。

1)动作方法。跑步时一脚蹬地起动,另一脚迅速向前迈出,两脚交替进行两臂配合摆动,不要过早做击球动作的准备,以免影响跑步速度。球在侧方或后方时,应边转身观察球边跑。

2)动作特点。跑步的特点是:移动速度快,移动距离大,便于随时改变方向。

3)动作应用场景。跑步移动经常与交叉步、跨步等结合起来运用。如向侧跑步时,常采用交叉步转身的方法来起动,当接近球时,又常用跨步、倒地和各种跳跃动作来制动使之完成击球动作。

(7)倒地。当来球距身体远而低时,用其他移动方法不能触及到来球时,可采用滚翻、前扑或鱼跃。这三种倒地技术的特点是能够充分发挥移动的速度接近球,控制范围较大。

1)滚翻。动作方法(见图 2 - 2 - 12)。迅速向来球方向跨出一大步,重心下降。上体前倾,使胸部贴近大腿,重心完全落在跨出腿上。双臂或单臂伸向来球,同时两腿向前用力蹬地,使身体向来球方向伸展。击球后,在身体失去平衡的情况下,顺势转体,依次用大腿外侧、臀部外侧、背部、跨出腿的异侧肩着地,同时低头含胸收腹团身,通过跨出腿和同侧肩部,做后滚翻动作,并顺势迅速起立。

滚翻的特点是:能够充分发挥移动的速度接近球,控制范围较大,能够保护身体不受伤,并可迅速起立转入下一个动作。

2)前扑。动作方法(见图 2 - 2 - 13)。准备姿势要低,上体前倾,重心偏前,下肢用力蹬地,身体向前扑出。击球后,两手迅速撑地,两肘顺势弯曲缓冲,膝关节伸直以免触地,胸腹部着地。

前扑的特点是:能够快速救起身前的即将落地的球,控制范围较大。

图 2-2-12　滚翻

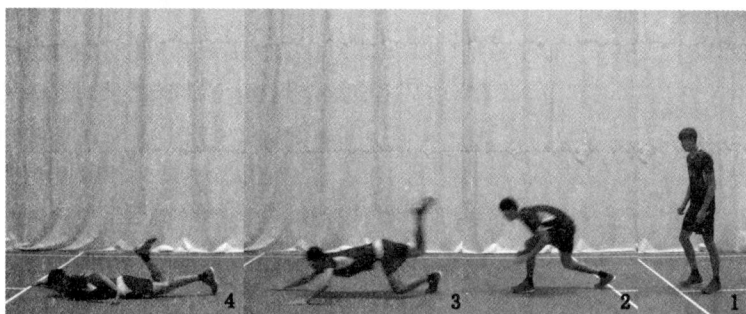

图 2-2-13　前扑

3)鱼跃。动作方法(见图 2-2-14)。采用半蹲准备姿势,上体前倾,重心前移,向前做一两步助跑或原地用力蹬地,使身体向来球方向腾空跃出,手臂向前伸展,插到球下,用单手或双手击球的后下部。击球后,双手在体前身体重心运动的方向线上着地支撑,两肘缓慢弯曲,同时抬头、挺胸、展腹,两腿自然弯曲,使身体呈反弓形,以手、胸、腹、大腿依次着地。如前冲大时,可在两手着地支撑后,立即向后做推撑动作,使胸、腹着地后,贴着地面顺势向前滑行。

鱼跃的特点是:跃得远,控制范围大,但动作难度也大。

图 2-2-14　鱼跃

(8)移动小结。

准备姿势做充分；

重心前压脚跟抬；

保持微动做预判；

专注快速动起来。

3.制动

(1)制动的概念。由快速移动转为突停状态的过程称为制动。制动是移动的结束，也是击球动作的开始。

(2)制动的动作方法。制动的方法有一步制动法和两步制动法。

1)一步制动法：一步制动时，在移动的最后跨出一大步，降低身体重心，膝部和脚尖适当内转，全脚掌横向蹬地，以抵住身体重心继续的惯性力。同时以腰腹力量控制上体，使身体重心的垂直线停落在脚的支撑面以内。

2)两步制动法：两步制动时，以倒数第二步开始做第一次制动，紧接着跨出最后一步做第二次制动，同时身体后倾，两膝弯屈，重心下降，双脚用力蹬地，使身体处于有利于做下一个动作的状态。

(四)移动技术教学步骤与顺序

(1)观看中国大学 MOOC 网站《气排球》(林海强等)，第二单元准备姿势与移动，并模仿不同的移动步法。

(2)教师讲解、示范，重点是下肢动作，突出不同步法动作的异同点。前后方向的跨步、跨跳步、后撤步、跑步以侧面示范为主；左右方向的跨步、跨跳步、并步、滑步、交叉步以正面示范为主。

(3)模仿 MOOC 视频动作或教师的慢节奏动作，要求节奏由慢到中速。

(4)学生个人试练，体会上述步法动作。

(5)看同伴或教练员手势或球等信号移动，手势幅度要大，球和手势换向由少到多，要求移动低、快，重心较平稳，变向再起动和移动动作要按要领做练习。

(6)在接发球、防守、保护、二传、吊球、扣球、拦网等技术运用中练习移动技术，结合击球移动，重点是前后左右的四个方向移动和"米"字形八个方向的移动。

(7)不同方位有序连续动作组合练习。组合动作的前后技术环节要相关、实用，并且结合比赛实际。组合动作由两个过渡到三四个技术环节。

(五)移动技术训练方法

1.徒手练习方法

(1)徒手试做各种移动步法，体会完整动作。

（2）由半蹲准备姿势开始，根据教师手势做各种步法的左右快速移动。要求防止身体重心起伏跳动，移动后保持好准备姿势。

（3）3～4人一组，站在端线后，先做原地快速小步跑，听到口令后，快速起动冲刺跑6 m或跑过中线。

2. 结合球的练习方法

（1）两人一组，相距2～3 m，做好准备姿势，一人向前后左右抛球，另一人移动后把球接住再抛回，连续进行一定次数后两人交换。

（2）两人一组，相距4～5 m，一人向前后左右抛球，另一人移动对准球后用头将球顶回，规定完成若干次后互换。

（3）学生面向教师站立，教师将球抛到队员身前、身后或两侧，要求快速向前或转身改变方向移动去接球。

（6）常见错误动作及纠正方法如表2-2-2所示。

表 2 - 2 - 2　移动常见错误动作及纠正方法

常见错误动作	纠正方法
移动时身体起伏大，重心过高	讲清动作原理，多做穿过网下的往返移动
起动慢	做起动辅助练习，如各种姿势下的起跑
制动不好，制动后不能保持准备姿势	脚和膝内扣，最后一步稍大

三、起跳

(一)起跳的概念

起跳是开始跳跃时的动作，是为了帮助运动员能够提高跳跃高度或远度，以便完成需要完成的动作。

(二)起跳的分类(见图 2 - 2 - 15)

按照起跳脚，可分为：单脚起跳和双脚起跳；

按照是否助跑，可分为：助跑起跳和原地起跳；

按照起跳方向，可分为：纵向起跳和横向起跳。

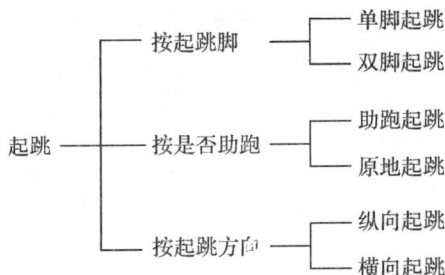

图 2 - 2 - 15　起跳的分类

(三)起跳的动作方法及要领

起跳动作分为"上步-缓冲-踏跳"三个互相衔接的阶段。

(1)"滚动式"上步。起跳脚以脚跟先触起跳点地面并迅速滚动至全脚掌接触地面,双脚屈膝起跳为了更好获得向上的力量,是为了减少或控制脚着地时的阻力,使人体改变原来的水平运动方向,给向上腾起创造条件。

(2)"积极地"缓冲。由于起跳脚着地支撑受到很大冲力,起跳腿伸肌作退让工作使膝上节弯曲,增大收缩的力量与速度,从而提高起跳效果。

(3)"有力地"踏跳。使人体腾起,用力越大,爆发性越强,腾起也越高越远。摆动腿和两臂的协调摆动配合至关重要,它们所产生的动量可向全身转移,以加速身体的合理运行,提高起跳质量,同时还有助于伸展躯干及维持身体平衡,创造尽可能大的腾起初速度和理想的腾起角。

(四)起跳的教学顺序与步骤

(1)观看中国大学 MOOC 网站《气排球》(林海强等),第六单元 6.2 助跑起跳,观看助跑后起跳的方法。

(2)教师讲解、示范,重点是下肢动作,突出不同起跳动作的异同点。

(3)模仿 MOOC 视频动作或教师的慢节奏动作,要求节奏由慢到中速。

(五)起跳的训练方法

(1)学生试做起跳动作,教师巡回检查并纠正动作,旨在建立初步概念,体会完整动作。

(2)两人一组,原地起跳练习,相互指出存在的问题,体会完整动作。

(3)助跑起跳练习,体会起跳过程中"着地→缓冲→蹬伸"三个互相衔接的阶段。

(六)起跳的常见错误动作及纠正方法(见表2-2-3)

表2-2-3 起跳常见错误动作及纠正方法

常见错误动作	纠正方法
动作脱节	讲清动作原理,多做原地起跳练习
手臂摆臂不到位	单独做手臂摆臂练习,熟练后再做完整练习
双腿屈膝不够,跳不高	练习时,强调双膝下蹲角度

四、落地

(一)落地的概念

落地是指跳起后落在地上的动作。落地是跳跃的最后环节,主要目的是使运动员能够安全着地并能够快速、顺利地进入到下一个动作中。

(二)落地的分类(见图2-2-16)

按照着地部位,可分为:脚先着地和其他部位先着地。

按照落地脚,可分为:单脚着地和双脚着地。

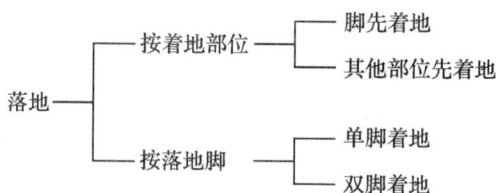

图2-2-16 落地的分类

(三)落地的动作方法及要领

以双脚着地为例,落地时,两脚脚前掌先着地,然后快速过渡到全脚掌着地,并顺势屈膝缓冲,降低重心,两臂在身体两侧,协助维持身体平衡。

(四)落地的教学顺序与步骤

(1)观看中国大学MOOC网站《气排球》(林海强等),第六单元6.2助跑起跳,观看起跳后落地的方法。

(2)教师讲解、示范,重点是下肢动作,突出不同落地动作的异同点。

(3)模仿MOOC视频动作或教师的慢节奏动作,要求节奏由慢到中速。

（五）落地的训练方法

（1）学生试做落地动作，教师巡回检查并纠正动作。旨在建立初步概念，体会完整动作。

（2）两人一组，原地起跳后落地练习，相互指出存在的问题，体会完整动作。

（3）结合助跑起跳练习，体会落地阶段的动作。

（六）落地的常见错误动作及纠正方法（见表 2 - 2 - 4）

表 2 - 2 - 4　落地的常见错误动作及纠正方法

常见错误动作	纠正方法
落地后重心不稳	注意屈膝缓冲，降低重心，同时收紧核心部位力量
落地后，重心过低	增强腿部力量，保持落地后膝关节角度

通过准备姿势、移动、起跳以及落地技术动作的学习，学会技术动作，进而培养启发创造性思维和批判性思维，迅速且精巧地产生多个移动或者起跳替代方案的可能性，有效并理性地思考怎么打气排球，以及什么是最好的打法。

第三节　发球技术分析与教学训练

一、发球技术的概念与分类

（一）发球的概念和特点

发球是排球的基本技术之一，是指 1 号位队员在发球区用一只手或手臂将抛起的球击入对方场区的行为。

发球是比赛的开始，也是进攻的开始，是比赛中唯一不受对方和队友影响，不需要队友配合的技术。准确而有攻击性的发球可以直接得分或破坏对方的战术组成，减轻本方防守的压力，为防守反击创造有利的条件，同时能振奋精神，鼓舞全队士气，在心理上给对方造成较大的压力。反之，如果发球威力不大，不但可能失去直接得分和破坏对方战术的机会，还会给本方的防守造成较大的困难，形成被动的局面。发球失误，将直接失分并失去发球权。

（二）发球的分类（见图 2 - 3 - 1）

（1）根据击球点的高低，可以分为：上手发球和下手发球。

（2）根据发出球的性能，可以分为：飘球和旋转球。

（3）根据发球站位时的朝向，可以分为：正面发球和侧面发球。

（4）根据是否起跳，可以分为：原地发球和跳起发球。

本书主要根据发出球的性能分类进行教学，以下发球技术的分析全部以右手发球为例。

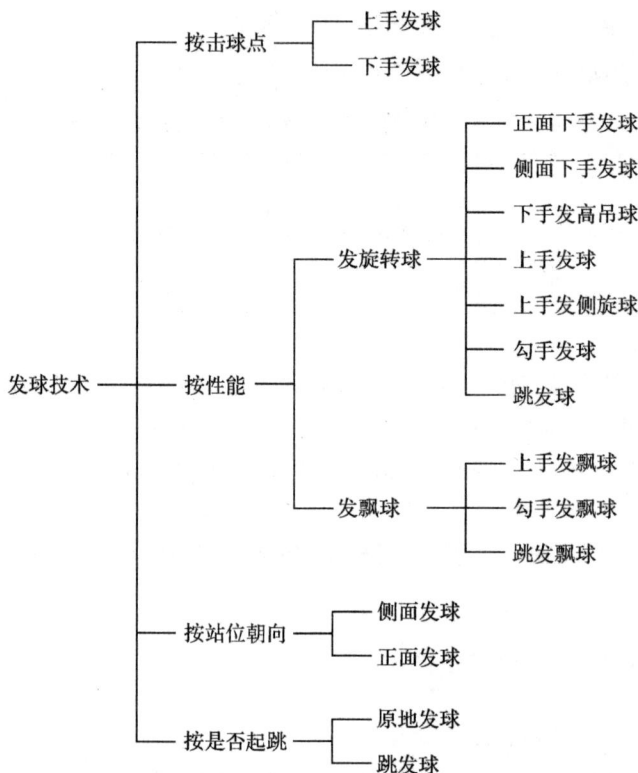

图 2-3-1　发球技术的分类

二、各种发球的技术动作方法与要领

下面主要介绍正面下手发球、侧面下手发球、下手发高吊球、正面上手发球、上手发侧旋球、勾手大力发球、跳发大力球、正面上手发飘球和跳发飘球的动作方法和要领。

（一）正面下手发球

1. 正面下手发球的概念和特点

正面下手发球是指发球队员面对球网，手臂由后下方向前摆动，在体前腹部高度击球过网的一种发球方法。

正面下手发球的特点是动作简单,容易掌握,准确性大。但球速慢,攻击性不强,适合于初学者。

2.正面下手发球的动作方法(见图 2-3-2)

(1)准备姿势:面对球网,两脚前后并立,左脚在前,两膝弯曲,上体前倾,左手持球置于腹前。

(2)抛球:左手将球轻轻抛起在体前右侧,球离手约 30 cm 左右高度,同时右臂伸直,以肩为轴向后摆。

(3)击球动作、击球手型和击球点:右脚蹬地,身体重心随着右臂由后向前摆动而前移,在腹前以全手掌击球后下部。击球后,随击球动作重心前移,迅速进场比赛。

图 2-3-2　正面下手发球

3.技术分析

(1)击球手臂应以肩为轴向后摆起,再以肩为轴直臂向前摆动,在击球前手臂不应有屈肘动作,这样有利于加快挥臂速度和控制击球出手角度和路线并加强准确性和攻击性。

(2)手触球时,五指张开或拇指张开其余四指并拢呈勺形,手指、手腕要适当紧张,以全掌击球后下部。

(二)侧面下手发球

1.侧面下手发球的概念和特点

侧面下手发球,是指发球队员侧对球网,手臂由后下方向前摆动,在体前腹部高度击球过网的一种发球方法。

由于借助转体力量击球,便于用力,适合于力量较小的儿童及初学者。发球失误少,但攻击性不强。

2.侧面下手发球的动作方法(见图 2-3-3)

(1)准备姿势：左肩对网，两脚左右开立，约与肩同宽，两膝微屈，上体稍前倾，重心落在两脚之间，左手持球置于腹前。

(2)抛球：左手将球平稳抛于胸前，距身体约一臂远，球离手高度约一个半球。抛球同时，右臂摆至右侧后下方。

側面下手发球

(3)挥臂击球：利用右脚蹬地向左转体的力量，带动右臂向前上方摆动，手指、手腕适当紧张，五指张开或拇指张开其余四指并拢呈勺形，以全掌击球，在腹前击球后下方。击球后，身体转向球网，并顺势进场。

图 2-3-3　侧面下手发球

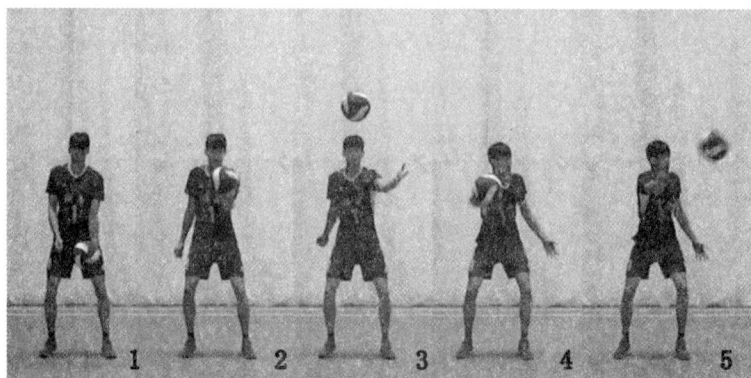

3.技术分析

(1)利用蹬地转体动作带动手臂挥摆，可增加发球的力量，击球手臂应由体侧右下方向斜前上方挥动。

(2)击球点不应超过肩的高度，并注意控制击球出手的角度和路线，球出手时仰角大，球飞行就高，仰角太小，则不易过网。

(三)下手发高吊球

1.下手发高吊球的概念和特点

下手发高吊球是指通过将球发到较高的位置，利用球下落时的重力加速度以及旋转，增加发球威力的一种下手发球的方法。

下手发高吊球的特点：发球高度高，且旋转，可利用球体下落的速度和弧线造成接发球困难。高吊球高度高，使得接发球易受光线和风力的影响。

2.下手发高吊球的动作方法(见图 2-3-4)

(1)准备姿势：右脚在前，身体重心在右脚上，两膝稍屈，上体微前倾。

(2)抛球：左手将球抛在脸前，使球在身前一臂之远的地方下落。

（3）击球动作：在抛球的同时，右臂向后摆动，然后借助蹬地展腹以右臂猛烈向上挥动。击球前屈肘，以加大前臂挥动速度。

（4）击球手型、击球部位和击球点：在腹前以虎口或击球手背，击球的下部偏左处，使球在旋转中高高上升。

图 2-3-4　下手发高吊球

（四）正面上手发球

1. 正面上手发球的概念和特点

正面上手大力发球是指发球队员面对球网站立，利用收腹转体动作带动手臂加速挥动，在头的右前上方用全手掌击球过网的发球方法。

正面上手发球的特点：发球击球点高，可以充分利用胸腹和上肢的爆发力，加之运用手掌的推压动作使球呈上旋飞行，不易出界，因此它具有较大的攻击性和准确性。

2. 正面上手发球的动作方法（见图 2-3-5）

（1）准备姿势：面对球网，两脚自然开立，左脚在前，左手托球于体前。

正面上手发球

（2）抛球与引臂：左手将球平稳地抛于右肩的前上方，高度适中，同时右臂抬起，屈肘后引，肘与肩平，上体稍向右侧转动，抬头、挺胸、展腹、手掌自然张开。

图 2-3-5　正面上手发球

（3）击球动作：蹬地同时，上体向左转动，收腹，带动手臂向前上方快速挥动。

（4）击球点：在右肩前上方伸直手臂的最高点处。

（5）击球手型和击球部位：用全掌击球的后中下部。

（6）挥臂击球：击球时，手指和手掌要张开与球吻合，手腕要迅速做推压动作，使击出的球呈上旋飞行。击球后，随着重心前移，迅速入场。

3. 正面上手发球的技术分析

（1）准备姿势和发球的取位：准备姿势应把左脚置前，这样便于引臂和身体自然右转。发球的取位应根据对方接发球布阵情况和攻击目标以及发球队员自身的特点来选定，在端线后 6 m 宽的区域内，可以站在左右两侧，也可站在中央发球。

（2）抛球与引臂：抛球应以手臂上抬、手掌平托上送的动作将球抛在身前 30 cm 处，球离手约 1 m 左右高度为宜。球一定要平稳上抛，不要屈腕，以免球体旋转和偏离上抛垂直线，造成击球不准。抛球过前，会造成手臂推球而不易过网；抛球过后，不能充分发挥转体收腹力量；抛球过高，不易掌握动作节奏和击球时机；抛球过低，不能充分发挥击球的力量和提高击球点。右臂后引时，应有屈肘上抬的动作，要充分拉长胸腹和肩关节前侧的肌肉，便于增加工作距离和击球力量。

（3）挥臂击球：挥臂时，发力是从两足蹬地开始，上体迅速向左侧旋转，同时收腹，以腰胸带动肩、肩带动大臂、大臂带动前臂、前臂带动手腕，最后将力量传送到手上。

击球时，前臂和手腕动作要稳定，不要左右转动。手腕推压动作的大小，应根据击球点的位置进行调整，击球点高或离身体近时，手腕向前推压的动作要稍大，击球偏前或较低时，手腕向前推压动作要稍小，以免击球出界或入网。

（五）上手发侧旋球

1. 上手发侧旋球的概念和特点

正面上手侧旋球不同于正面上手发球的形式。击球时不能使击球作用力通过球体重心，而是击打球体的某一侧，使发出的球产生侧旋飞行的一种发球方法。

侧旋球的特点：由于受纵向飘移量、球的初速度、旋转速度、空气阻力等诸多因素的影响，落点难以判断，同时击球部位和击球力量的不同，也会造成球的旋转方向、飞行路线和落点的不同。

2. 上手发侧旋球的动作方法（见图 2-3-6）

上手发侧旋球的动作方法与正面上手发球动作方法基本一致，只是击球部位有所不同。侧旋转球分左旋和右旋两种，以右手发右旋转球为例做如下分析：

（1）准备姿势：面对球网，两脚自然开立，左脚在前，左手托球于体前。

（2）抛球与引臂：左手将球平稳地抛于右肩的前上方，高度适中，同时右臂抬起，屈肘后引，肘与肩平，上体稍向右侧转动，抬头、挺胸、展腹、手掌自然张开。

（3）挥臂击球：利用蹬地，使上体向左转动，同时收腹，带动手臂向球的右前上方快速挥动。

（4）击球手型和击球部位：用全掌击球的右侧。

（5）击球动作：击球时，手指和手掌要张开与球吻合，手腕要迅速做推压动作，使击出的球呈侧旋飞行。击球后，随着重心前移，迅速入场。

图 2-3-6　上手发侧旋球

3. 上手发侧旋球的技术分析

（1）准备姿势和发球的取位：准备姿势应把左脚置前，这样便于引臂和身体自然右转。发球的取位应根据对方接发球布阵情况和攻击目标以及发球队员自身的特点来选定。发球者站在 6 m 发球区内的不同位置，身体面向不同的方向，可变化发球路线、发球速度，使发球的落点呈多点分布。

（2）抛球与引臂：抛球应以手臂上抬、手掌平托上送的动作将球抛至右肩上方约 1 m 的高度。球一定要平稳上抛，不要屈腕，以免球体旋转和偏离上抛垂直线，造成击球不准。与此同时，右臂顺势后引上抬起，充分拉长胸腹和肩关节前侧的肌肉。

（3）挥臂击球：挥臂时，发力是从两脚蹬地开始，上体迅速向左侧旋转，其旋转幅度大于正面双手发球。同时收腹，以腰胸带动肩、肩带动大臂、大臂带动前臂、前臂带动手腕，最后将力量传送到手上。

（4）击球时，手腕要瞬间向内转动，用全手掌快速、猛烈地切击球的右侧，同时手腕、手臂随着球的旋转方向向左前加力、伴送，作用力从球体重心偏右的方向通过，使球体向左旋转，球向左前方弧线飞行。

（5）击球时，手掌切腕动作的大小，应根据击球点的位置进行调整，击球点高或离身体近时,切腕动作要稍大,击球偏前或较低时,切腕动作要稍小,以免击球出界或入网。同时击球点和力量的选择应根据发球人的站位和球的落点来决定。

一般来说,发左侧旋转球时,站发球区右侧,击球点于球体重心右侧 1/3 处。击球挥臂出手方位面向球网方向右转 30°,用中等力量击球实效性较高。

(六) 勾手大力发球

1. 勾手大力发球的概念和特点

勾手大力发球是指采用勾手发球的形式,充分运用全身的爆发力,发出力量大、速度快、弧度低、旋转强的球。

勾手大力发球的特点:由于勾手发球时能充分利用转体收腹力量带动手臂猛烈挥动来击球,发出的球攻击性较强,容易造成对方接发球困难,在心理上给对方造成较大威胁。

2. 勾手大力发球的动作方法(见图 2-3-7)

(1)准备姿势:发球队员左肩对球网,两脚左右开立,与肩同宽,两膝弯屈,上体前倾,重心落在两脚之间,左手持球于胸腹前,两眼注视着对方。

(2)抛球与摆臂:左手将球平稳抛至头上方 1 m 左右,抛球同时,右腿弯曲,重心移至右脚,上体向右侧转动和倾斜,右臂向身体右侧后下方摆动,同时挺胸抬头,两眼注视球体。

勾手大力发球

(3)挥臂击球:击球时,右脚用力蹬地,身体向左转动带动手臂沿弧形轨迹向上挥动,在右肩前上方击球。同时身体重心移至左脚。

(4)击球点:手臂充分伸直保持高点击球。

(5)击球手型和击球部位:手掌手指自然张开呈勾形,以全手掌击球的后中下部。

图 2-3-7　勾手大力发球

(6)击球动作:球一瞬间,手腕手掌要做迅速的明显向前推压动作,使球呈上旋飞行。击球后,迅速进场比赛。

3.勾手大力发球的技术分析

(1)勾手大力发球时应将球平稳地抛至头上方,高度适中抛球不宜偏后,以免影响发力。在左手抛球的同时,右臂放松向体侧后下方摆动,身体重心稍向右移。

(2)挥臂击球时手臂挥动轨迹呈弧线运动,击球瞬间手指和手掌要张开与球吻合,同时手腕要迅速做推压动作,使用全身最大爆发力去击球。

(七)跳发大力球

1.跳发大力球的概念和特点

跳发大力球是指发球队员在跳发限制线后,利用助跑跳起在空中将球击入对方场区的一种发球方法。

跳发球的特点:跳发球时由于队员跳起在空中身体能充分展开并向前冲跳,不仅可以升高击球点,而且缩短了击球点与球网的距离,从而增强发球的力量和攻击性。但与其他发球技术相比,跳发大力球的技术难度和体力消耗较大。

跳发大力球的动作同远网扣球相似,它可运用一步、两步或多步助跑起跳的方法,可正对网助跑或斜对网助跑。现将正面助跑跳发大力球技术方法介绍如下(右手为例)。

2.跳发球的动作方法(见图2-3-8)

(1)准备姿势:队员面对球网,站在离跳发限制线2~4 m处,以右手或双手持球置于体侧或腹前。

跳发大力球

图2-3-8　跳发大力球

（2）抛球：用右手将球抛至右肩前上方，抛球高度不宜过高，一般为肩上方 3 m 左右，落点在跳发限制线附近或在端线附近。

（3）助跑起跳：随着抛球动作，队员迅速向前做 1 步或 2～3 步助跑起跳。起跳时，两臂要协调而积极地摆动，摆幅要大。

（4）挥臂击球：高划弧、长送臂。

（5）击球手型：用全手掌击球的中下部，同时注意手掌包球，手腕卷腕的动作，轨迹近似于半圆。

（6）击球点：击球点保持在右肩前上方，手臂伸直的最高点。

（7）落地：击球后，尽量使双脚同时落地，两膝顺势弯曲缓冲，迅速入场。

3. 跳发大力球的技术分析

（1）抛球。抛球是发好跳发球的基础。抛球时，一手托球，由下向击球手臂的前上方抛出，当球离手时，手掌、手指给球体以撩拨动作，用力从球体重心的后下方通过，使球在向前上方抛起的同时产生上旋。

抛球的高度和距离应根据队员的具体情况而定，个子高、冲跳能力强的队员，可将球抛得高一点，离身体远一点，这样更可以发挥队员点高力大的优势。一般宜用击球手臂单手抛球，这样有利于助跑动作的协调配合。

（2）助跑。助跑的目的是为起跳和击球做准备，也是为了获得较大的水平速度。采用一步助跑，可有效地选择合理的起跳时机，提高选手对所抛出球落点等方面的判断能力。采用两步或三步助跑，由于助跑距离增加，有助于提高助跑速度和向前冲跳。

（3）起跳。一般认为，跳发球技术的起跳步法分为并步法和跨步法。并步法适应性强，能调整起跳时间，现在大多数运动员都采用此种起跳方法。根据并步距离、双脚起跳时间，又表现为垂直型起跳和前冲型起跳。采用前冲型起跳方式起跳，比两脚平行式并步起跳更适合跳发球向前冲跳的特点。有利于身体重心位置前移并增加身体重心的初速度，同时也使身体处于向前起跳的良好姿势。同时，能进一步提高人体重心腾起速度和高度，也有利于观察抛球的高度和落点，选择合理的起跳时机。起跳并步时，左足尖内扣制动的同时，以前脚掌先着地，加速向上摆臂，有助于保持一定的前冲和提高跳起高度。

（4）空中击球。大力发球的空中击球动作同远网扣球相似，击球手臂弧行挥摆，同时收胸、收腹，以全手掌击打上旋球体的后中下部，击打时手腕加速推压，手掌包球，击球作用力不完全通过球体重心，使抛起的上旋球再经过手臂有力击打，加快上旋球的飞行速度，并使上旋球的落点比不旋转球的落点离网更近，提高发球攻击性。在实践中，根据需要运动员可以击球的不同部位，使球体上旋、下旋、侧旋，形成不同的轨迹，使对方难以准确判断球的落点，增强发球效果。

（八）正面上手发飘球

1. 正面上手发飘球的概念和特点

正面上手发飘球是采用正面上手的形式，发出的球不旋转，而出现不规则飘晃飞行的一种发球方法。

正面上手发飘球的特点：由于发出的球在空中不规则飞行，使接发球队员难以判断其飞行路线和落点，另外，由于发球队员是面对球网站立，便于观察情况和瞄准目标，所以攻击性较强，准确性较高，目前在各类水平的比赛中均被男女队员广泛采用。

2. 正面上手发飘球的动作方法（见图 2-3-9）

（1）准备姿势：近似正面上手发球，但左手持球的位置较高，约在胸前。站在离端线的距离变化较大，可站在靠近端线处，也可站在距端线 5 m 左右发球。

正面上手发飘球

（2）抛球与引臂：左手将球平稳地抛在右肩前上方，高度应稍低于正面上手发球，并稍靠前些。在抛球的同时，右臂上举后引，肘部适当弯曲，并高于肩，两眼盯住球的击球部位。

（3）击球动作：与正面上手发球一样做鞭甩动作，但击球前手臂的挥动轨迹不呈弧形，而是自后向前做直线运动。

（4）击球手型：击球时，五指并拢，手腕稍后仰。

（5）击球点：用掌根的坚实平面击球的中下部，使作用力通过球体重心击球用力要快速，击球面积要小。

（6）挥臂击球：触球瞬间，手指、手腕要紧张，不加推压动作。击球结束，手臂要有突停动作。

图 2-3-9 正面上手发飘球

3. 正面上手发飘球的技术分析

（1）为了击准球，抛球要平稳且不宜过高。抛球时，左手应将球向上托送一段距离，抛球高度以略高于击球点为宜。

（2）发球仰角的大小，主要根据队员身材的高矮来变化。身材高、力量大、爆发力强的队员，发球的仰角应小些；反之，仰角应大些。

（3）发飘球的用力，不要像大力发球那样全身用力，主要靠挥臂动作。动作幅度可小一些，但发力要突然、快速、短促。如果发远距离飘球，动作幅度可相应加大，以获得较大的初速度。击球时，触及面积宜小，力量要集中、短促，手腕不能前屈或左右晃动。

（九）跳发飘球

1. 跳发飘球的概念和特点

跳发飘球是在原地发飘球的基础上结合助跑起跳完成发飘球的一种发球方法。

跳发飘球的特点：由于通过助跑起跳，提高了击球点、增加了发出球的速度，提高了飘球的攻击性。

2. 跳发飘球的动作方法（见图 2-3-10）

跳发飘球，按是否持球助跑分为两种：持球助跑式和抛球助跑式。两种方法各有优点，抛球助跑式便于助跑起跳，而持球助跑式便于准确击球。

跳发飘球

图 2-3-10　跳发飘球

抛球助跑式动作方法分以下五步：

（1）准备姿势。队员站在发球限制线后 3 m 左右，面对球网站立，左手或双手持球于胸前，身体放松，两眼正视前方。

（2）抛球。用左手或双手把球抛于右肩的前上方约 2 m 左右，抛出的球不旋转。

（3）助跑起跳。球抛出后，自然向球的方向助跑，待跑至球附近时，身体重心下降，膝部弯曲，两脚用力蹬地，同时两臂配合向上起跳。跳起后，背弓不能太大，击球臂上摆至与肩齐平或稍高于肩的地方。

（4）空中挥臂击球：身体在空中利用收腹的力量，带动手臂快速向前挥动，当球上升至最高点或从最高点下落时，小臂突然向前加速挥动。

(5)击球手型和击球部位:掌根击球的后中部或中部稍偏下部,使作用力穿过球体重心部位。

击球动作:击球时,用力要猛,力量要集中,五指并拢或半握拳,手腕紧张且后仰,且做突停或下拖动作,击球前后的手型不变。

落后缓冲:击球后,脚触地之时,屈膝缓冲,并迅速进入场地。

3.跳发飘球的技术分析

(1)抛球要稳。应根据个人的特点,平稳地向上抛球,尽量使球不旋转。每次抛球的高度、位置和离身体的距离都应基本固定。忽高、忽低、忽左、忽右、忽近、忽远,都是影响发球准确性和攻击性的重要原因。

(2)击球要准。用掌根击球的后中下部,击球面积要小,手腕不能推压,击球动作短促有力,从而使用力方向和重心相一致。

(3)力量要适当。发球队员应根据自己站位的距离,发球的目标位置,发出球的性能,恰当地掌握好击球的力量,这也是减少跳飘球失误的一个重要方面。

(十)发球小结

> 发球区内先站稳,裁判鸣哨球抛稳。
>
> 手型正确击球准,连贯协调力量足。
>
> 八秒之内球发出,迅速进场防反中。

三、教学与训练的重点和难点

(一)发球技术的重点

从完成发球技术动作结构和发球效果看,抛球和击球是正面上手发球的教学训练重点。以正面上手发球为例。正面上手发球技术动作结构一般可分为抛球、击球、用力三个环节。其中抛球是击球的先决条件,如抛球动作、位置、高度等合适,则击球点和击球手法易稳定。发球教学训练中应强调以下 4 点。

(1)抛球稳。抛球的稳与否是影响发球稳定性的主要原因。

(2)击球准。要以正确的手型击准球的相应部位,才能使发出球的性能与预期相一致。

(3)手法正确。击球的手法不同,发出球的性能也不同。只有采用正确的手法击球才能发出相应性能的球。

(4)用力适当。用力大小与发球站位的远近、击球弧度的高低,发出球的性能、落点密切相关。

(二)发球技术的难点

发球技术学习的难点在于发出性能好的球,这需要长时间的练习。比赛中的发球还会面临一个难点,就是如何调整自己的心理状态,保证发球技术的稳定发挥。

四、教学训练中的注意事项

(1)发球技术教学应遵循由易到难、由简到繁的循序渐进的原则,在教学顺序安排上,通常是先教下手发球,再教上手发球,最后教发飘球、勾手大力发球及其他发球技术。

(2)教学中要抓住抛球动作与摆臂击球动作的协调配合,因为抛球是前提,击球是关键和难点。抓住抛球和击球这两个环节,强调抛球要平稳,挥臂动作要迅速协调,击球要准确。

(3)在发飘球教学中,教练应简单讲解球产生飘晃的原因和在动作上与发旋球的区别,让学习者能主动思考发飘球的动作方法,体会击球用力的方向、手法和击球的部位。

(4)在发球教学中,教练要合理安排教学与练习的时间,每次课应保证一定时间的发球练习。发球练习一般可安排在两个大运动量练习之间,或安排在课的后段进行。

(5)在发球教学中,由于发球练习的形式比较单调,教练要不断变化练习的方法,提出具体要求,并将发球与接发球结合起来进行练习。

五、教学与训练的顺序

发球技术种类较多,技术动作难易程度差别较大,所以教学时,应根据学习者性别、年龄及身体素质等情况来确定教学的先后顺序。一般情况下,通常先教下手发球,后教正面上手发球、勾手发球,最后教飘球和大力发球。如果学生基础较好,且具有良好的身体素质,可在熟练掌握原地发球后,介绍跳发球和跳发飘球。

六、教学训练的步骤

(1)观看中国大学 MOOC 网站《气排球》(林海强等),第三章发球技术。

(2)示范。在发球区先做侧面的发球完整动作示范,然后再做正面、侧面的分解动作示范,使学生看清楚抛球的高度,挥臂路线,击球手法,击球部位,下肢配合动作和击球时重心前移等动作,加深学习者对发球技术动作的直观感受。

(3)讲解。首先讲解发球在比赛中的作用及教授的技术动作名称和技术特点;然后讲解发球的准备姿势与抛球方法及挥臂与击球的手法,最后提出下肢与腰腹协调配合用力的方法,反复强调抛球是发好球的前提,击球是关键,手法是保证。

七、组织练习的方法

(一)组织练习的顺序

徒手模仿练习→抛球练习→击固定球练习→抛球与击球动作结合的练习→巩固和提高发球技术的练习→结合教学比赛的实战发球练习。

(二)练习方法

1. 徒手模仿练习

(1)徒手模仿发球挥臂动作和抛球动作,体会发球用力顺序和挥臂的轨迹,掌握正确的挥臂方向和速度。

(2)徒手做抛球挥臂击球动作练习:即做好准备姿势,左手持球,置于击球点位置,右手做挥臂击球练习,体会击球手法和击球部位,练习抛球、挥臂、击球动作的协调性。

2. 抛球的练习

(1)原地抛球手法练习:做抛球练习时,要求掌心向上平稳地托送球,练习正确的抛球手法,体会抛球的位置和高度。

(2)固定目标的抛球练习:每人一球站在网或墙边,利用球网或墙壁的适当高度作为标记,练习抛球的准确性。

(3)做抛球、抬臂和引臂的配合练习:体会抛球的位置、高度和抬臂、引臂的连贯动作。

3. 击固定球练习

(1)模仿发球挥臂动作击固定球练习:即一人双手持球置于腹前或头上,另一人做挥臂击球练习(不要将球击出),体会击球部位和手法。

(2)击固定球或吊球练习:即一手将球按在墙上,一手挥臂练习击固定球或将球吊在空中,练习挥臂击球,主要体会挥臂动作,击球手法,击球点和击球部位。

(3)两人对击练习:三人一组,甲持球,乙丙面对面站立,做好发球的准备姿势,同时做击球动作击甲手中的球,体会挥臂击球时,手臂发力的感觉。

4. 抛击结合练习

(1)抛球与挥臂击球练习:结合抛球、引臂和挥臂击球的练习(不把球击出),体会抛球引臂和挥臂击球动作的协调配合。

(2)对墙或挡网做抛球与挥臂击球练习:体会抛球与手臂挥摆的配合以及击球手法的用力。

(3)两人站立两条边线上对发练习:体会挥臂路线与正确的击球部位,或两人隔网对发球练习,体会控制球的力量与弧度。

(4)巩固发球练习:3人一组,发球与接发球者相距 6 m 左右,另一人站在接发球者右前方做二传,3 人规定次数与组数交换。

(5)发球准确性练习:可将对方场区划分成左右或前后部分;或规定区域,进行点线(直线、斜线)结合的练习。

(6)发球攻击性练习:在准确性的基础上,降低发出球的弧度,加快发球速度,发力量重,飘度大,或向1、5号边角处的发球练习。

5. 在比赛的条件下提高发球技术

(1)三人一组,轮流在 3 号位、2 号位扣球后,迅速跑到发球区发球。

(2)在前排拦网后,迅速跑到发球区发球。

(3)发球后迅速进场防守。

(4)发球比赛。将队员分成人数相等的两组进行发球比赛,从统计看效果。在分组比赛或对外比赛中进行统计,检查发球效果。

八、发球的常见错误动作及纠正方法(见表 2-3-1)

表 2-3-1 发球技术常见错误动作与纠正方法

技　术	常见错误动作	纠正方法
正面下手发球	1. 准备姿势太高; 2. 抛球太高、太近或太远; 3. 抛球与摆臂击球不协调; 4. 挥臂方向不正、击球不准	1. 讲清概念,练习前做好准备姿势; 2. 直臂抛球距身体一臂远,反复练习抛球动作; 3. 反复结合抛球做摆臂练习; 4. 击固定球或对墙发球练习
侧面下手发球	1. 抛球太高或偏离击球轨道; 2. 抛球与摆臂击球不协调; 3. 未用蹬转力量,带动右臂向 上方摆动	1. 直臂抛球距身体一臂远.反复练习抛球动作; 2. 反复结合抛球做摆臂练习; 3. 反复徒手做蹬转及挥臂路线练习
上手发球	1. 抛球偏前、偏后; 2. 挥臂未呈弧形; 3. 手未包满球,无推压动作; 4. 用不上全身协调力量	1. 讲清抛球方法,固定目标抛球练习; 2. 反复徒手做弧形挥臂或扣树叶练习; 3. 对墙轻扣球,体会手包球推压动作,使球前旋; 4. 掷小网球或对墙平扣

续 表

技 术	常见错误动作	纠正方法
上手飘球	1. 抛球时有屈腕动作,使抛出的球不平稳; 2. 挥臂不呈直线; 3. 击球不准,力量没通过球体重心; 4. 抛球与挥臂动作脱节	1. 多做固定目标的抛球练习; 2. 做直线挥臂或对墙击固定球练习; 3. 用掌根击固定球或击固定目标练习; 4. 随教师口令节奏进行抛球挥臂练习
勾手大力发球	1. 抛球偏前、偏后; 2. 挥臂动作不协调; 3. 没有用上转体的力量	1. 固定目标抛球练习; 2. 徒手做挥臂击球练习; 3. 击固定球练习
大力跳发球	1. 抛球与助跑起跳脱节; 2. 起跳空中手与球保持不好; 3. 全手未打满球; 4. 腰腹力量用不上	1. 多练抛球、助跑与起跳的配合; 2. 跳起空中击吊球练习; 3. 多扣抛向进攻线以后的球; 4. 对墙连续扣反弹球或多扣远网球练习。
跳发飘球	1. 抛球偏前或偏后; 2. 抛球与助跑起跳脱节	1. 多做固定目标的抛球练习; 2. 多练抛球、助跑与起跳的配合

通过气排球发球技术动作的学习,在比赛或训练场上,培养沟通能力以及合作能力,通过不断地分享信息和想法、表达感受和不同意见,进而学会如何进行团队合作,气排球不仅仅是简单地分享信息,而是通过集体思考相互支持。

第四节 接球技术分析与教学训练

一、接球技术的概念

接球是指气排球基本技术之一,在气排球活动与比赛中占有重要地位。通过手、手臂或身体其他部位,将球击出的动作,称为接球。

这里的接球要注意区别于其他球类运动中的将球接住,而是在规则允许内的快速击球。接球技术通常用于接发、接扣球、接拦回球、接吊球,以及处理各种难球,还可以用于组织进攻。

二、接球技术的分类（见图 2-4-1）

气排球接球技术的分类主要从动作方法、用途和来球力量大小进行分类。

（1）按照动作方法，可分为：垫球和气排球特色接球技术。

（2）按照用途，可分为：接发球、接扣球、接吊球、接拦回球、接各种困难球和组织进攻。

（3）按来球力量大小，可分为：接轻球、接中等力量来球、接重球、接入网球。

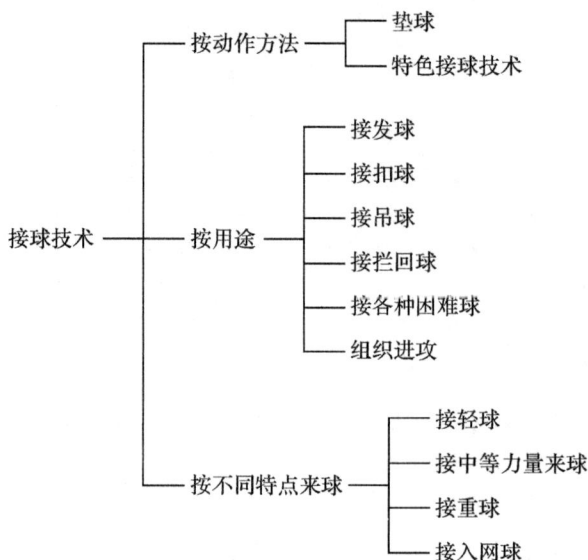

```
                         ┌─ 垫球
          ┌─ 按动作方法 ─┤
          │              └─ 特色接球技术
          │
          │              ┌─ 接发球
          │              ├─ 接扣球
          │              ├─ 接吊球
接球技术 ─┼─ 按用途 ────┤
          │              ├─ 接拦回球
          │              ├─ 接各种困难球
          │              └─ 组织进攻
          │
          │                    ┌─ 接轻球
          │                    ├─ 接中等力量来球
          └─ 按不同特点来球 ──┤
                               ├─ 接重球
                               └─ 接入网球
```

图 2-4-1　接球技术

三、各种接球技术的动作方法与要领

（一）垫球

1. 垫球的概念

垫球是气排球运动中最常用有球技术之一，是指通过手臂或身体其他部位的迎击动作，使来球从垫击面上反弹出去的击球动作。

2. 垫球的分类（见图 2-4-2）

由于规则允许队员身体的任何部位击球，不但可用手、臂、头、肩等部位来击球，还可用大腿、脚背、脚内侧以及身体其他任何部位来击球，使垫球的实用性、应变性更强，技术种类更趋多样。按照动作方法，垫球主要包括正面双手垫球、侧垫球、背垫球、单手垫球、前扑垫球、滚翻垫球、鱼跃垫球、跨步垫球、脚垫球、跪垫球和挡球等垫球技术。

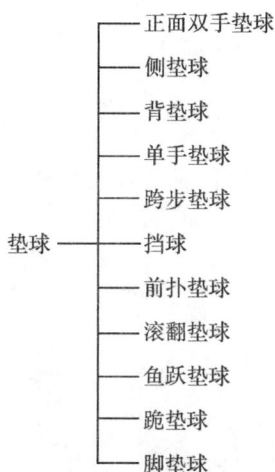

```
                  ┌── 正面双手垫球
                  ├── 侧垫球
                  ├── 背垫球
                  ├── 单手垫球
                  ├── 跨步垫球
          垫球 ────┤── 挡球
                  ├── 前扑垫球
                  ├── 滚翻垫球
                  ├── 鱼跃垫球
                  ├── 跪垫球
                  └── 脚垫球
```

图 2 - 4 - 2 垫球的分类

3. 垫球的动作方法及要领

（1）正面双手垫球。

1）正面双手垫球的概念。正面双手垫球是指运动员用双手在腹前将球垫起的动作方法。它是最基本的垫球方法。

2）正面双手垫球的动作方法。

①准备姿势：面对来球，成半蹲或稍蹲姿势站立。

②垫球手型：垫球的手型主要有抱拳式、叠掌式和互靠式（见图 2 - 4 - 3）。其中常用的是叠掌式：两手掌根相靠，两手手指重叠，手掌互握，两拇指平行向前，手腕下压，两前臂外翻成一个平面。

正面双手垫球

抱拳　　　　　　　叠掌　　　　　　　互靠

图 2 - 4 - 3 垫球手型

③垫球动作：当球飞到腹前约一臂距离时，两臂夹紧前伸，插入球下，同时配

合蹬地、跟腰、提肩、顶肘、压腕和抬臂等全身协调动作迎向来球,身体重心随着击球动作向前上方移动(见图 2-4-4)。

④击球点:保持在腹前一臂距离处。

⑤击球部位:用手腕关节以上 10 cm 左右的两前臂桡骨内侧所构成的平面,击球的后下部。

⑥击球后动作:在击球瞬间,两臂要保持稳定,身体重心继续协调地向抬臂方向伴送球。垫击动作结束后,立即松开双臂做好下一动作的准备。

图 2-4-4　正面双手垫球

3)垫不同力量球的方法。以上为垫轻球的动作方法,垫中等力量球和垫重球时,其动作方法是有区别的。

①垫中等力量球准备姿势、击球点和手型与垫轻球相同。由于来球有一定力量,所以手臂迎击球动作的速度要慢,手臂要适当放,主要靠来球本身的反弹力将球垫起。击球时,要运用蹬地、跟腰、提肩、压腕、向前抬臂的动作击球的后下部。

②垫重球采用半蹲或低蹲的准备姿势,两臂放松置于腹前。击球用力时,由于来球速度快,力量大,触球后球体自身的反弹力也大,因此,不但不能主动用力迎击来球,而且还应采用含胸、收腹的动作,帮助手臂随球后撤并适当放松肌肉,以缓冲来球力量。同时,用手臂和手腕动作来控制垫球的方向和角度。击球的手型和部位,应根据来球的情况而变动。当击球点稍高并靠近身体时,仍可用前臂垫球当击球点低而距身体较远时,就要用屈肘翘腕的动作把球垫在手腕部位的虎口处。

(2)侧垫球。

1)侧垫球的概念和应用场景。在体侧用双手击球称侧垫球。当来球飞向体侧,来不及移动对正来球时,可采用体侧垫球。其特点是背对出球方向伸臂动作快,控制范围大,但不易控制垫球方向,准确性不如正面垫球。

2)侧垫球的动作方法(见图2-4-5)。当在身体左侧垫球时,先以右脚掌内侧蹬地,左脚向左跨出一步,重心移至左脚,保持两膝弯曲,同时两臂向左侧伸出,左臂高于右臂,右肩微向下倾斜。击球时,用向右转体和收腹的动作,配合提肩抬臂在身体左侧稍前的位置截住来球,用两前臂垫击球的后下部。来球在右侧时,以相反方向的动作击球。

图2-4-5　侧垫球

(3)背垫球。

1)背垫球的概念和应用场景。从身前向背后双手垫球称为背垫球。在接应同伴起球后,球飞得较远而又无法进行正面垫球时,以及须将球处理过网时运用较多。其特点是背对出球方向垫击点较高,但准确性稍差。

2)背垫球的动作方法(见图2-4-6)。背垫球时,要判断来球的方向,快速移动到球的落点处,背对垫出球的方向,两臂夹紧伸直。击球时,用蹬地、抬头、挺胸、展腹和上体后仰的动作带动两臂向后上方摆动抬送,以前臂触球的前下方,将球向后上方击出。背垫球的击球点一般应在肩前上方。

(4)单手垫球。

1)单手垫球的概念和应用场景。当来球快速飞向体侧较远距离,来不及用双手垫球时采用单手垫球。单手垫球动作快,手臂伸得远、击球范围大。但由于触球面积小,控制球的能力比双手差,故在能用双手垫球时,尽量不用单手垫球。

2)单手垫球动作方法(见图2-4-7)。运用单手垫球时,应迅速移动接近球。如球在体侧远处,来不及移动步法时,也可向击球方向跃出,用前臂内侧、掌根或掌心击球后下部。如来球很低,也可用手背贴近地面插入球下做铲球动作将球垫起。

图 2-4-6　背垫球

图 2-4-7　单手垫球

(5)跨步垫球。

1)跨步垫球的概念和应用场景。向前或向侧跨一步垫球的动作叫跨步垫球。跨步垫球是当来球离身体前方或斜前方较远而低,队员来不及移动对正球时采用,在接发球和防守中运用较多,它是各种低姿垫球动作的基础。

2)跨步垫球的动作方法(见图 2-4-8)。跨步垫球在判断来球落点时,同侧脚迅速向来球方向跨出一大步,上体顺势前倾下压,身体重心落在跨出脚上,同时两臂前伸插至球下,用蹬地、提肩、抬臂动作击球的后下部。

(6)挡球。

1)挡球的概念和应用场景。来球高,速度快,力量大,不便于传球和垫球时,用双手或单手在胸部以上挡击来球称为挡球。其特点是伸手动作快,挡击胸、肩部以上高度的来球较方便,可扩大防守范围、是垫球的重要补充,但挡球不便于协调用力,因而控制球的落点和方向比传、垫球差。

图 2-4-8　跨步垫球

2)挡球的动作方法。挡球多用于挡击胸部以上力量大、速度快的来球,手型有抱拳式和并掌式两种。

①抱拳式是两肘弯曲、一手半握拳、另一手外抱,两手掌外侧所组成的平面朝前(见图 2-4-9)。

②并掌式是两肘弯曲,两手虎口交叉,两手掌外侧合并成勺形的击球面朝前(见图 2-4-10)。

挡球时,手臂屈肘上举,肘部朝前,手腕后伸,以手掌外侧和掌根所组成的平面挡击球的后下部。击球瞬间,手腕要紧张,用适度的力量将球向前上方挡起、击球点一般在头部或两肩的前上方。

图 2-4-9　抱拳式挡球

图 2-4-10　并掌式挡球

（7）前扑垫球。

1）前扑垫球的概念和应用场景。向前扑出垫球的方法叫做前扑垫球。当运动员来不及向前跨步、移动去接近球时，可采用前扑垫球。前扑垫球主要用于防前方低而远的球。

2）前扑垫球的动作方法（见图 2-4-11）。动作方法前扑垫球的准备姿势要低，上体前倾，重心偏前，下肢用力蹬地，身体向前扑出，同时双臂或单臂插入球下，用前臂、虎口或手背将球垫起。击球后，两手迅速撑地，两肘顺势弯曲缓冲，膝关节伸直以免触地，胸腹部着地。为扩大防守范围，接离身体更远的低球时，可用单手向前尽量伸展击球，用另一只手屈肘撑地缓冲，胸腹着地后继续向前滑动。

图 2-4-11　前扑垫球

（8）滚翻垫球。

1）滚翻垫球的特点和应用场景。当来球距身体远而低时，用跨步垫球不能触及到来球时，可采用滚翻垫球。滚翻垫球的特点是能够充分发挥移动的速度接近球，控制范围较大，能够保护身体不受伤，并可迅速起立转入下一个动作。

2)滚翻垫球的动作方法(见图2-4-12)。迅速向来球方向移动,跨出一大步,重心下降。上体前倾,使胸部贴近大腿,重心完全落在跨出腿上。双臂或单臂伸向来球,同时两腿向前用力蹬地,使身体向来球方向伸展,用小臂、虎口或手腕部位击球的下部。击球后,在身体失去平衡的情况下,顺势转体,依次用大腿外侧、臀部外侧、背部、跨出腿的异侧肩着地,同时低头含胸收腹团身,通过跨出腿同侧肩部做后滚翻动作,并顺势迅速起立。

图2-4-12　滚翻垫球

(9)鱼跃垫球。

1)鱼跃垫球的特点应用场景。若来球低而远,可采用防守中难度较大的鱼跃垫球技术,其特点是跃得远,控制范围大,但动作难度也大。

2)鱼跃垫球的动作方法(见图2-4-13)。采用半蹲准备姿势,上体前倾,重心前移,向前做一两步助跑或原地用力蹬地,使身体向来球方向腾空跃出,手臂向前伸展,插到球下,用单手或双手击球的后下部。击球后,双手在体前身体重心运动的方向线上着地支撑,两肘缓慢弯曲,同时抬头、挺胸、展腹,两腿自然弯曲,使身体成呈反弓形,以手、胸、腹、大腿依次着地。如前冲大时,可在两手着地支撑后,立即向后做推撑动作,使胸、腹着地后,贴着地面顺势向前滑行。原地鱼跃,还可向两侧跃出。侧向鱼跃时,一般采用单手击球。鱼跃空中击球后,双手的着地支撑应在身体重心运动的方向线上。支撑点太后,易造成前翻折腰,支撑点太前,易造成身体平落。

图2-4-13　鱼跃垫球

(10)跪垫球。

1)跪垫球的应用场景。跪垫适用于来球低而远时采用。

2)跪垫球的动作方法(见图2-4-14)。在低蹲准备姿势的基础上,向来球方向跨出步,跨出腿膝关节外展,后腿脚内侧和膝关节内侧着地,取得稳定的支撑,犹如半跪,上体尽量前倾,塌腰塌肩,屈肘,使两臂贴近地面插入球下,用翘腕动作以及双手虎口部位将球垫起。

图2-4-14 跪垫球

(11)脚垫球。

1)脚垫球的概念和应用场景。当来球速度快、突然性大,防守队员来不及移动、降低重心、伸臂击球和侧身让垫时,可采用身体其他部位来垫球。可以用身体任何部位包括脚去击球。

脚垫球主要是当来球远而低、变化突然、时间短促,无法用其他垫球技术来击球时采用,属应急性技术动作。脚垫球主要有脚背垫球和脚内侧垫球两种。

2)脚垫球的动作方法。

①脚背垫球(见图2-4-15)。动作方法是以一脚为支撑,另一脚迅速向来球方向伸去,利用伸大腿、摆小腿的动作,使脚背插至球下。击球时,利用小腿继续上摆、脚踝上挑的动作,以脚背上部触球的下部(或侧下部)将球垫起。脚背垫球后,若身体失去平衡,可采用侧倒坐地或后倒坐地等动作进行自我保护。

图2-4-15 脚背垫球

②脚内侧垫球(见图 2-4-16)。动作方法与脚背垫球相似。但在击球时,脚尖要上翘,脚踝紧张,以脚内侧部位垫球的后下部。

图 2-4-16　脚内侧垫球

(二)气排球特色接球技术

1. 特色接球技术的概念

气排球特色接球技术是指为了应对气排球飞行飘晃而使用的区别于室内排球的接球技术。

由于气排球体积大、重量较轻、球在空中飞行的速度较慢,因此特别容易受到气流的影响,飞行过程中的气排球重心非常不稳定。在长期的实践过程中,气排球运动者们发现,可以通过加大击球面积来改善气排球稳定性差的状况,于是发明了插托(搬挡)球、抱球、捧球、单手托球等技术动作。

气排球特色手法的运用,有效地解决了接球时球体不稳定的问题。但要注意这些接球手法只能运用在气排球中,不可在室内排球中使用。

2. 特色接球技术的分类(见图 2-4-17)

按照动作方法,可分为:插托(搬挡)球、抱球、捧球、单手托球。

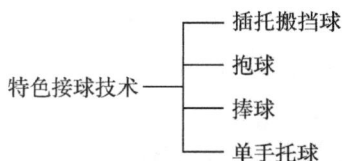

```
                        ┌── 插托搬挡球
                        │
                        ├── 抱球
特色接球技术 ───────────┤
                        ├── 捧球
                        │
                        └── 单手托球
```

图 2-4-17　气排球特色接球技术

3.特色接球技术的动作方法及要领

(1)插托(搬挡)球。

1)插托(搬挡)球的概念和特点。双手插托球又名搬挡球,是指面对来球,在胸腹前的左(右)侧或中部托送击球的一种击球动作。其特点是一只手掌心朝上,五指朝前,另一只手掌心朝前,五指朝侧,两手在球的后下方形成一个与球相吻合的弧形。该动作用于接发球和接各种攻击过网的球,是气排球有球技术中的一项特色技术。

2)插托(搬挡)球的动作方法。

①准备姿势。根据来球的方向、速度、弧度和落点,采用不同的准备姿势。

②迎球动作和击球手型。左托球,球从左边来,右脚内侧蹬地;左脚向左跨出一步,重心移至左脚膝弯曲上身稍向左倾斜,左肩略低于右肩左手五指张开,掌心向前,迅速将手插到球的下部,手掌呈勺形,手指指根触球的下部,阻挡球向下飞,同时右手五指张开,在来球的后上方顶压着球体并掌握球的方向(见图2-4-18)。

中托球球从中部来,即为追胸球,左手或右手在上,另一只手在下,两肘关节适当内收,两手呈勺形,以确保将球托送到位。

右托球与左托球动作相同、手脚动作方向相反。

图 2-4-18 插托(搬挡)球的手型

③击球部位和击球动作。在正确迎球手形基础上,当手和球接触瞬间,手腕和手指要有顺势向下的缓冲动作。击球时,托球的手掌、手指在球体重心的后下方撩拨发力,使球在向前上方送起。护在球后上方的手向前上方挡顶球,利用上下产生的合力将球传出(见图2-4-19)。

(2)抱球。

1)抱球的概念和分类。抱球技术是指球员将离身体较远的正面来球或低球接起的技术动作。

抱球技术有两种动作一是双手掌相对,大拇指朝上,其他四指朝前,接球时主要靠抬臂发力的抬臂抱球。二是两手掌相对,大拇指朝前,其他手指朝下,接球时主要靠手指手腕向上抖动的抖腕抱球。

2)抱球的动作方法。

①准备姿势。面对来球,两脚开立,与肩同宽根据来球的速度和力量,呈半蹲或稍蹲姿势站立。

②迎球动作和击球手型(见图2-4-20)。抬臂抱球:当来球距离身体较远时,两肘自然弯曲置于身体两侧,五指自然张开,两手掌相对,大拇指朝上,两手

之间大约一个球的距离,形成一个与气排球形状相吻合的弧形,以便抱住球的两侧。

抖腕抱球:当来球距离身体较远时,两肘弯曲并向外伸展,手腕略紧张,两手掌相对,大拇指朝前,其他手指朝下,两手之间大约一个球的距离,五指相对自然张开呈弧形,以便抱住球的两侧。

③击球部位和击球动作。以食指、中指和无名指击球的两侧,双手大拇指在球的两侧上部,小手指托在球的侧下部。

抬臂抱球:手和球接触瞬间,主要靠抬臂力量将球击出。

抖腕抱球:击球瞬间主要以手指和手腕抖动的力量将球击出。

④击球点:在腰腹附近。

图 2 - 4 - 19 插托(搬挡)球

图 2 - 4 - 20 抱球

（3）捧球

1）捧球的概念、特点和应用场景。捧球是指双手采用"捧"的动作将球击出的接球动作。捧球主要是处理速度较快或较低的来球。捧球的特点是：双手掌心朝上，双手十指张开且朝前，双手形成一个半球形。

2）捧球的动作方法（见图 2-4-21）。

①准备姿势。面对来球，两脚分开与肩同宽，根据来球的速度和力量，呈半蹲或稍蹲姿势站立，两肘自然弯曲，上臂与前臂夹角为 90°左右，置于腰部两侧。

②击球手型。来球时，双手掌心向上，手指张开，十指朝前，形成半球形，手指、手腕与前臂基本形成一个平面。

③击球部位。在腰腹前或腰腹以下，以全手掌击球的下部。

④击球动作和击球点。捧球时，大臂夹紧身体，手指、手腕与前臂在一个平面上，靠手指、手腕与前臂上托的瞬间发力将球击出，其动作幅度较小。

图 2-4-21　捧球

（4）单手托球。

1）单手托球的概念、特点和应用场景。单手托球是处理离身体较远的球，主要是在来不及运用双手插托球、抱球、捧球和正面双手垫球时采用。其明显的动作特征是：掌心朝上，五指张开且朝前，形成一个弧形，单手击球。

2）单手托球的动作方法（见图 2-4-22）。

①击球手型和击球部位。单手托球时手掌心向上，五指张开且朝前，形成呈弧底形，以全手掌触击球的下部。手臂、手腕的动作幅度应根据来球力量的大小和击球的目标点来控制。

②击球动作。击球瞬间，手快速插入球下部，手指、手腕与前臂要保持一定

的紧张度,手臂、手腕的动作用力大小和动作幅度都应根据来球力量的大小和目标点的位置来控制。

图 2 - 4 - 22　单手托球

(三)接球小结

准备姿势呈稍蹲,加强预判脚步快。

根据来球选技法,全身协调去击球。

接球落点控制准,动作合理效果好。

四、接不同性能来球的接球教学

接球技术运用于比赛的全过程,防守过程中不论是接发球还是接扣球抑或是接其他来球,来球都会因为击球者的击球力量、击球手法以及采用击球技术的不同而出现不同的特点,或轻或重,或下沉或晃动。因此运用的防守技术就有区别。下面我们就按来球的特点进行接球技术的教与学。

(一)接轻球技术

接轻球技术主要采用双手插托球、抱球、捧球、单手托球等技术动作。一般运用于接下手发球、上手发球、接轻扣、吊球和处理球等。

当球离开对方手的瞬间,判断来球球速不快或带有轻度飘晃时,接发球应注意观察,站位适当靠前。判断好球的落点后,要快速移动取位,重心下降并前倾,尤其是当接轻扣、吊球、接拦网触手的球和接拦回球时,由于来球方向和落点的不固定,更强调准备与移动步伐的灵活运用。当来球高于胸部时采用插托球的技术动作或正面双手传球的技术动作,当来球低于胸部时采用正面双手垫球、抱球等技术动作将球接起。

(二)接中等力量来球

接中等力量来球主要采用插托球、抱球、捧球、正面双手垫球等技术动作。

接中等力量球时,由于来球有一定力量和速度,且球的飞行轨迹常不规律,落点不易判断,因此要根据球的飞行,击球手法实时做出相应的调整,当来球突然急坠时,要快速移动到位,采用捧球或正面双手垫球的方法接球;当来球在身前发生飘晃时,一般采用侧垫球、插托球或抱球的方法。

(三)接重球技术

接大力发球和重扣球主要采用插托球、抱球、正面双手垫球等技术动作。

1. 接大力发球

大力发球的特点是力量大、速度快、旋转力强,但球的飞行轨迹较规律,容易判断。接大力发球的站位要适当靠近中场。因来球弧线低,接球时准备姿势要低。采用垫球技术时,由于来球力量过大,不能抬臂加力,对准球后手臂不动,耸一下肩往前送即可;也可以采用抱球、插托球等动作。

2. 接重扣球

接重扣球是接扣球防守技术的重点。由于来球力量大、速度快,接球前应保持较低的准备姿势和采取低姿势移动,要根据对方扣球队员及本方拦网的情况来判断扣球路线和落点,迅速移动卡位,对准来球,稳定重心,尽量用插托球或正面双手垫球动作将球接起。如果来球离接球者有一定距离,接球者要立即运用移动步伐,迅速接近来球,以获取最佳的人球关系。不管运用何种接球技术,接重扣球时都要注意缓冲来球力量,以期提高到位率减少失误。

(四)接入网球

比赛中,常有球因失去控制而飞入网内后反弹下落。要接好这种球,先要判断准其入网的部位,掌握其反弹的方向、角度和落地点。接入网球的方法一般采用捧球技术或单手托球等击球技术。

球飞入网后,一般有三种反弹情况:第一种是球飞入球网的上半部或从高处下落入网,多为顺网下落,反弹角度很小,速度快,落点靠近中线;第二种是球飞入球网中部,则稍有反弹,下落速度较上部入网球稍慢,落点仍靠近中线;第三种是球飞入球网下部,因球网底绳的作用,反弹现象明显,且有一定的高度和远度。

对上述第一、二种情况,因球下落速度快,落点靠近中线,比较难接,接球时要迅速移动到落点上,侧身对网,降低重心。当运用捧球技术时,双手要插入球下,手掌、手指给球体以撩拨动作。当运用垫球技术时,手臂插入球下,以屈肘翘腕动作将球垫起。第三种情况则重心不宜太低,待判断反弹落点后从容将球垫起。如果是第三次击球,一般采用抱球或捧球技术,要采用外侧臂抬高,用双手向上向侧兜球的动作,使球前旋飞过球网。

五、接球教学与训练

(一)接球教学与训练重点和难点

气排球接球技术根据比赛的需要,可分为接发球、接扣球、接传垫球、接拦回球、处理各种难球以及接球组织进攻等。由于各种来球的方向、路线、角度、力量、速度和性能很不相同,要对各种来球垫得稳、准,就必须下功夫练好垫球基本功。

教学重点在于:帮助学习者把握不同接球方式的击球手形、击球点和击球部位。接球教学难点主要有3点:

难点之一是快速移动后,对正来球插至球下的技术动作。要求在正确判断的前提下,早起动,采取适宜步法快移动,保证能够用正确的手型及时找准击球部位。

难点之二是接球时手臂与地面如何呈合理夹角,对不同发球的垫击,有不同的接球夹角。

难点之三是接球需要全身协调用力。协调用力接球必须通过大量的练习,形成良好的球感才可实现。气排球球体轻,手对球的控制能力很重要,必须在教学、训练中通过不断的强化训练,逐步提高这种微调能力。

(二)教学与训练顺序

接球技术种类多、运用广,因此教学中要根据学习者的具体情况和动作的难度,先易后难地安排教学。一般教学顺序是先学习习惯接球动作,再学习较难的接球动作;先学习原地正面接球技术,再学习移动接球和改变方向的接球。在此基础上再学习背向垫击球及其他部位的防守击球技术。

教学顺序可按照抱球→捧球→插托球→正面双手垫球→体侧垫球→接发球→跨步垫球→跪垫球→防吊球→防扣球→背垫球→单手垫球、托球→挡球→前扑垫球、滚翻垫球、鱼跃垫球→处理入网球、网前球→接拦回球→接吊球的顺序进行。

在初步掌握正面接球技术的基础上,可进行传、垫结合与串联的练习。在掌握移动接球技术后,可进行接发球和接扣球的练习。

(三)教学训练步骤

1. 讲解与示范

(1)观看中国大学MOOC网站《气排球》(林海强等),第四章接球技术。

（2）讲解：教练首先讲解接球技术在排球比赛中的作用,技术特点和动作要领。重点讲解手型、击球部位、击球点、手臂角度及身体上下肢的协调用力动作。

（3）示范：教练先做接球的完整动作示范,让学习者建立垫球技术的完整动作概念,然后再进行分解示范,也可以边讲解边示范,正面与侧面示范要结合运用,让学习者加深印象。

2. 组织练习顺序

徒手模仿练习→击固定球练习→接抛球练习→移动接球练习→接发球练习→接扣球练习→结合教学比赛及各种串联练习。

（四）练习方法

1. 徒手练习方法

（1）徒手模仿练习,教师及时检查并纠正错误动作。

（2）结合半蹲准备姿势的原地徒手模仿练习。要求先慢后快,重心低,动作协调,教师要及时检查并纠正错误动作。

（3）原地与移动的徒手接球动作练习,听口令做原地接球徒手动作,看手势做前后左右的并步、交叉步、跨步的移动接球动作练习。要求动作正确、协调、连贯。

2. 结合球的练习方法

（1）击固定球练习。两人一组,一人双手持球于腹前,另一人做接球动作。重点体会正确的击球点、手型及手臂用力时的肌肉感觉。

（2）击抛球练习。两人或三人一组,相距 4 m,一抛一接或一抛二接。练习者先将球接高、接稳,然后要求击准、到位。

（3）对墙接球练习。每人一球,在距墙 2 m 处连续用不同接球手法对墙击球,要求击手型、击球点和击球部位正确,用力协调,控制球能力强。

3. 结合移动的练习方法示例

（1）移动自抛接球练习。每人一球,向左、向右、向前、向后移动,同时用不同接球手法连续击球。要求在移动击球时低重心移动。

（2）两人或三人一组,一人抛球,另一人或两人轮流向前后左右移动接球,移动速度不宜太快,击出的球要稍高、并控制好落点。接球时尽量做到正对出球方向。

（3）三人一组跑动接球或四人一组三角移动接球。要求接球人尽量移动到位,对正来球,将球准确接到位。

4. 结合接发球的击球练习

（1）两人一组相距 5～6 m,先一掷一击练习,再过渡到一人下手发球或上手发球,一人接发球。要求接至假设的二传位置上。

(2)两人一组,相距 6 m,一发一垫,或 3 人一组,一发两人轮流接发球。要求开始发球要稳,然后逐步拉长发球的距离,增加发球的难度。

(3)3 人隔网或不隔网,一发一击一传练习。要求发球准,接发球者积极移动取位把球击到传球队员的位置上,传球队员再将球传给发球人。

5.结合接扣球、吊球的垫球练习

(1)两人一组,一扣一防练习。要求接扣球者做好防守准备姿势.开始练习时扣球要稳,随着防守者逐步适应,可逐步增大扣球的难度。

(2)3 人一组,一扣一防一传练习。要求扣球队员扣、吊结合,防守队员相互配合,互相呼应,互相保护。

(3)轮流连续接扣球练习。由教师在网前扣球或在高台上隔网扣球。要求接扣球者在 5、1 号位连续接扣球练习。

六、常见错误与纠正方法(见表 2-4-1)

表 2-4-1　接球技术常见错误动作与纠正方法

技　术	常见错误动作	纠正方法
捧球	没有形成正确的手型,手型不是半球状,手指触球部位不准确	进一步示范、讲解,用捧球动作接球,体会手型,体会手指触球
抱球	出球慢,造成持球	多做自抛抱球或对墙连续抱球练习,加快击球速度
插托球	两手搓球,不能接球到位	强化击球时的发力练习,两手在击球时伴送球
正面双手垫球	1.击球时手臂并不拢,伸不直; 2.垫球不抬臂,身体向上顶或向前冲; 3.击球时上体后仰或送肩; 4.击球时臀部后坐,全身用力不协调,主要用抬臂力量垫球	1.收胸耸肩、手腕下压,多做徒手模仿练习; 2.垫固定球或抛球或多做徒手模仿练习; 3.穿过网下垫球,强调垫球时手臂前插,练习时,击球后手触地; 4.两手并拢用手绢绑住,臂与胸之间夹一球,然后垫臂力量垫球固定球或抛球

续 表

技术	常见错误动作	纠正方法
前扑垫球	1.前身体弯曲,击球无力,有怕摔心理和击球时不会短促用力; 2.跃不出去,原地前倒	1.在垫子上垫击吊球,体会前扑时身体伸直和短促用力的击球动作; 2.给予鼓励,加强保护帮助,多做徒手前扑
背垫球	手腕后仰不够,球平飞	多做自抛自挡球练习或一抛一挡
挡球	手的缓冲控制能力差	多做挡较大力量的球

七、接球练习的注意事项

(1)接球教学应先在简单条件下进行练习,如原地徒手练习以及击固定球的练习,原地击一般弧度和落地比较固定的轻球,再进行移动击球练习。在学生击球动作基本正确,能初步控制击球的方向和落点后,再逐步加大练习的难度。

(2)发球、接发球是两个相联系的对立面,因此在教学与练习中应使两者紧密结合,互相促进,不断提高。接发球又是组织进攻的基础,应抓住控制球能力这个重点和难点反复练习,以提高对球的控制能力。

(3)在接扣球技术教学中,应强调做好防守的判断,准备姿势,加强起动和移动步法的练习。要教会学习者观察和判断来球的方法,提高起动速度和移动取位的能力,防止只重视手法不重视步法的倾向。

(4)随着接球技术的不断熟练,要尽量结合攻防战术进行练习。如在防守练习中,接球与拦网、保护、调整传球和反攻扣球等技术串连起来进行练习,这样既能提高接球技术的运用能力,又能培养战术意识和同伴间的默契配合。

第五节　传球技术分析与教学训练

一、传球技术的概念和特点

传球技术也是气排球比赛的基本技术之一,是用手指、手腕弹击动作将球传至一定目标的击球技术。

传球的特点是准确、柔和、善于变化,是组织进攻的重要技术。初学时的比赛可以不需要传球技术,但随着比赛水平提高及组织进攻的需要,就必须掌握传球技术。

传球技术主要用于二传,为进攻创造条件,在比赛中起着组织进攻的重要作用;传球技术也经常用来接发球,接对方的处理球、吊球和被拦回的高球,从这一角度看,传球也是一项重要的防守技术;传球还可以用来吊球和处理球,起着进攻的作用。

二、传球技术的分类(见图 2-5-1)

传球技术主要从动作方法、传球方向、是否起跳和用途四个方面进行分类。

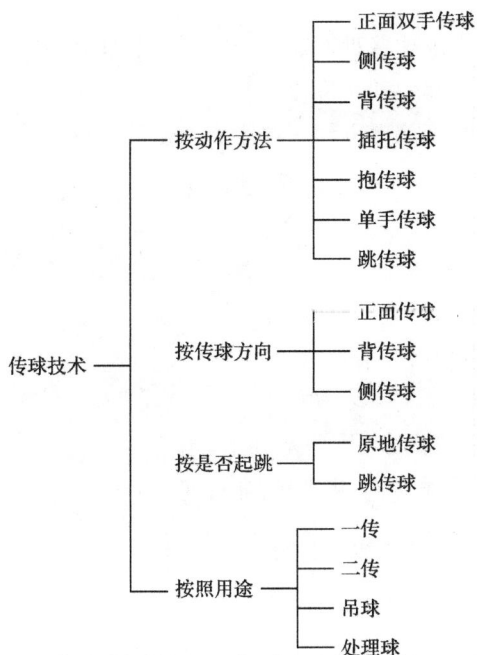

图 2-5-1 传球的分类

(1)按照动作方法,可分为:正面双手传球、侧传球、背传球、插托传球、抱球、单手传球和跳传球。

(2)按照传球的方向,可分为:正面传球、背传球和侧传球。

(3)按照是否起跳,可分为:原地传球和跳传球。

(4)按照用途,可分为:一传、二传、吊球和处理球。

三、各种传球技术的动作方法与要领

(一)正面双手传球

1. 正面双手传球的概念和特点

面对目标的传球称正面传球。它是传球中最基本的方法,是掌握和运用其他各种传球技术的基础。

2. 正面双手传球的动作方法

(1)准备姿势。采用稍蹲姿势,上体稍挺起,仰头看球,两手自然抬起,屈肘,放松置于额前上方。

(2)迎球动作。当来球接近额前时,开始蹬地、伸膝、伸臂,手指微张,从脸前向前上方迎出,全身各部位动作应协调一致。

(3)击球点。在脸额前上方约一球距离处击球。

(4)传球手型和击球部位。手触球时,十指应自然张开使两手成半球状,手腕稍后仰,以拇指内侧、食指全部、中指的二、三指节触球的后下部,无名指和小指在球两侧辅助控制球的方向。两拇指相对呈"一"字形或"八"字型(见图2-5-2)。

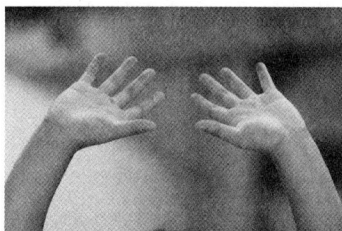

(5)用力方法。在迎球动作的基础上,当手和球即将接触前,手腕和手指要有前屈迎球的动作,当手和球接触时,各关节应继续伸展,最后用手指手腕的弹力将球击出(见图2-5-3)。

图2-5-2 传球的手型

3. 正面双手传球的技术分析

(1)击球点。初学传球时,击球点尽量要求保持在前额的正前上方约一球距离处。其优点:一是便于在观察来球的同时也能看清手和传球的目标,有利于对准球和控制传球方向;二是便于全身协调用力,击球点与两肩保持相等的距离,有利于提高传球的准确性和稳定性;三是肘关节尚有一定弯曲度,便于继续伸臂用力,有利于变化传球的方向。如击球点过高或太前,则两臂已伸得太直,不便于向前上方发力做伴送动作;若击球点过低,则不便于运用全身的协调力量。

(2)指、腕的击球动作。手指、手腕灵巧的击球动作是传球技术的难点,也是进一步提高控球能力的关键。手指手腕屈伸动作的大小和紧张度对传球的质量

影响很大。触球前,手指手腕配合其他关节应有一个前屈的迎球动作,其动作要小,但要做得很及时,动作顺序应由手腕的前屈带动手指的前屈。传球时,手指、手腕应根据来球的速度和传球的距离,保持适当的紧张度。

（3）全身协调用力。传球主要是靠伸臂和指腕的反弹力,配合蹬地的力量。传球的动作从下肢蹬地到手指击球,由下而上要连贯协调,一气呵成。如果全身力量不协调一致,单纯以手臂和指腕动作来传球或是全身用力不连贯,有脱节现象或用力与传球方向不一致,将直接影响传球效果。所以初学者必须养成蹬地、展体、伸臂用全身协调的伸展动作来击球的习惯,并在这一基础上不断提高手指、手腕的控球能力和技巧。

图 2-5-3　正面双手传球

（二）背传球

1.背传球的概念和特点

背对传球目标的传球称背传球。背传球是传球技术中的一种基本方法,在比赛中运用较多。背传球的特点是传球时背向传球目标,击球点略偏后。

背传球

2.背传球的动作方法（见图 2-5-4）

（1）准备姿势:上体比正面传球时稍后仰双手自然抬起置于脸前。

（2）迎球动作:抬上臂、挺胸、上体后屈。

（3）击球点：在头上方，比正面传球略偏后。

（4）传球手型：与正面传球相同，但触球时手腕要稍后仰，掌心向上，拇指托在球下，击球的下部。

（5）用力方法：利用蹬腿、展体、抬臂、伸肘和手指手腕的弹力，把球向后上方传出。

图 2-5-4　背传球

3. 背传球的技术分析

（1）背传球时，下肢蹬地的方向是接近与地面垂直的，通过展体、挺胸、抬头的动作，使抬臂、伸肘、送肩的协调，向后上方用力。因此，背传的击球点应保持在头上方的位置，这样更便于向后上方用力。

（2）由于背传球是与正面传球完全相反的方向将球传出，因此，传球时手腕要始终保持后仰，手指手腕应向后上方抖动用力，其中拇指用力更多些。

（3）由于背传球时看不到传球的目标，因此，传球前必须先观察判断好传球的方向和距离，尽量使背部对正传球目标。同时，要重视运动员良好的方位感觉的培养。

（三）侧传球

1. 侧传球的概念和特点

身体侧对传球目标，在不转动身体的情况下，向侧方传球的动作称为侧传球。

侧传球

2.侧传球的动作方法(见图 2-5-5)

准备姿势、迎球动作、手型与正面传球相同,击球点应偏
向传球目标一侧,上体和手臂应向传球方向伸展,传球方向异侧手臂的动作幅
度、用力距离和动作速度要大于同侧手臂。

图 2-5-5 侧传球

3.侧传球的技术分析

击球点偏向传球方向一侧有利于达到向侧传球。上体和手臂向传球方向伸
展,异侧手臂的动作幅度、用力距离和动作速度要大于同侧手臂,有利于向侧向
发力,并保持良好的手型向侧传球。

(四)插托传球

1.插托传球的概念和特点

插托传球是指二传队员在传球取位的过程中,当来球在
胸部以上、额头以下时采用的一种传球的方式。其动作特征
是:与插托接球的方式相似,一手掌心朝上,五指朝前,另一只

插托传球

手掌心朝前,五指朝侧,两手在球的后下方形成一个与球相吻合的弧形。动作与
插托球及抱球动作相似。

2.插托传球的动作方法(以左手下右手上为例,见图 2-5-6)

插托传球的准备姿势与迎球动作用一般双手传球技术相同。在接触来球的
瞬间,左手全手掌托在球的下部向前上方托送,右手同时翻顶球的中后部,左右
手协调作用于球,利用托、翻、顶的合力将球传出。

图 2－5－6　插托传球

3.插托传球的技术分析

插托传球时,球离身体不宜太远或太近。击球点位置应使托球手保持大小臂自然弯曲于体侧为宜,这样利于充分保证手臂运动的幅度和角度,从而控制出球的方向、高度和落点。

(五)抱传球

1.抱传球的概念和特点

抱传球是指采用抱球(接球技术)的方法进行传球的技术动作。抱传球的特点是击球点较低,适合对腰部以上、胸部以下的追身球进行传球。

2.抱传球的动作方法(见图 2－5－7)

抱传球

(1)准备姿势。面对来球,两脚开立,与肩同宽根据来球的速度和力量,呈半蹲或稍蹲姿势站立。

(2)迎球动作和击球手型。当发现来球较快且追身时,两肘自然弯曲置于身体两侧,五指自然张开,两手掌相对,大拇指朝上,两手之间大约一个球的距离,形成一个与气排球形状相吻合的弧形,以便抱住球的两侧。

(3)击球部位和击球动作。以食指、中指和无名指击球的两侧,双手大拇指在球的两侧上部,小手指托在球的侧下部。手和球接触瞬间,主要靠抬臂抖腕力量将球击出。

(4)击球点。在腰腹附近。

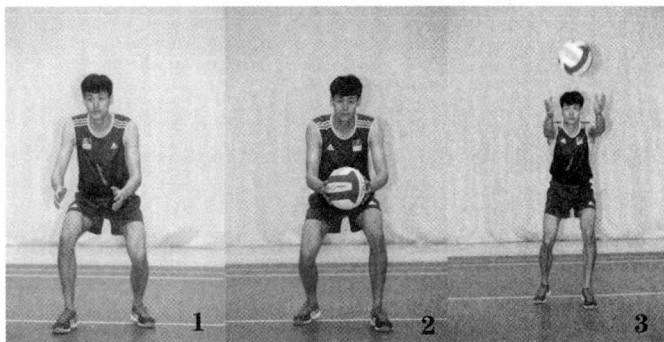

图 2-5-7 抱传球

3.抱传球的技术分析

(1)来球时,双手要向来球的方向伸出,当手和球即将接触时,有顺势迎球的动作,且两手形成一个弧形。

(2)击球瞬间,两手托住来球的后下部或底部,靠手腕的抖动、手指的弹拨、抬臂动作以及全身的协调发力将球击出。

(3)抱传球同样可以实现正面传球、侧传和背传的变化。正面抱传球时保持左手全手掌托在球的下部,右手位于球的中后部,且朝目标方向发力,身体发力方法同正面双手传球;侧传抱传球时左手全手掌托在球的侧下部,右手位于球的中后部,且朝目标方向发力,身体发力方法同侧传球;背向抱传球时保持左手全手掌托在球的前中下部,右手位于球的后中下部,并且朝目标方向发力,身体发力方法同插托接球。

(六)单手传球

1.单手传球的概念和特点

单手传球是指当一传来球距离身体较远来不及移动到位时或来球靠近网口时用单手进行传球的技术。单手传球与防守的单手托球动作相仿。

2.单手传球的动作方法(见图 2-5-8)

(1)击球手型。单手屈肘上举,手腕后仰,掌心向上,五指适当收拢,构成一个半球状手型。

单手传球

(2)击球部位与击球点。用手指击球的后下部。

(3)用力方法。五指托住球后下部,用伸肘抖腕拨球的动作将球向上弹击送出。

3. 单手传球的技术分析

击球时伸肘抖腕拨球的动作要协调,击球的部位可根据球的空间位置和目标点进行调整。

(1)来球离身体较远时。接二传队员时,先移动脚步,对准来球位置以右(左)手主动去迎球,手掌朝上托送球的下部。

(2)一传高且靠近网口时。当二传高且靠近网口或将飞过网时,队员两腿蹬地、膝关节伸展,靠近球一侧的手臂上举,手腕后仰、掌心向上,五指适当收拢,构成一个半球状手形,伸至球的后下部,利用腕、指的弹力,将球向本方场区传出。

图 2-5-8 单手传球

(七)跳传球

1. 跳传球的概念和特点

跳起在空中进行单、双手传球叫跳传。跳传球的特点是传球时需要跳起在空中,可以提高传球的出手点。

2. 跳传球的动作方法(见图 2-5-9)

跳传

跳传的起跳动作,无论是原地起跳,还是助跑起跳,最好向上垂直起跳,保持好身体的平衡,当身体上升到最高点时,靠迅速伸臂以及加大指腕弹力将球传出。

跳传可以正传、背传和侧传,其传球手型、击球点分别与正传、背传、侧传的手型和击球点基本相同。

3.跳传球的技术分析

(1)跳传的起跳应垂直向上跳,以减少对传球准确性的影响。

(2)在身体上升到最高点后触球,才能有充足的时间来完成迎球、击球、伴送球的动作,否则将会导致击球乏力或动作失调。

(3)跳传应加大伸臂动作的幅度和速度,因为跳传时,身体没有支撑点,无法借助蹬地的力量。

图 2-5-9　跳传球

4.技术要点

跳起最高点触球时,加大指腕弹力。

(八)传球小结

稍蹲准备观察球,预判准确移动快。

迎合来球选手法,全身协调去传球。

传球落点控制准,动作合理配合佳。

四、传球技术的运用

(一)传球用来组织进攻

传球在组织进攻中一般是第二次击球,故称为二传。二传是从防守转入进攻的桥梁和纽带,二传的好坏直接影响着进攻技术和战术的发挥。二传质量好,可以弥补一传和防守的不足,还可用假动作迷惑对方、牵制对方,达到助攻的目的。二传质量不好,则不能充分发挥扣球队员的作用和威力,不能保证战术配合的质量,不能组成最有效的进攻。

二传时,二传队员应该做到取位恰当,善于观察、动作隐蔽,手法娴熟。

1. 顺网正面二传

顺网正面二传是二传中最简单的技术。传球动作与正面传球相似,其区别在于顺网正面二传转球时身体不宜面对来球,要适当的转向传球方向,尽量保证正面传球,使球顺网飞行。

(1)如果来球角度较大,可侧对传球方向,将击球点适当移向传球方向,边传边转体,边控制球,把球转向目标。

(2)当来球较高且近网时,可采用跳传球。在不能采用跳传的情况下,两膝伸直,两臂上伸,以提高击球点。

(3)如果来球较低,通常采用下蹲传球、抱传球、插托传球,这几种传球方法可以较好地应对一传来球过低的情况。

(4)正面传一般拉开球时,应充分利用下肢蹬地和全身的协调力量,并结合上肢的伴送动作。

(5)正面传集中球时,下肢伸展动作不宜过大,主要依靠伸肘动作而手指手腕的力量击球。

2. 调整二传

调整二传是指将一传不到位或离网太远的球,调整成便于扣球队员进攻的球的传球技术。

在比赛中,场上每个队员都有做调整二传的任务。调整二传以传高、远球为主,所以要充分利用蹬地伸膝、伸臂及屈指腕的全身协调力量将球平稳传出。调整二传应根据扣球队员的位置来调整传球的角度、弧度和落点。传球路线与球网形成的夹角越小越利于进攻队员扣球。一般来说,调整二传时,传球的落点应在扣球队员的前方,离网不宜太近或太远,也不宜太拉开。

3. 背向二传

背向二传可利用球网全长,增加进攻点,使进攻战术更丰富,且有一定的隐蔽性和突发性。传球时,主要靠"手感"来控制传球的方向、速度和落点。背传拉开高球时,要充分利用蹬地、挺胸、展腹和向后上方提肩伸臂动作将球平稳传出。

4. 侧向二传

侧向二传适用于一传来球近网或平冲飞向球网的球。侧向二传可增加进攻的隐蔽性,有时还用来作二传吊球。侧向二传球难度较大,准确性较差。

5. 跳起二传

跳起二传主要用于传网上高球和即将过网的一传球。在跳起二传时主要是要掌握好起跳时间,在身体上升到最高点时传球,尽量提高击球点。这样既可提高进攻节奏,还有利于两次球进攻。

6. 晃传

跳起做扣球动作,突然改为二传把球传给同伴进攻,这种二传称晃传。晃传的助跑起跳要掌握时机,既要能扣,又要能.传。起跳后,佯做扣球动作,展腹屈腿提右臂等,然后再改为做传球。

晃传有两种:一种是在空中做假动作后,面对球网用侧传方法转移给同伴进攻。另一种是在空中做扣球假动作后,在空中转身肩对网,将球正面跳传给同伴进攻。无论采用哪种晃传,传出的球均不宜过高,否则就失去晃传的掩护作用。

7. 传快球

传快球是指传出高度低、节奏快的二传球的传球方法。传快球的难度较大,是一项较复杂的技术。二传队员应根据一传来球的弧度、速度、落点和扣球队员的助跑路线、上步速度、起跳时间、起跳点和手臂挥动的快慢以及弹跳高度等来决定相应的传球速度、高度距离和出手时间。

传快球的关键是主动与扣球队员配合,具体方法有两种:一种是,一传队员可以利用升高或降低击球点的方法来调整传球时间,如扣球队员上步起跳较迟,可有意降低击球点来推迟传球的时间反之,可以升高击球点来加快节奏,使传球的速度与扣球队员的起跳在时间上相匹配;另一种是,一传队员可利用手指、手腕动作来控制传球的时间与速度。

传快球按其特点可分为两类,一类是传低快球,另一类是传平快球。

(1)传低快球。

1)传低快球包括传近体快、背快、时间差、位置差、空间差及各种交叉、梯次、夹塞等的半高球。传低快球,主要靠加大指腕的弹力和适当的伸肘动作来控制传球的力量。并应适当提高击球点,以提高快攻节奏。由于球向上传,击球点不宜靠前。

①传近体快球。当扣球队员做起跳动作时,二传队员开始手触球。传球时击球点稍高,肘关节微曲,手腕后仰,指腕放松。当扣球队员跳起在空中最高点时,球也传到最高点。如来球较高而近网,可采用双手跳传快球如来球高而冲网,也可采用单手跳传快球。

②传背快球。传背快球既有背传的特点,又有传近体快球的要求。由于背向传球不容易配合,故传球的弧度、高度应尽量固定,便于扣球队员主动适应。

传球前,队员侧身对网站立,击球点保持在头上,手腕后仰,用手指手腕动作,将球传向头后。如球稍低时,也可采用翻腕动作,将球传出;如来球高而且又近网,也可用跳传背快球。

③传调整快球。当一传不到位且距网稍远时,可采用传调整快球。传球前,迅速移动到球的落点上,上体稍向右转,击球点在右肩前上方,将球向网上沿传出,传到扣球队员的前上方合理的高度和位置。

④传后排快球。二传队员可直接将球传给在限制线以后起跳扣远网快球的队员,这种传球高度比近体快球稍高,距网要视后排队员的冲跳能力而定,一般距网 1~2 m,传球时可用任一种双手传球方法。

⑤传交叉半高球。在前快和背快的基础上,将球向前或向后稍拉开并稍微传高,即可组成各种交叉进攻战术。传球时,击球点不变,稍加大指腕的弹力即可。

⑥传夹塞球。在一队员扣短平快上步起跳的同时,二传队员佯作传短平快球,但突然翻腕向上传半高球,把球传至扣短平快队员和二传队员之间。传球时的击球点可适当降低至面部前。

⑦传时间差球。在传近体快球的基础上,不改变任何动作,仅适当加大指腕的弹力,将传快球变为传半高球,以便佯作扣快球的队员晃过对方拦网后,再做原地起跳扣半高球。

⑧传位置差球。传球动作同传夹塞球,但传球弧度稍高,传球距离在佯跳地点旁约一步之远。

⑨传空间差球。传前飞时,传队员佯做传短平快,但突然向上翻腕,将球传在身前近体快的位置上,高度略高于近体快球。传背飞时动作同传背快球,但突然向后翻腕,将球传在身后背平快的位置上,高度略高于背平快。距离可根据扣球人起跳位置远近和扣冲跳能力而定。如果传单脚起跳的背飞球,传球的弧度可适当降低,距离可适当延长。

(2)传平快球。一般指短平快、背平快、平拉开和背飞等。向前传各种平快球时,要适当降低击球点,注意伸肘和指腕的推压动作,以加快球的飞行速度和进攻的节奏。向后传球时,要有商腕动作。

①传短平快。击球点保持在脸前,以便伸肘平推,使球快速向前平飞。为了加长球在网沿上空平飞的距离,加宽击球区,可采用跳传短平快。一传与扣球的配合,主要靠传球的速度来控制。

②传平拉开球。二传队员在 2、3 号位之间向 4 号位标志杆处平传拉开快球,即为传平拉开球。这种传球速度快,弧度平,距离长,击球点多,攻击区域宽。

传平拉开球的技术与传短平快球基本相同,但需要加速伸臂和指腕推压充分送球。当来球较低时,可利用后腿向后屋地、伸膝和收腹动作来加快伸臂速度;当来球较高,可采用跳传。击球时,靠伸肘和主动加大手指弹力及屈腕把传球路线压平。

③传背平快球。二传队员背向2号位,以网为参照物,凭方向感觉控制传球方向,凭手感控制传球弧度、速度和距离。传球时,要迎击来球的下部,击球点后移,利用抬臂、翻腕、展腹和挺胸动作,把球向后平传到2号位标志杆附近,传球速度和弧度要尽量固定,以便扣球队员主动适应。

④传背飞球。传球动作与传背平快基本相同。传球的速度和距离要根据扣球队员的起跳时间和冲跳能力加以调节控制。传球前,做传近体快球的准备动作。传球时,突然抬肘、屈腕、挺胸展体向后传出。如传单脚起跳背飞,传球的速度和节奏都要加快。

(二)传球技术的其他运用

1. 一传

在接轻发球、接推送过来的球以及接吊球较高和拦回较高的球时,可采用传球的方法,更能保证一传的准确到位。接速度较快的来球时,手指、手腕应保持适当紧张,接球时做好缓冲动作。接对方推过来或吊过来的高球以及拦起的高球时,可用正面上手传球方法将球准确送到位,还可直接传两次球进攻,或突然直接 将球快速传入对方空档。

2. 二传吊球

二传吊球是指二传队员在进行二传前的瞬间,突然改变传球动作和方向,将球传入对方空当。它是二传队员应该掌握的一项攻击性很强的传球技术。二传吊球可分为双手和单手两种。

(1)双手吊球。以侧传吊球效果更好。当迎球动作开始时,突然改用侧传或背传的动作,将球传向对方空当。传出的球弧度要低,应紧挨着球网上沿飞向对方,但是球在过网时一定要有明显向上的弧度。

(2)单手吊球。在双手二传动作开始前的瞬间,突然用一只手臂,五指稍并拢,向上托送球的下方,使球落入对方空档。单手吊球的击球点应稍靠近球网。

3. 处理球

当第三次击球无法组织进攻时,常用传球方式将球推向对方场区。传球时,手指、手腕要适度紧张,用蹬地、伸膝、伸臂和压腕的动作,将球快速地传入对方空档或后场区;当在进攻线前用传球手法处理高于球网的球时,一定要有明显向上的弧度。

五、气排球传球技术常见错误动作及纠正方法（见表 2－5－1）

表 2－5－1　气排球传球技术常见错误动作及纠正方法

常见错误动作	纠正方法
击球点过高或过低	1. 传固定球,体会正确的击球点做各种步法移动后接传球,保持在脸前接住球提高判断、选位能力; 2. 自传或对墙传球练习
手型不正确,大拇指朝前,手型不是半球形,手指触球部位不准	1. 用传球动作接球,体会手型; 2. 近距离对墙轻传,体会手指触球
手指、手腕弹力差,有拍打动作	1. 做手指、手腕的力量练习; 2. 用足球、篮球做传球练习,增加指腕力量; 3. 多做平传和远传练习
用不上全身协调力量	多做徒手练习和将球以传球准备姿势接住后传出练习,体会蹬地和全身用力
动作取位不及时,对不准来球、人与球的关系不合适	移结合移动步法接球,学会上体移动重心,能前后倾斜地传球
击球点不正确、过前或过后	1. 强调击球点宁前勿后,保持正面传球的击球点; 2. 做自抛向后传球,做弧度高低结合的自传球练习
传用力不协调、不会后仰、展胸、翻腕、大拇指上挑	移动对准球,保持头上的击球点,强调蹬腿、展胸、抬臂、翻腕上挑动作
选择起跳点不准确,人与球关系保持不好	1. 多做原地起跳和移动起跳练习,提高判断能力; 2. 选择合适的起跳点,保持良好的人球关系; 3. 传不同弧度和距离的球

六、教学与训练的重点和难点

教学重点:传球手形是否规范,击球点是否准确。二者都会影响传球的效果。

教学难点:传球时的身体协调用力与配合,主要是上下肢动作的连贯协调。

七、教学训练中应注意的问题

(1)传球采用完整教学法,先建立传球技术动作的完整概念。教学时,应先着重于手型、击球点和用力的准确与协调练习,然后逐步过渡到手指手腕的弹击和控制球的能力练习上。

(2)教学中尽量采用触球次数多的练习,并在初学阶段就结合近距离移动的传球,以利于形成正确的击球点和手型,为学生进一步学习难度较大的传球打下良好的基础。

(3)教学时自始至终要强调正确手型、正确的击球点和协调用力3个环节。同时还要注意指出典型易犯的错误动作,以便学生在学习过程中进行正、误对比。

(4)从心理方面讲,初学者一般怕戳手,怕弧度高、力量大和速度快的来球。因此,要从解决手型入手,从易到难,循序渐进。多传近距离、低弧度和速度慢的球,避免学习者手指局部负担过重,减轻心理压力。

八、教学训练的顺序

传球技术比较复杂,建立正确的动力定型时间较长,故教学时应循序渐进,按照正面双手传球→抱传球→插托传球→顺网二传高球→向4号位调整二传→背传高球→2号位调整→侧传→双手跳传→单手跳传、挡托、顶、吊→处理网上球、网前球、入网球→传近体前快球→传小弧度短平快、直线短平快球→传平拉开球→传背近体快球→传交叉、重叠、加塞儿、个人时间差和位置差、前飞、逆飞等→传背短平、背平拉开球→传后排强力球和快球的顺序进行。

九、教学训练的步骤

(1)观看中国大学 MOOC 网站《气排球》(林海强等),第五章传球。
(2)讲解与示范。
1)讲解。教练先讲解传球技术在比赛中的作用,然后讲解传球技术的特点和动作要领。讲解内容的先后顺序一般是:脚的站法,下肢姿势,身体动作,手型,击球点,触球的部位,迎击球的动作用力方法等。
2)示范。教练先做完整传球动作的示范,然后再做分解示范,也可边讲解边示范,或重点示范传球的关键技术环节,也可结合正面示范、侧面示范进行教学。
(3)组织练习顺序。原地模仿练习→原地传球练习→移动传球练习→变方向传球练习→背传练习→调整传球练习→跳传练习。

十、组织练习方法

1. 徒手模仿练习

(1)原地模仿练习。徒手做传球准备姿势,听教师的口令依次做蹬地、展体、伸臂击球动作练习。重点体会传球前的准备姿势,身体协调用力的动作和传球的手型。

(2)原地传球模仿练习。重点让学习者体会触球手型,击球点位置和身体协调配合动作及传球用力的全过程。

(3)两人一组,一人做好传球的手型持球于脸前上方,另一人用手扶住球,持球者以传球动作向前上方伸展,体会身体和手臂的协调用力。要求另一人纠正持球者的手型及身体动作。

2. 原地传球练习

(1)每人一球,自己向额前上方抛球,做好传球手型在击球点位置将下落的球接住,然后自我检查手型。

(2)原地自传练习。要求把球传向头上正上方,传球高度离手1~1.5 m,连续传30次为一组。

(3)对墙自传球练习。要求距离墙50 cm左右连续对墙自传球,体会正确的手型和手指手腕用力的肌肉感觉。

3. 移动传球练习

(1)每人一球行进间自传球练习。要求传球手型正确,移动迅速,保持正面传球。

(2)每人一球向左、右、前、后移动传球练习。要求自传一次高球,再传一次低球,提高控制球的能力。

(3)两人一组,一抛一传球练习。要求抛者向左、右、前、后抛球,传球者根据来球快速移动传球。

4. 背传球练习

(1)每人一球,自抛背传球练习。要求将球抛到头上,两手腕后仰,掌心向上,依靠蹬地,展体,抬臂,伸肘动作把球传向后上方。

(2)3人一组,背传球练习。3人各相距3 m左右,两边人抛球或传球,中间人背传球,要求同上。

5.调整传球练习

(1)两人一组相距 6 m,在网前用调整传球动作传高弧度球练习。要求利用蹬腿,伸臂动作传球。

(2)移动调整传球练习。4 号位队员传球至 5 号位,5 号位队员传球到 1 号位,1 号位队员移动至 2 号位将球调整到 4 号位,依次循环练习。

6.跳传球练习

(1)每人一球,对墙连续跳传球练习。要求掌握好起跳时机,在空中保持好身体平衡,靠快速伸臂动作将球传出。

(2)两人一组,连续面对跳传球练习,要求同上。

第六节　扣球技术分析与教学训练

一、扣球技术的概念和特点

扣球是指队员在进攻线以后起跳后,在空中用一只手或手臂将本方场区上空高于球网上沿的球,击入对方场区的一种击球动作。

扣球是气排球的基本技术之一,也是气排球技术中攻击性最强的一项技术,在比赛中占有十分重要的地位。扣球是得分的主要手段,是一个队争取主动,摆脱被动,鼓舞士气,抑制对方的最积极有效的武器。因此,扣球的水平,最能体现一个队的进攻质量和效果,是取胜的关键。扣球的攻击性主要是由于它具有击球点高、速度快、力量大、变化多的特点,可以扣出各种不同性能、不同时间、不同角度、不同落点的变化球,使扣球具有进攻威力。

气排球扣球技术随着气排球运动的发展而不断创新和提高。扣球的发展特点主要体现在几个方面:打破队员位置分工的限制,每个队员既是接球手,同时也是扣球手,充分利用网长和纵深,更多运用变向、变步的助跑起跳方法,使扣球技术向着高度、速度、力量方向发展。

二、扣球技术的分类(见图 2-6-1)

(1)按技术动作,可分为:正面扣球、勾手扣球、小抡臂扣球。

(2)按起跳方法,可分为:原地起跳扣球、单脚起跳扣球、双脚起跳扣球。

(3)按区域不同,可分为:后排左扣球、后排中扣球、后排右扣球。

(4)按传球特点,可分为:扣一般高球、扣快球、扣调整球。

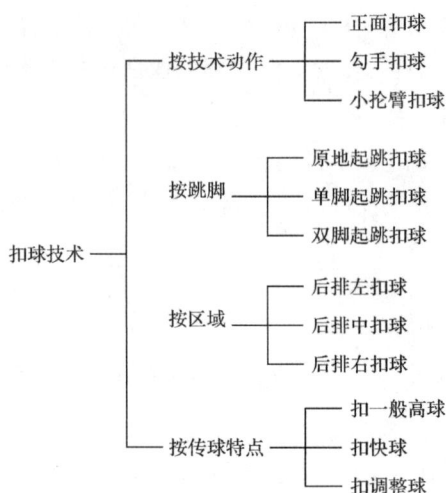

图 2-6-1　扣球技术的分类

三、各种扣球技术的动作方法与要领

(一)正面扣球

正面扣球是气排球扣球技术中最基本的一种方法。由于面对球网,便于观察,准确性较高,加之正面扣球挥臂动作灵活,能根据对方防守情况,随时改变扣球的路线和力量,控制落点,因而进攻效果较好。初学者必须掌握好正面扣一般球后,再学习其他扣球技术。现以两步助跑,右手扣球为例来分析其动作方法和技术要领。

1. 动作方法(见图 2-6-2)。

(1)准备姿势。扣球助跑前采用稍蹲姿势,两臂自然下垂,站在离进攻线 3 m 左右处,身体转向来球方向,观察来球,做好向各个方向助跑起跳的准备。

正面扣球

图 2-6-2　正面扣球

（2）助跑。助跑开始时，左脚先向前迈出一步，紧接着右脚再快速跨出一大步，左脚及时并上，踏在右脚之前，两脚尖稍向右转，两臂绕体侧向上引摆（见图2-6-3）。

图2-6-3　助跑起跳

（3）起跳。在助跑跨出最后一步（即第二步），左脚并上，踏地制动的同时，两臂自后积极向前摆动，随着双腿蹬地向上起跳，两臂配合起跳有力地向上摆动（见图2-6-4）。

图2-6-4　起跳

（4）空中击球。起跳后，挺胸展腹，上体稍向右转，右臂向后上方抬起，身体呈反弓形。挥臂时，以迅速转体、收腹动作发力，依次带动肩、肘、腕各部位关节向前上方成鞭甩动作挥动。击球时，五指微张，以掌心为主，全掌包满球，在手臂伸直最高点的前上方击球的后中部，同时主动用力屈腕屈指向前推压，使扣出的球上旋。

（5）落地。落地时，以两脚前脚掌先着地再迅速过渡到全脚掌着地，同时顺势屈膝、收腹，以缓冲下落的力量，立即做好下一个动作的准备。

2. 技术分析

（1）助跑。助跑的目的，一是为了接近球，选择恰当的起跳点；二是利用助跑的水平速度配合起跳，起到增加弹跳高度的作用。

助跑起跳

1）步法。助跑的步法种类很多，主要有一步、两步；有向两侧的跨跳步和并步；有原地踏跳步和后撤步等。步法的运用要因球而异，因人而异，力求灵活，适应性强。但无论采用几步助跑，第一步要小，最后一步应大。现以两步助跑右手扣球为例，分析如下：

第一步：以左脚向来球的落点方向自然迈出，其主要作用是确定助跑方向。第一步应小，但要对正上步的方向，使静止的身体获得向前起动的速度，故有方向步之称。

第二步：步幅要大，步速要快，使支撑点落在身体重心之前，身体后倾，重心自然后移和降低，从而有利于制动，以右脚的脚跟先着地，再过渡到全脚掌着地，这样有利于制动，使身体的前冲力转换为向上的冲力，增加腿部肌肉的张力，提高弹跳高度。这一步起着调整身体与球的距离、决定起跳点的重要作用。

2）助跑的路线。由于二传来球的落点不同，扣球队员助跑的方向和路线也不相同。以4号位扣球为例，扣集中球时，应采用斜线助跑，扣一般球时采用直线助跑，扣拉开球时则采用外绕助跑。

3）助跑的节奏。应先慢后快。如一传出手后，就可开始缓慢轻松地移动，然后根据二传的情况逐步加快步伐以寻找起跳时机和地点。有时也可加快助跑的节奏，以争取时间和空间。

4）助跑的时机。助跑的时机取决于二传球的高度、速度，以及扣球队员的个人动作特点。二传球低时，助跑起动要早些，球高则要晚些；动作慢的队员可早些起动，动作快的队员则可晚些起动

（2）起跳。

1）起跳的步法。助跑的最后一步称为起跳步，它既是助跑的结束步法，又是起跳的准备动作。常用的起跳步法有两种：一种是并步起跳，即一脚跨出一大步后，另一脚迅速向前并步，随即蹬地起跳，这种方法便于调整起跳时间，适应性强，制动效果好，身体重心易保持稳定，但对起跳高度稍有影响。另一种是跨跳步起跳，即一脚跨出一大步的同时，另一脚也跟着跨出去，双脚有一个腾空的阶段，两脚同时着地，蹬地起跳。这种方法能利用人体下落的重力加速度，增加弹

跳高度,但不便于加快助跑速度,易影响起跳节奏,不利快攻起跳。

2)起跳的位置。进攻线后,一般应选择在距离球一臂之远的位置起跳,这样才能保持好身体和球合理的位置关系,便于充分发挥全身的协调力量,保持较高的击球点。

3)起跳的摆臂。起跳时的手臂摆动一般有两种方法:一种是划弧摆臂:方法是以肩关节为轴,两臂经体侧向后再向前上方划弧摆动,这种摆臂可根据需要来变化划弧的大小,动作连贯协调,便于调整摆臂速度和节奏,适应性强,运用较普遍。另一种是前后摆臂:方法是两臂由体前先向后摆动,然后再由后向前上方直接摆动,这种摆臂振幅较大,摆动较有力,有利于提高弹跳高度,但因动作大,使空中的转体动作不便,对及时快速起跳有影响。

(3)空中击球。

1)挥臂方法。在起跳身体腾空后,左臂摆至身体前方,协助保持上体的空中平稳。此时,击球手臂应屈肘置于头侧,肘高于肩,身体呈反弓形。挥臂前合理的屈肘动作,可以缩短挥臂时以肩为轴的转动半径,减少转动惯量,提高挥臂的初速度。随之边挥臂边伸肘,加长转动半径,增加挥臂的线速度。在挥臂转动的角速度不变的情况下,上臂甩得越直,挥动半径

挥臂鞭打

越大,线速度也越快,扣球越有力。这种挥臂方法,既能扣高弧度球,也能扣低、平弧度球,适应范围较广。

2)击球动作。击球时,要求击球的手有巨大的动量和速度,而扣球中全身协调的击球力量是由于手臂的鞭打式动作,最后通过手腕的甩动和加速,由全手掌作用于球体的。因此,只有用全手掌击球,手腕关节才能很好地参与整个鞭打动作,传递并加大击球的力量。

3)击球点。扣球的击球点应在起跳最高点和手臂甩直的最高点的前上方。也可利用击球点附近的垂直空间和水平空间来扩大击球范围,增加扣球路线和角度的变化。

(二)勾手扣球

1.勾手扣球的概念和特点

勾手扣球是起跳后侧对球网,运用勾手动作挥臂击球的一种扣球技术。

勾手扣球能适应远网球及后排传来的调整球以改变击球时间和路线,增加击球点,扩大进攻面,并能弥补助跑过早冲到球前的缺点,是一种行之有效的扣球技术。由于该技术对身体素质的要求较高,变化较少,动作较复杂,故目前在比赛中较少采用,但随着比赛水平的提高,这项技术的运用有增多的趋势。

2.勾手扣球的动作方法(见图2-6-5)

助跑的最后一步使左肩转向球网,起跳后上体稍后仰,向右扭转,击球臂上提至体侧,击球时像勾手大力发球一样,以迅速转体收腹来带动手臂从体侧向前上方快速挥动,手臂充分伸直,在最高点全掌击球,触球时手腕用力勾住球向下甩。

图2-6-5　勾手扣球

(三)小抡臂扣球

1.小抡臂扣球的概念和特点

小抡臂扣球是以肘关节围绕肩关节回旋做加速挥臂击球的种方法。

这种扣球,手臂始终沿圆弧运动。抡臂幅度大,动作连贯,便于发挥手臂的挥动速度。

2.小抡臂扣球的动作方法(见图2-6-6)

动作方法助跑起跳与正面扣球动作相同。引臂时手臂屈肘,以肩关节为轴心,由后下方向前上方做回旋挥臂。当肘关节摆至肩关节侧后方时,整个击球动作与正面扣球相同。

图2-6-6　小抡臂扣球

(四)原地起跳扣球

1.原地起跳扣球的概念和特点

由于气排球下落速度较慢,球网较低,有时来不及助跑或来球在头上方时,可采用原地起跳进行扣球。

原地起跳扣球可以在对方未形成拦网时使用,由于不需要助跑,所以进攻更突然,但对攻手的身体素质要求较高,由于没有助跑,扣球高度会有所降低。

2.原地起跳扣球的动作方法

原地起跳扣球的方法同正面扣球,不需要助跑。

(五)单脚起跳扣球

1.单脚起跳扣球的概念和特点

单脚起跳扣球是指助跑的最后一步以单脚踏地,另一只脚直接向前上方摆动帮助起跳的一种扣球方法。

单脚起跳扣球在气排球比赛中常常用于战术进攻及处理球的扣球。单脚起跳由于第二只脚不再落地面直接上摆,且起跳腿下蹲较浅,因而它比双脚起跳动作快 0.2 s 左右。还由于它能充分利用助跑速度,加上右腿积极上摆的协调动作,比双脚起跳冲得更远,跳得更高。所以它既能高跳扣定点高球,又能追球起跳扣低弧度球,有利于控制时间和空间,这对突破和避开拦网有较大作用。

2.单脚起跳扣球的动作方法(见图 2-6-7)

单脚起跳扣球,可采用一步、二步或多步助跑。助跑的路线与球网的夹角宜小,以免造成前冲力过大而碰网或过中线犯规。助跑到最后,以左脚向扣球点位置跨出一大步,身体重心稍后倾,在右脚向上摆动时,左脚用力蹬地起跳,两臂积极配合上摆,起跳后的扣球动作与正面扣球基本相似。

图 2-6-7　单脚起跳扣球

3.单脚起跳扣球的技术分析

(1)助跑路线与网成小夹角或平行子网,以免前冲力过大,造成触网或过中线犯规。

(2)起跳时右腿的摆动,其作用与摆臂作用相同,能够增大左脚蹬地的力量,从而有助于提高弹跳高度。

（六）双脚起跳冲跳扣球

1. 双脚起跳冲跳扣球的概念和特点

双脚起跳冲跳扣球是指队员助跑后,向前上方起跳,而且在空中有段位移,击球动作在空中移动过程中完成的扣球技术。

双脚起跳冲跳扣球在后攻和空间差中运用较多,是气排球常用的主要扣球技术之一。冲跳扣球技术动作结构与正面扣球动作基本一致,但因必须在进攻线后起跳,需要利用向前冲跳缩短与网的距离。冲跳扣球步频快,距离长,速度快,无需制动和深蹲,助跑步数一般多为两步和三步。

2. 双脚起跳冲跳扣球的动作方法

采用两步助跑的方法,第二步的步幅要小于一般正面扣球。踏跳过程中,双脚向后下方蹬地,使身体向前上方腾起,在空中抬头、挺胸、展腹,形成背弓,击球时快速收腹,挥臂并手腕推压击球的后中部。

3. 双脚起跳冲跳扣球的技术分析

(1)助跑第二步稍小,避免身体后仰,减小制动力,便于双脚向后下方蹬地。

(2)双脚向后下方蹬地,是为了使身体获得 个向前上方的速度,以便既能跳起一定高度,又能向前飞行一段位移。

四、气排球扣球技术的运用

（一）扣近网球

击球点距网 50 cm 左右的扣球称为扣近网球。扣近网球的特点是击球点高、路线变化多威力大,但易被拦网。扣近网球时,要避免前冲力过大,造成触网或过中线犯规。跳起后,主要利用收胸动作发力,以肩为轴,向前上方挥臂,以全手掌击球的后中上部。击球后,手臂要顺势回收,以防出手触网。

（二）扣远网球

通常把击球点距球网 1.5 m 以外的扣球称为远网扣球,这种扣球力量大,角度较平,对方不易拦网。远网扣球时,跳起后击球点要保持在右肩前上方最高点,用全手掌击球的后中部,击球瞬间手腕要有明显的推压动作,使球呈上旋飞出

（三）扣调整球

扣由后场调整至网前的球称为扣调整球。扣调整球难度较大,要求扣球队员能适应来自后场不同方向、角度弧度、速度和落点的球,以灵活的步法和空中动作,及时调整好人、球、网的关系,运用不同手法,控制扣球的力量、方向、路线和落点。在助跑时可边助跑边看球。对小角度二传来球,要后撤斜向助跑,对大角度二传来球可采用外绕助跑。

（四）扣快球

扣快球是指扣球队员在二传队员传球前或传球的同时起跳,把球扣入对方场区的一种扣球方法。这种扣球速度快,时间短,突然性强,牵制性大,能在时间上和空间上争取主动。

快球可分为:近体快球、扣背快球、扣短平快球、扣背短平快球、扣平拉开球、扣半快球、扣调整快球、扣远网快球、扣后排快球和扣单脚快球等(见图2-6-8)。

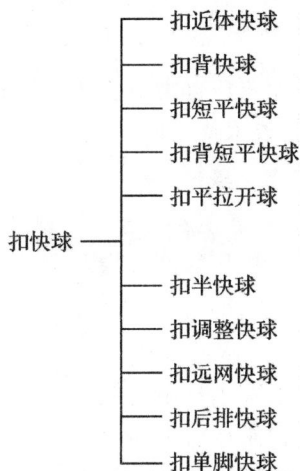

```
                ┌── 扣近体快球
                ├── 扣背快球
                ├── 扣短平快球
                ├── 扣背短平快球
                ├── 扣平拉开球
       扣快球 ──┤
                ├── 扣半快球
                ├── 扣调整快球
                ├── 扣远网快球
                ├── 扣后排快球
                └── 扣单脚快球
```

图2-6-8　快球的分类

不管扣哪种快球,都应注意:

（1）助跑的步法要轻松、快速、灵活、有节奏;起跳动作要下蹲浅,起跳快,起跳时间准确。

（2）击球时,上体动作和挥臂动作的幅度要小,主要利用前臂和手腕加速甩动击球。挥臂的时间要早,球来之前就要挥臂,球到时正好击球。

1. 扣近体快球

在二传队员体前或体侧50 cm左右扣出的快球,统称为近体快球。由于近体快球的传球距离短,所以速度快,节奏快,与队友配合也有很强的掩护作用扣近体快球时,应随一传助跑到网前,当二传传球时,扣球队员在其体前或体侧进攻线后迅速起跳,起跳后要快速挥臂将刚刚传出网口的球扣入对方场区。击球时,利用收胸动作,带动前臂和手腕迅速鞭打甩动,以全手掌击球的后上部。

2. 扣背快球

在二传背后约50 cm处扣的快球,称为背快球。这种扣球与近体快球的打法相同所不同的是二传队员看不见扣球队员动作,这需要扣球队员主动配合,去适应二传。

3.扣短平快

在二传队员体前 2 m 左右处,扣二传队员传过来的高速平快球,称短平快球。这种扣球由于传球速度快,因而进攻的节奏快;二传的弧度平、进攻的区域宽,有利于避开拦网。扣短平快球,一般采用外绕或小于 45°助跑,在二传传球的同时起跳并挥臂截击平飞过来的球,扣球手法与近体快球相同,还可根据对方拦网的位置提前或错后击球。

4.扣背短平快

在二传队员背后 1.5 m 扣背传过来的高速平快球,称为扣背短平快。打法与短平快一样,由于二传队员看不见扣球队员动作,扣球队员应主动适应二传队员传来的球。

5.扣平拉开球

在 4 号位标志杆附近扣二传从约 4 m 左右远处传来的快速平快球,称为平拉开快球。其特点是能有效地利用网长及进攻区域宽度,能争取有利的时间和空间,易摆脱对方拦网。在二传队员传球前,4 号位队员就要开始进行外绕助跑,待二传出手后,扣球队员在标志杆附近起跳,截击来球。扣球动作与短平快相同,但不能提前挥臂,要看准来球后再挥臂击球。

6.扣半快球

在二传队员附近起跳,扣超出网口两个半球高度的球,称为半快球,也称半高球或"二点五快球"。半快球击球点较高,有利于看清拦网队员的手和对方的防守布局,易运用各种避开拦网的扣球手法。半快球在二传出手后再起跳击球动作与近网扣球动作相同。

7.扣调整快球

一传不到位,二传把球调整到网口进行快球进攻,称为调整快球。这种扣球可以扩大进攻范围增加进攻的突然性,但传扣的难度较大,对起跳时间和地点的配合要机高。扣调整快球要根据二传的位置和传球方向,选择好助跑度、路线和起跳时间,在助跑中边观察边判断,助跑路线宜与网成小角度,并力争保持在与二传球飞行路线形成交叉点处起跳。起跳时,左肩斜对网,右臂随来球顺势向前挥动追击球,在球飞至网口时,手腕迅速推压将球击入对方场区。

8.扣远网快球

扣二传传出的距网 80 cm 左右纵深上空的快速低弧度球为远网快球。这种扣球可以扩大进攻范围,改变进攻节奏,增加进攻的突然性扣远网快球的助跑最后一步不宜过大,以便利用向前冲跳,使身体有一个略向前的飞行阶段。

9. 扣后排快球

在进攻线后起跳扣的快球为后排快球,一般由后排队员进行扣杀。扣球队员大都在进攻线后冲跳,扣距网 2m 左右的低快球。击球时,以全掌击球的后中部,手腕要有推压动作,使球呈上旋过网。

10. 单脚快球

助跑起跳方法与单脚起跳扣高球相同,但助跑起跳的速度和击球动作的节奏都比单脚扣高球快,故不能提前起跳。由于单脚起跳的助跑速度快,起跳容易前冲,因此起跳点要离二传队员稍远,助跑的路线与网的夹角要小,注意落地动作,防止与二传队员相撞或中线犯规。

(五)自我掩护扣球

用自己扣各种快球的假动作来掩护自己实扣的半高球进攻,都叫自我掩护扣球。可分为时间差扣球、位置差扣球和空间差扣球三大类。

1. 时间差扣球

利用起跳时间的差异迷惑对方拦网的球,为时间差扣球。这种扣球可用于近体快、背快、短平快等扣球中。扣球时,按快球的助跑、摆臂节奏佯作起跳,以诱使对方起跳拦网。待对方拦网队员跳起下落时,扣球队员立即原地起跳加半高球。

2. 位置差扣球

利用与对方拦网队员在起跳位置上的差异摆脱拦网的扣球,为位置差扣球。扣球队员在助跑后佯作起跳待对方队员跳起拦网时,扣球队员突然向体侧跨出一步,错开拦网人的位置,用双脚或单脚起跳扣球。

不管采用哪种错位扣球都应注意以下两点:

(1)按原来各种快球的时间助跑、踏跳下蹲、制动和摆臂,动作要逼真。

(2)变向跨步起跳时,动作应连贯,摆臂应幅度小、速度快。

3. 空间差扣球

利用顺网向前冲跳技术,使身体在空中有段移位过程,将起跳点和击球点错开的扣球,为空间差扣球,又称空中移位扣球。这种扣球不仅速度快,而且掩护作用强。

(六)扣球技术在运用中的变化

1. 转体扣球

在起跳或击球过程中,改变上体方向的正面扣球称转体扣球。转体扣球与正面扣球的动作方法大致相同,主要区别是将击球点保持在左侧前上方。击球时,队员在空中利用向左转体和收腹的动作带动手臂向左挥动,以全手掌击球的右侧上方来改变扣球的方向。

2. 转腕扣球

扣球队员在击球时,突然利用肩、前臂和手腕的转动动作来改变扣球的路线称为转腕扣球。

(1)向外转腕扣球。扣球时,起跳动作与正面扣球相同,但击球点应保持在右肩前上方。击球时,右肩上提并稍向右转,前臂向外转,手腕向右转甩动,同时上体和头部向左偏斜,以全手掌击球左侧上方,击球时肘关节应伸直以加快挥臂的速度。

(2)向内转腕扣球。扣球时,击球点应保持在头的左前上方,前臂内旋,手腕向左甩动,以全手掌击球的右侧上方。

3. 触手出界

指扣球队员有意识地使扣出的球触及拦网队员的手后飞出界外的扣球方法。当球传到两侧标志杆进攻线附近上空时,击球的瞬间用向内或向外转腕的动作,击球的后侧上方,使球触及拦网者外侧手后飞向界外。

此外,还可将球扣在拦网者的手指尖上造成出界。扣这种球时,扣球队员要对准拦网者的手指部位用力向远处击出平冲球,使球触及对方手指后飞向端线外。

4. 轻扣球

指扣球队员佯作大力扣球,而在击球前瞬间突然减慢手臂挥动速度,将球轻轻击入对方空当的一种扣球方法。轻扣球的助跑、起跳、挥臂动作应与重扣球一样逼真,但在击球前瞬间手臂挥动速度突然减慢,手腕放松,用全掌包满球,大力向前上方推搓,使球从拦网者手上呈弧线落入对方空当。

5. 轻吊球

指扣球队员以轻巧灵活的单手传球动作,使球避开或越过拦网者的手落入对方场地空当的一种击球方法。扣球队员起跳后佯做扣球,然后突然改变动作,以单手传球的手法击球的后下方或侧后下方,将球吊入对方空当。击球时,手臂应尽量伸直,争取高点击球。

(七)扣球小结

> 两腿用力半蹲跳,双臂协调向上摆。
>
> 掌指微分呈勺形,满掌击球臂伸直。
>
> 鞭甩扣球刹那间,落地屈膝来缓冲

五、教学与训练的难点

(1)起跳后,保持适宜的人球关系。这是扣好球的关键之一,其影响因素有助跑起动时机、起跳踏跳时机、步伐的调整等、需要在学习中分别给予强调和重视。

（2）手控球技术及上旋球手法。手控球能力只有通过大量的练习才能提高。正确的上旋球手法可帮助学习者提高手的控球能力，在教学中应注意强调手腕的放松、主动用力手指与球的完全吻合、主动的包球压腕动作。

（3）在最高点处伸直臂击准球。手击球瞬间要求伸直手臂以保持较高的击球点。一般要求躯干与手臂的夹角在 160°左右、可较好发挥扣球力量，又可以保持较高击球点。

六、教学训练的顺序

扣球技术教学主要以正面扣球为主。由于位置、球离网的远近、传球速度、传球高度等不同，扣球技术上有一定的区别。作为学校排球教学，主要学习一般正面扣球技术，然后重点学习在 4 号位扣一般高球。根据教学大纲的内容和教学时数的多少再选择进行 2 号位扣一般球和 3 号位扣半高球、3 号位扣快球。

七、教学训练的步骤

（1）观看中国大学 MOOC 网站《气排球》（林海强等），第六章扣球技术，通过 MOOC 自学本章内容，建立初步的运动表象。

（2）示范。由于扣球技术比较复杂，需要采用分解教学的方法，助跑起跳和挥臂动作分别进行教学，然后进行完整教学。

示范以侧面示范为主，使学生看清助跑路线、起跳和空中击球动作。

1）助跑起跳的示范。先完整示范 2～3 步的助跑起跳，然后分解示范踏跳步、摆臂动作、助跑等。示范位置可取网前，也可不结合网。示范两脚间距离、位置时可取正面示范。

2）扣球挥臂动作的示范。先完整示范动作方法，然后分解示范引臂动作、鞭打动作、包满球的手法等。扣球挥臂动作的示范可取教师对墙或挡网扣球，扣球手一侧对学生。完整示范时可用球，分解示范时以徒手为宜。手法示范时还可取背面示范。

3）完整的空中扣球动作示范。先完整示范助跑起跳扣一般高球，然后分解示范扣球准备姿势、助跑起跳空中击球动作、落地动作。完整示范用球，分解示范可徒手。若没有合适的二传学生配合示范，可进行徒手的完整动作示范。

（3）讲解。扣球在比赛中的作用；扣球技术动作的运用分类；扣球动作方法，包括助跑起跳方法、挥臂击球动作方法及手法、空中击球动作方法、落地方法等；配合分解示范的讲解还要提醒学生注意观察的部位或动作环节，避免学生眼睛跟随球走，而未观察到动作。

（4）组织练习过程。先进行助跑起跳和挥臂动作的分解练习，然后练习完整的空中扣球动作,最后结合位置扣球。

(5)纠正错误动作。

八、组织练习的方法

(一)助跑起跳练习

1. 原地起跳

自我练习,同伴对比纠正。弯腿、弯腰起跳,手臂与下肢蹬地动作协调配合。

2. 踏步起跳

在排球场两边线间来回练习。相互观摩、学习、纠正,踏跳和摆臂配合好。

3. 两步助跑起跳

同上,边线间反复来回练习。熟练助跑步法。

4. 网前助跑起跳

(1)球网两边,三人一组,各在 2,3,4 号位。从 3 m 线开始上步助跑起跳练习,起跳点距网 1 m 左右,注意制动。

(2)在两边 4 号位开始,轮流助跑起跳练习。4 号位做一次,后撤到 3 号位附近的 3~4 m 处,往 3 号位做一次助跑起跳,后撤到 2 号位附近的 3 m 处,往 2 号位再做一次助跑起跳。注意不同位置的助跑起跳方法不完全相同。

5. 变步助跑起跳

三人一组,在 2,3,4 号位 3~4 m 处,左脚正常上一步后向身体左侧跨步起跳,下撤到 3~4 m 处,上一步后向身体右侧跨步起跳,下撤,再上一步后原地起跳等,掌握不同的助跑起跳方法可以提高找球能力。

(二)挥臂动作练习

1. 徒手挥臂

两人一组,面对面练习,同学间相互观摩并纠正错误。手臂放松,弧形挥臂,也可徒手挥击悬垂的树叶等。

2. 击打固定球

(1)两人一组,一人双手持球,一人挥臂练习。全手掌包满球。注意持球高度合适,用正确的动作练习,相互提醒和纠正

(2)一人一球,对墙练习。左手持球于墙上,右手挥臂击球。

(3)3~5 人一组,一人单手举球置于练习同学的右肩前上方,其他同学轮流扣球。扣球瞬间,举球人撒手,让其将球扣出。

3. 自抛扣球

每人一球,对墙或挡网自抛扣球。距离 4 m 左右,扣在墙根处。

（1）隔低网自抛扣球，网高 1.8～2 m，每人一球，站进攻线附近，自抛扣球过网，提高击球点，加快挥臂速度。

（2）两人一组，面对面站立，距离 6～7 m，一人抛球，一人迎面扣抛球。

（3）两人一组，或 3～5 人一组，对墙或挡网扣球。轮流抛球和扣球。

（4）隔低网扣抛球，网高 1.8～2 m，距网 1 m 左右。3～5 人一组，一人抛球，他人轮流扣球。要求提高击球点，将球扣过网。

注意当同伴抛球不到位时，用并步或滑步找球，保持左脚在前，便于右手扣球。练习时，可以改变不同的网距，提高控制球能力。

4．甩羽毛球、网球

两人一组，不隔网对甩或隔网对甩。也可以分组练习，可以用羽毛球或网球练习。

（三）空中击球练习

1．徒手练习

（1）不结合网，场地的两边线间来回练习助跑起跳空中挥臂的完整动作。

（2）结合球网，面对球网，3～4 m 线开始助跑，跳起空中完成挥臂动作。

（3）在网前助跑起跳甩羽毛球或网球过网。

2．跳起扣固定球

一人站凳上举球，其他人轮流扣球。扣球瞬间，举球人撒手，让球扣过网。举球要离网 50 cm 以上。

3．一步起跳扣抛球

一人抛球，高出球网 1.5 m 左右，其他人在距进攻线 2 m 处一步起跳扣球。待球抛起后，找好起跳时机上步扣球，培养踏跳节奏。

4．助跑起跳接球

一人抛球，高出球网 3 m 左右，其他人轮流助跑起跳接住球。要求在头前，手臂伸直的最高点接住球。培养找球的能力。

5．助跑起跳扣抛球

练习形式同上。将抛起的球扣过网，抛球尽可能固定高度。

6．助跑起跳扣传球

在球网两侧练习。教师或传球较好的学生先传球，然后可以大家轮流传球。

注意：当传球不到位时，尽量将球处理过网，减少失误。可以传过网、垫过网、或原地扣过网。既可以锻炼自己处理各种球的能力，又可以鼓励传球的同伴，增强其信心。

7．自抛后助跑起跳扣球

有球的学生在球网一侧，三人一组轮流练习。没球的学生在球网另一侧捡球并等待练习。学生自己掌握抛球的高度。用力踏跳,空中动作要协调放松。

注意:练习过程中,避免踩到脚下滚动的球而受伤。

(四)专位扣球练习

掌握一般扣球技术的目的是在一个位置上完成进攻。因此要进行专位的扣球练习。根据自己的爱好或根据球队需要的专位选择练习。如 2 号位扣球、4 号位扣球或 3 号位扣球等。练习同伴掩护的战术扣球则需要两人一组进行配合练习。可以任意选择同伴或根据比赛中的战术配合需要进行分组练习。

九、扣球常见错误及纠正方法(见表 2-6-1)

表 2-6-1　扣球的常见错误动作和纠正方法

技　术	常见错误动作	纠正方法
正面扣球	助跑起跳前冲,击球点保持不好	1. 进一步讲解,并多做助跑起跳练习; 2. 做限制性练习,如设置障碍物起跳,地上划出起跳点与落点; 3. 扣固定球,接垫球,一步起跳扣球
	上步时间早,起跳早	1. 以口令、信号限制起动起跳时间; 2. 固定二传弧度练习扣球
	挥击动作不正确,手臂挥击僵硬,肘关节下拖,鞭甩不充分	1. 甩垒球练习; 2. 对墙练习伸直臂击球; 3. 助跑起跳,将小球甩过有一定高度的网; 4. 跳起放松做手臂甩鞭动作击固定球
	击球手法不正确,手未包满,击出的球不旋转	1. 击固定球,对墙扣球打出上旋球; 2. 低网原地扣球练习; 3. 练习手腕推压、鞭甩动作
近体快球	助跑节奏不佳,步法紊乱,起跳点不合适	讲解示范助跑时机与特点,熟练各种助跑起跳动作
	起跳点太近,造成碰网或过中线	1. 按扣快球助跑起跳扣小皮球; 2. 助跑起跳扣抛球; 3. 助跑起跳扣固定球
	手臂、手腕鞭打动作不正确	原地对墙扣球,低网练习甩腕抽击

续 表

技 术	常见错误动作	纠正方法
短平快与平拉开	助跑起跳选点不合适	了解短平快与平拉开传球的飞行特点,助跑路线平角度要小,争取较大的攻击面
	起跳过早或过晚	1. 了解平快球的规律,掌握起跳时机; 2. 助跑节奏先慢后快,看准球飞行快到击球点时迅速起跳
	击球动作慢,下手晚,手打不满	多练抬臂快速挥击动作,原地扣低网平快球,练开习鞭打动作
调整球	撤位晚,助跑不外绕,影响选择起跳点 人球关系保持不好,手控制球能力差	1. 练习外绕助跑起跳,多做防守后的外绕助跑起跳扣球; 2. 做自抛自扣高球练习,保持好人球关系,提高手腕推压技术,做对墙、隔网扣平球练习

第七节 拦网技术分析与教学训练

一、拦网技术的概念和特点

拦网是气排球运动的基本技术之一。拦网是指靠近球网的队员,将手伸向高于球网处阻挡对方的来球的技术动作。

拦网既是防御也是进攻。拦网不仅可以将对手的扣球拦回、拦起,减轻后排防守的压力,而且可以直接将球拦死,是得分的重要手段。此外,它还能干扰和破坏对方进攻战术的组织,削弱对方进攻的锐气,动摇对方的信心,给对方造成心理上的威胁。就防守而言,拦网是气排球比赛中的第一道防线,就攻防转换看,拦网又是第一道进攻线。因此,拦网水平的高低直接影响着比赛的胜负。目前,气排球比赛的最大看点就是扣球与拦网。高水平的气排球比赛,如果没有强力的拦网,后排防守将是非常困难的。拦网技术的提高和创新,对促进气排球运动的发展有着重要的作用。

二、拦网技术的分类(见图 2 - 7 - 1)

按拦网人数,可分为:单人拦网、双人拦网、三人拦网。
按是否移动,可分为:原地拦网,移动拦网。

按技术运用,可分为:拦强攻球、拦快球、拦远网扣球。

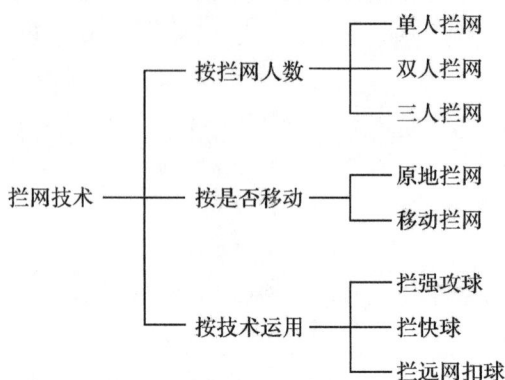

```
                                    ┌── 单人拦网
                   ┌── 按拦网人数 ──┼── 双人拦网
                   │                └── 三人拦网
                   │
  拦网技术 ────────┼── 按是否移动 ──┬── 原地拦网
                   │                └── 移动拦网
                   │
                   │                ┌── 拦强攻球
                   └── 按技术运用 ──┼── 拦快球
                                    └── 拦远网扣球
```

图 2-7-1 拦网的分类

三、各类拦网技术的动作方法与要领

拦网由五个部分组成准备姿势、移动、起跳、空中击球和落地。

(一)单人拦网

1. 单人拦网的概念和特点

单人拦网一般是当对方进攻威力不大、路线变化不多、轻打吊球较多时,或因受对方战术迷惑,来不及组织集体拦网时采用。

其优点是增加了后排防守人数,便于组织反攻。

其缺点是当对方击球力较强时,单人拦网力量薄弱。

2. 单人拦网的动作方法(见图 2-7-2)

单人拦网技术

(1)准备姿势。队员面对球网、两脚左右开立,约与肩同宽,距网 30～40 cm。两膝微屈,两臂屈肘置于胸前。

(2)移动。常用的步法有一步、并步、交叉步、跑步等。无论采用哪种移动步法,都要做好制动动作,以保证向上起跳,避免触网和冲撞同队队员。

(3)起跳。原地起跳时、两腿屈膝,重心降低,随即用力蹬地,两臂以肩发力,在体侧近身处画弧向前后摆动、帮助身体迅速跳起。移动后的起跳动作与原地起跳一样,但要注意制动并使移动与起跳动作紧密衔接。

(4)空中动作。起跳时,两手从额前沿球网向上方伸出,两臂伸直并保持平行,两肩上提。拦网时,两臂应伸过网去接近球。两手自然张开,屈指屈腕成半球状。当手触球时,两手要突然紧张,手腕下压盖在球的前上方(见图 2-7-3)。

图 2－7－2　单人拦网

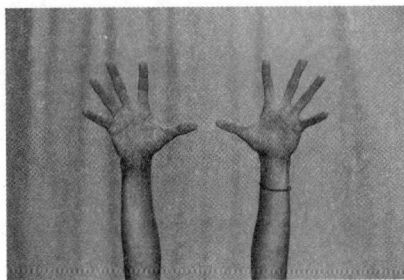

图 2－7－3　拦网的手型

（5）落地。拦网后，要做含胸动作，以保持身体平衡。手臂要先后摆动或上提，从网上收回至本方上空，再屈肘向下收臂以免触网。与此同时屈膝缓冲，双脚落地，随即转身面向后场，准备接应来球或做下一个动作。

3. 单人拦网的技术分析

（1）取位。以五人制为例，一般情况下，2 号、4 号位队员站在离边线 0.5～1 m 处，3 号位队员居中。当对方以中间跑动进攻为主时，2 号、4 号位队员相靠近，采用中间站位。

（2）移动。拦网的移动方向主要是两侧和斜前方，移动时采用的步法可归纳为"前一步、近并步、中交叉，远跑步"。

1）一步移动。需做好制动作，保持垂直向上起跳。

2）并步移动。向两侧近距离移动时采用。其特点是能保持面对球网，便于观察，也便于随时起跳、但移动速度较慢。

3）交叉步移动。中距离移动时采用。交叉步移动具有移动速度快、制动能力强、控制范围大的特点。交叉步移动后、两脚着地时，脚尖应转向球网。

4）跑步移动距离较远时采用。其特点是移动距离远、速度快，但对制动要求高，如向右侧跑动时，身体先向右转，顺网移至起跳位置时，应先跨出左脚制动，接着右脚网向前跨出二步，使两脚平行站立，脚尖转向球网，随即起跳。若脚尖来不及转向球网，应在起跳过程中边跳边转身，保证起跳后能面向球网进行拦网。为了提高拦网高度，可以将助跑与起跳衔接起来，即助跑起跳。

（3）起跳。

1）起跳位置。在正确判断对方扣球路线的情况下，拦网队员应选择能拦住对方主要进攻路线的位置起跳。拦一般球时，应迎着对方助跑线路起跳；拦拉开球时，应选择距离边线 50 cm 左右的位置起跳；拦后排远距离队员扣球时，应选择对方队员扣球与本方场区两低角连线成的夹角中央位置起跳。

2）起跳时间。掌握正确的起跳时间，是拦网成功的基础。拦网队员的起跳时间，应根据一传球的高度、离网的远近、扣球者起跳时间和扣球动作特点确定。如果扣球是远网高球，起跳应迟些；如果是低球，起跳应早些。一般情况下，拦网者应比扣球者晚跳，以小腿发力为主。拦高球时，采用深蹲高跳方法。拦快球时要快速起跳，做到浅蹲快跳，以小腿发力为主。

（4）拦网方法。比赛中，拦网时手指微屈，自然张开，手掌与扣球路线垂直或后仰。触球时，手腕、手指保持一定的紧张，利用压腕、压指将球拦过对方或利用控制、缓冲将球拦回本方。手臂垂直上举，触球点保持在本方场地上空。

1）手臂动作拦网触球时，两臂应尽量伸直，两肩尽量上提，前臂靠近球网，两手间距离小于球体的直径，以防止漏球。伸臂动作要及时，过早容易被打手出界或者被避开拦网扣球，过晚不易及时阻拦扣球。一般应在对方扣球瞬间伸臂较好。

2）拦球动作。拦网触球时，两手应主动用力。"盖帽"或捂球，使球反弹角度小，对方保护困难。为了防止对方打手出界，拦网队员的外侧手掌应稍向内转。拦远网球时，为了提高拦网点，可不采用压腕动作，而是尽量向上伸直手臂或手腕。如对方击球点高，不能罩住球时，可采用手腕后仰的方法，堵截扣球路线，将球向上拦起。

（二）集体拦网

由前排两个或三个队员互相靠近，同时起跳组成的拦网称为集体拦网。集体拦网是比赛中最常用的一种拦网形式，主要在对方大力扣球时采用。集体拦网的技术动作与单人拦网相同。

双人拦网技术　　三人拦网技术

1. 集体拦网的动作方法

（1）双人拦网（见图 2 - 7 - 4）。当对方进攻威力较大、进攻路线变化较多、

单人拦网不足以阻拦对方进攻时,多采用双人拦网防守阵型,它是接扣球和吊球防守中最主要的战术阵型。

图 2-7-4 双人拦网

主要由 2 号、3 号位队员或 3 号、4 号位(五人制)队员组成。对方从 4 号位组织拉开进攻时,应以本方 2 号位队员为主,3 号位队员移动靠拢协同配合拦网。当对方从 4 号位扣球时,则以 3 号位队员为主,2 号位队员进行配合拦网。当对方从 3 号位进攻时,应以本方 3 号位队员为主,4 号位队员协调配合。当对方从 2 号位进攻时,则以本方 4 号位队员为主,3 号位队员协调配合。

(2)三人拦网(见图 2-7-5)。三人拦网防守阵型在对方扣球攻击性强、线路变化多、吊球少的情况下采用。三人拦网加强了第一道防线,但增加了后排防守的困难,对组织反攻也有所不便。根据对手进攻点的不同,前排三名队员组成三人拦网,两名后排队员组成防守阵型。

在组成三人拦网时,一般应以中间队员为主,两侧队员协同配合拦网。有时根据对方进攻的特点也可以 2 或 4 号位队员为主,另外两个队员协同配合拦网。

图 2-7-5 三人拦网

2.集体拦网的技术分析

集体拦网时,应以一人为主拦队员,另外队员为配合队员。但主拦人员不是固定的,一般情况下以距离对方扣球点近的队员为主。主拦队员必须抢先移动到对方扣球点的位置,做好起跳准备,配合队员则迅速移动靠近主拦队员准备同时起跳。起跳时,队员的手臂应在体前划小弧向上摆伸,尽量垂直向上起跳。队友之间的距离一定要合适,距离太远,起跳后将出现"空门"。距离太近,起跳时互相碰撞和干扰。手臂在空中既不能重叠,造成拦击面缩小,又不能间隔太宽,造成中间漏球。扣球靠近边线时,靠近边线的拦网队员外侧的手应当内转,以防打手出界。

(三)拦网小结

快速移动至网前,半蹲起跳胸腹含。

双臂上伸阻路线,十指微张罩住球。

触球瞬间须用力,盖帽拦网似屋檐。

四、气排球拦网技术的运用

(一)拦强攻扣球

强攻扣球的特点是击球点高、力量大、路线变化多。在比赛中一般都是采用双人或三人(五人制)拦网来对待强攻扣球。拦强攻要求拦网队员慢起高跳,充分发挥高度。拦网者应以拦斜线为主,兼顾直线,当发现对方改变扣球路线时,要随即改换手法进行拦截。拦网时,手要尽量向高处伸,堵截其主要的扣球路线。此外,拦这种扣球的关键是要掌握好起跳的时间和选择正确的起跳位置。一般情况下应在对方击球的一瞬间起跳(扣球点离网远时,起跳还应稍迟些);单人拦网时应在正对其主要扣球路线的位置起跳;集体拦网时,主拦队员在选择起跳位置时应留出一定的位置,让同伴与自己配合进行拦网。

(1)拦集中球。集中球的击球点多在球网中间区域,拦网者应以拦斜线为主,兼顾直线,当发现对方改变扣球路线时,要随即变换路线进行拦截。

(2)拦拉开球。拉开球的击球点多在标志杆附近的上空,应尽量组织集体拦网。如果击球点在标志杆处,要拦其斜线;如果击球点在标杆以内,外侧队员应拦其直线,外侧的手腕应向内转,以防打手出界。

(二)拦后排快球

后排快球的特点是速度快,弧度低,击球点靠近球网。由于速度快,难以组成集体拦网,一般是采用单人拦网。拦网时,拦网队员应与扣球队员同时起跳或稍早一点起跳。起跳后要正对扣球队员,两手伸过球网接近球,力争把球罩住,使其无法改变扣球路线。

(1)拦近体快球。一般采用单人拦网,击球点靠近球网。拦网时,拦网队员与扣球队员同时起跳。起跳时要正对扣球队员,两手伸过球网接近球,力争把球罩住。

（2）拦短平快球。短平快的一传球顺网平弧度快速飞行,拦网时要人球兼顾,根据扣球队员的助跑路线和起跳位置进行取位和起跳,堵其主要扣球路线。

(三)拦远网扣球

远网扣球的击球点离网较远,应尽量组织集体拦网。拦网时,根据拦球高度手向上伸,堵截主要扣球路线。拦这种扣球的关键是选择正确的起跳位置和掌握好起跳的时机。

一般情况下,应在对方击球的一瞬间起跳,单人拦网时,在正对其主要扣球路线的位置起跳;集体拦网时,主拦队员在选择起跳位置时,应留出一定位置让同伴进行配合拦网。

(四)拦触手出界球

拦触手出界的扣球时,靠近边线拦网队员的外侧手,在拦击球的刹那,手掌应转向场内,以防触手出界。若遇对方有明显的打手出界或扣平冲球的动作时,拦网者应及时将手收回,造成对方扣球出界。

五、教学与训练的难点

拦网技术动作由准备姿势、移动、起跳、空中击球和落地等五个部分组成。要拦住不同的扣球,在拦网移动之前必须判断对方扣球位置。要根据二传手传球的一些特点及扣球手的起跳点来选择拦网起跳点,要根据对方扣球人的击球动作来判断拦网的起跳时间及伸臂时间。整个拦网技术动作全过程,自始至终都贯穿着判断。

起跳时间是否适时是关系到能否及时起跳拦住对方扣球的关键。选择合适的起跳时间,不仅要根据自己的弹跳高度,还要对二传高度、距离、弧度、速度及扣球动作幅度大小,挥臂快慢做出判断。因此,正确的起跳时机和起跳点是拦网教学训练的难点。

六、教学训练的顺序

拦网技术教学,应在初学者初步掌握正确扣球技术之后进行。其教学顺序应是:先教单人拦网,然后再教双人和三人的集体拦网。拦网教学的重点是教单人拦网。

拦网教学应采用分解与完整相结合的教法,先学习拦网的手型和伸臂动作,再学习原地起跳和移动起跳的拦网动作,最后再掌握完整的拦网技术。拦网移动步法应先学习并步法,再学习交叉步和跑步。

七、教学训练的步骤

(1)观看中国大学 MOOC 网站《气排球》(林海强等),第七章拦网技术,通过 MOOC 自学本章内容,建立初步的运动表象。

(2)讲解与示范。

1)讲解。教师先讲解拦网技术在排球比赛中的重要作用,再讲解单人拦网技术的动作方法和要领,包括拦网手型、助跑、起跳、空中拦击、落地等,最后重点讲解拦网的判断和起跳时机。

2)示范。拦网示范应采用完整与分解相结合,徒手与拦网相结合,正面、侧面与背面示范相结合进行教学。采用完整示范是让学习者建立完整的拦网技术概念。正面示范是让学习者观察拦网手型、手臂间距及起跳动作;侧面示范是让学习者观察拦网的身体完整动作以及手臂与网的距离;背面示范是让学习者观察拦网的判断,移动、起跳时机及网上封堵的区域和线路等。

(3)组织练习顺序。拦网手型练习→移动起跳练习→结合球的完整拦网技术单人练习→集体拦网练习。

八、教学训练的方法

(一)拦网手型练习

(1)徒手模仿练习。原地徒手练习拦网手型,要求两脚平行站立,两臂上举伸直,两手间距约 20 cm,十指自然张开。

(2)原地扣拦练习。两人一组,面对面相距 1 m 左右站立,一人预先做好拦网手型,一人对准拦网人双手,自抛自扣。要求扣球者准确地把球扣在拦网人的双手上,让拦网者体会拦网手型和拦网时的肌肉感觉。

(3)原地结合低网一扣一拦练习。两人一组,隔网站立,一人扣球,另一人拦网。要求扣球者把球扣在拦网者双手上,拦网者要根据扣球队员的抛球情况,及时伸臂拦网,体会触球时的提肩压腕动作。

(二)移动起跳拦网练习

(1)网前原地起跳拦网练习。练习的队员集体听教练口令在网前做原地起跳拦网。要求起跳后保持好身体平衡,既要有伸臂过网的拦网动作,又不能触网或过中线犯规。

(2)左右移动一步起跳拦网练习。教练站在高台上持球于网上空,学习者依次在网前左右移动一步起跳拦网。要求学习者随教练举球位置的变化而左右移动,移动制动与起跳动作要连贯。

(3)隔网盯人移动拦网练习。两人一组隔网相对,其中一人主动向左右移动起跳拦网,另一人盯住对方,并及时移动起跳在网上与对方双手击掌。要求平行网移动,防止触网,移动由慢到快,保持好人与网的合理位置关系。

(三)结合球的拦网练习

(1)一抛一拦练习。两人一组隔网站立,一人抛球,另一人起跳将球拦回。要求拦网人体会起跳时间和拦网动作。

(2)拦固定线路的扣球。教练或指定学习者在高台上扣球,固定扣直线或扣斜线球,让学习者依次轮流起跳拦网。要求区别拦直线球和拦斜线球在取位和拦网手型上的异同。

(四)集体拦网练习

(1)原地起跳配合拦网练习。要求拦网人手臂上举伸直,间隔距离保持适当,中间不漏球为宜。

(2)移动后配合拦网练习。两人一组,同时移动到中间位置起跳配合双人拦网一次,然后分别向两侧移动,要求配合队员主动与主拦队员配合,防止碰撞。

(3)结合各种进攻扣球的双人拦网练习。中间位置队员单人拦对方中间后排快攻一次,立即向前排右或前排左移动组成集体拦网拦对方的后排强攻扣球。要求掌握好拦快球与拦高球强攻的起跳时间及不同的手型变化。

九、常见错误动作与纠正方法(见表2-7-1)

表2-7-1 拦网常见错误与纠正方法

常见错误动作	纠正方法
起跳过早或过晚	1. 教师给予起跳信号,反复练习起跳时机; 2. 深蹲慢跳或浅蹲快跳
双手前扑触网	1. 正误动作对比示范; 2. 在网边反复做原地提肩压腕动作; 3. 低网一扣一拦练习,强调收腹动作
闭眼拦网	拦网时眼盯球,养成观察球的良好习惯
两手臂之间距离过大造成漏球	1. 示范两臂夹紧头部的动作或多做拦固定球的练习; 2. 网前徒手移动起跳伸臂后不急于收臂,等落地时检查
互相踩脚或两人在空中相碰撞	1. 多练移动最后一步的制动动作; 2. 多练两人移动后并拦的起跳配合

气排球与全球胜任力的交叉融合思考二

Reflection Ⅱ on the Cross Integration of Air Volleyball and Global Competence

在气排球运动技术分析与教学训练这一章中的实践内容可以渗透培养学生的全球胜任力素养。充分尊重学生的发散性思维，鼓励学生提出不同的观点，通过相互合作交流或借助网络媒体资源，积极练习，能够使学生从不同的角度中获得乐趣，加深对排球各技术环节的认知。在发球、接球、传球、扣球、拦网等环节学习中，不仅仅只是获得知识与技能层面上的提高，而且从全球胜任力角度出发，提升了学生学会学习、沟通能力、社会责任感以及合作能力等核心素养。

The contents in the chapter of technical analysis and teaching training of air volleyball can penetrate and cultivate students′ global competence. To enable students to get fun from different aspects and deepen their understanding of the serve techniques, network media resources will be utilized and integrated with the fully respect to students′ divergent thinking and encouragement of different opinions. The learning of serving, receiving, passing, spiking and blocking not only improves students′ knowledge and skills, but also improves students′ core qualities such as learning, communication, social responsibility and cooperation ability from the perspective of global competence.

思考题二

1. 气排球技术有哪些分类？
2. 气排球特色技术有哪些？
3. 抱球、捧球和插托（搬挡）球的区别是什么？

第三章 气排球运动战术分析与教学训练

【本章内容概要】

本章由气排球战术概述、阵容配备与位置交换、进攻阵型和防守阵型、气排球的进攻战术分析以及战术教学与训练等5部分组成。

通过本章学习,可以明确排球战术的含义和选择战术的依据;了解气排球战术的基本内容与分类;掌握不同阵容配备的优点与不足;了解进攻战术形式和进攻战术打法的内容与种类;明确战术教学与训练的目的与任务;了解和掌握排球基本战术形式和阵型。

本章图例说明:①②③④⑤ 运动员;② ⊤ ⊥ 拦网;↑ ↓ 进攻;------▶运动员运动轨迹;——▶传球路线。

第一节 气排球战术概述

一、气排球战术的概念

气排球战术是指运动员在比赛中,根据气排球竞赛规则和气排球运动的规律、比赛双方的具体情况和赛场具体变化,合理地、有目的地运用个人技术和集体配合的行动。

一个队在选择战术时,应先从本队的实际出发,根据队员的技术水平、技术特点、身体条件和体能等情况,选择与之相适应的战术。当运用战术时,还要根据对方的技战术特点及临场情况变化,采取灵活的行动,打乱对方的战术意图,以掌握比赛的主动权。

二、气排球战术的分类(见图3-1-1)

气排球战术分类就是按气排球运动的特点,把气排球战术的内容分为若干类和若干层次,并表明它们之间的关系,以便对气排球战术有一个总体的了解。

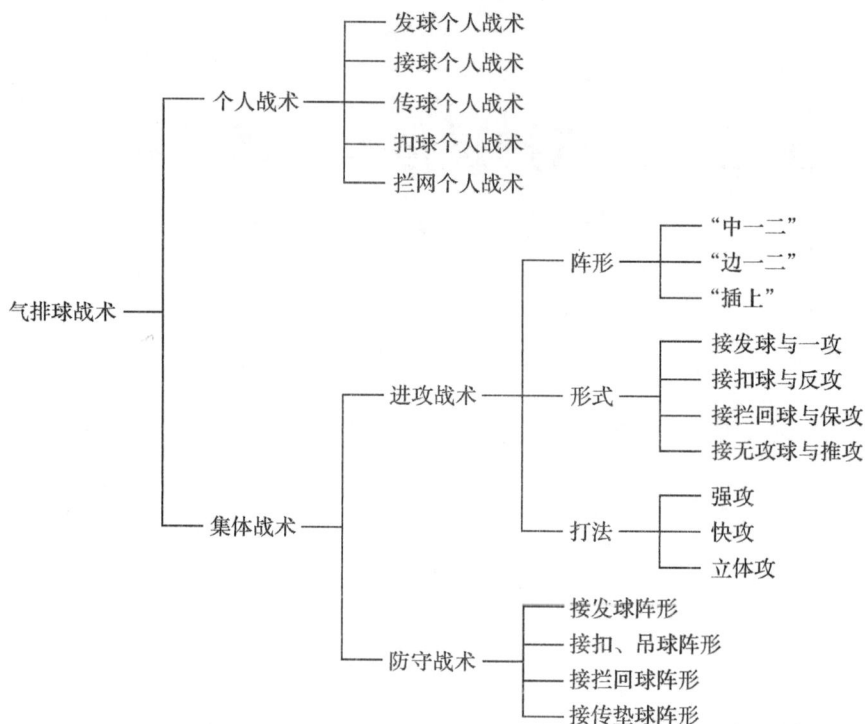

图 3-1-1　气排球战术分类

个人战术是指一名队员根据临场情况有目的地运用技术的过程,如扣球时的变线、轻扣、打手出界等。

集体战术是指两名或两名以上队员之间有组织有目的的集体协同配合。

三、气排球战术的发展

气排球运动经过近四十年的发展与改革,在内容、形式、规则等方面日益革新,并随着社会的进步和传播手段的现代化而广泛普及和大众化。气排球比赛的战术形式和战术内容,最初借鉴了室内六人制排球的战术体系与模式,但随着运动实践的积累与参与人群年龄段的拓展,竞赛规则与竞赛方法也产生了明显的变化,使气排球的战术指导思想与组合体系也得到了不断的丰富,形成了多样化的战术格局。

(一)气排球战术趋向于个人技术全面性

由于气排球的扣球需在进攻线后起跳,因此要求除二传外的其他队员个人技术要全面,在集体战术配合中才能相互掩护、虚实结合,发挥战术的最大威力。

(二)气排球战术趋向于快速多变

单一战术的组合不适应气排球运动的快速发展要求,而多种战术方式的有效组合、创新及临场变化组合,使气排球运动充满了无限的可能,也展现出其无穷的魅力。

(1)发球战术多样化,如勾手大力发球、跳发球、轻飘球,还有高吊球与各种角度的弧线球,直接冲击对方的一传与一攻体系。

(2)进攻战术快速多变,除基本的高点强攻外,通过快速调整及跑位配合完成跑动进攻,占据比赛先机,从而掌握场上的主动权。

(3)防守战术机动灵活,根据对手的进攻布局,改变本方的拦网与防守,既体现各个专位的防守特长,又强调互相补位;既要有压迫式的拦网,又要有稳健的防守。如在前排网上争防第一点,后排防守和前排保护时,身体重心主动降低,赢得防守时间,从而加快拦防反击的速度。

(三)气排球战术运用趋向合理性和实效性

气排球战术运用的最终目的是得分取胜。在气排球竞赛规则的导向下,气排球比赛的竞争性日趋激烈,各种战术组合和运用都在寻求着更为合理的途径,在全面性、快节奏、多变化的整体战术体系中,合理、实效的战术运用已成为制胜的重要手段。在这种目标指引下,气排球运动员需要有良好的战术意识和团队配合能力,在比赛中快速做出合理的判断和反应,既能完成预定的战术构想,又能随机应变,高效地运用各种战术手段达成目标。

四、气排球战术小结

技术全面是基础,快速多变是方向,
机动灵活是保障,团队配合是核心。

第二节　阵容配备与位置交换

一、阵容配备

(一)阵容配备的概念

阵容配备是合理使用队员、有效组织本队力量的一种战术组织形式。根据本队队员的技术水平、技术特长、身材高度和战术素养,以最大限度发挥每名队员的特长和作用,扬长避短,组成适合本队具体情况、符合技术与战术发展趋势的阵容配备。

(二)阵容配备的原则

1. 攻守均衡原则

阵容配备时应考虑场上队员的战术特点,使每个轮次的攻守力量相对均衡,避免弱轮的出现。

2. 合理搭配原则

根据具体情况,选择心理素质好、体能好、技术与临场应变能力强的队员组成主力阵容,同时考虑每个位置上的替补队员;将平时配合默契的队员安排在相邻的位置,使之能充分发挥集体的作用。

3. 轮次针对原则

针对对方队员的位置安排轮次,如将拦网能力强的队员对准对方攻击力强的队员,以遏制对方的进攻。

(三)阵容配备的主要形式

根据气排球比赛制式的不同,气排球阵容配备的基本形式有以下几种。

1. 五人制

(1)"四一"配备。由四名进攻队员和一名二传队员组成。"四一"配备的特点是二传与攻手分工明确,进攻点较多,全队只要适应一名二传队员的技术特点,相互间的配合更为默契,有利于战术意图的领会与执行,四名攻手的设置也有利于本方进攻实力与拦网实力的提升,但对二传的体能及分配球的能力也提出了更高的要求(见图 3-2-1)。

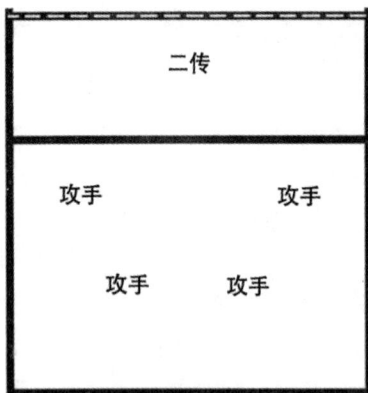

图 3-2-1 "四一"配备

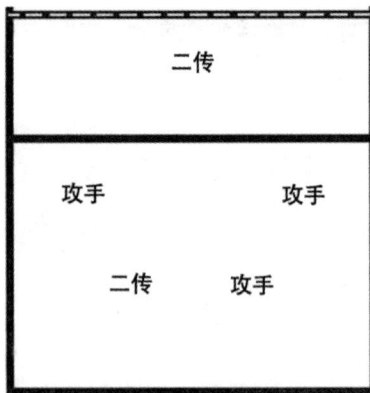

图 3-2-2 "三二"配备

(2)"三二"配备。由三名进攻队员和两名二传队员组成。这种阵型的特点是二传与攻手的数量及站位分布比较合理,每个轮次均能保证有一名二传队员,主要由前排二传组织进攻,后场二传负责调整球,可以减少一传不到位时无法有效组织进攻的情况,从而保证战术配合的稳定性,但全队需要适应两名二传队员的传球,会出现两名二传同时在前后场区的情况,要求二传队员轮到前排时要能攻能传,对二传队员要求较高(见图3-2-2)。

2.四人制

(1)"三一"配备。"三一"配备形式由三名进攻队员和一名二传队员组成。这种阵型特点与五人制的"四一"配备比较接近,三名攻手只需要适应一名二传的传球,容易形成稳定的战术配合,但当二传队员轮转到后排时需要快速插上,因此对二传队员传球技术要求较高(见图3-2-3)。

(2)"二二"配备。该阵型由两名两传队员与两名攻手组成,各轮次二传与攻手配置均衡,较容易掌握与运用,但要求攻手需要适应两名二传队员的传球;同时要求二传队员能传能攻,尤其是轮转到后排时既要负责不到位一传球的调整,而且要参与进攻,对二传的进攻能力要求较高(见图3-2-4)。

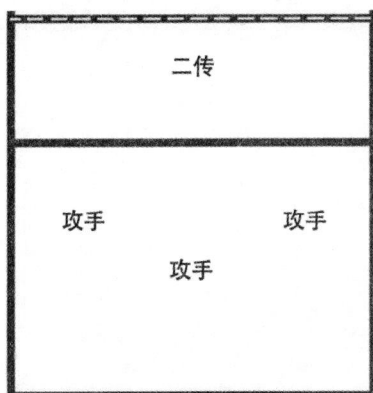

二传	二传
攻手　　攻手	攻手　　攻手
攻手	二传

图3-2-3　"三一"配备　　　　　　图3-2-4　"二二"配备

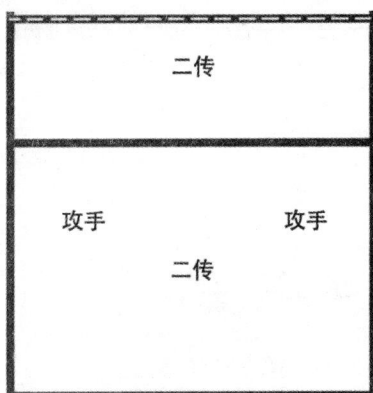

二、位置交换

(一)位置交换的概念

位置交换是在规则允许下,最大限度地发挥每个队员的特长,扬长避短,积极通过交换场上队员的位置以达到实现专位攻防的目的,主动弥补阵容配备上的某些缺陷,从而保障与提高攻、防战术的质量。

(二)位置交换的类型

1.加强进攻型

为了便于组织进攻战术,把二传队员换到场地的右侧区域组织各种战术配合;另外,可根据本方各个队员的进攻特点将其换至其便于进攻的位置上,以确保各位置均能有较大的攻击威力;或是根据对方拦网情况,交换攻手的位置,以突破对方防守等。

2. 加强防守型

为了便于二传队员的插上,调整接发球的防守阵型;为了有效拦网,可将身材高大,拦网意识与拦网技术较好的队员进行位置交换,以提高拦网的有效率与成功率;为了加强后排防守,也可将防守能力强的队员换到防守任务较重的区域,以保证防守起球率等。

(三)交换位置注意事项

(1)换位前的站位,既要防止"位置错误"犯规,又要考虑缩短换位距离。

(2)在发球队员击球后,即开始换位,应力求迅速地换到预定位置,立即准备做下一个动作。

(3)当对方发球时,应首先准备接对方的来球,然后再换位,避免造成接发球混乱。

(4)换位时,队员之间要注意配合行动,防止互相干扰,做到互相弥补。

(5)当该球成死球时,应立即返回原位,各自做好下次接球或进攻的准备。

第三节　进攻战术分析

一、进攻阵型

(一)进攻阵型的概念

进攻阵型,就是进攻时所采取的基本队形,合理地选择进攻阵型是各种进攻战术化的基础。根据二传位置的变化,进攻阵型主要有四种,即"中二传"进攻阵型、"边二传"进攻阵型、"心二传"进攻阵型和"两次球及其转移"进攻阵型。

(二)进攻阵型的种类

1. "中二传"进攻阵型

二传队员换位到前排中间进行传球,其他队员扣球的战术形式称为"中二传"进攻阵型。

初学气排球,可以先学习"中一二"进攻阵型。"中一二"进攻阵型是指轮转到前排3号位的队员担任二传,其他队员扣球的战术形式。

"中二传"进攻阵型是最基本的进攻阵型,其特点是二传队员在中间,一传容易到位,战术可简可繁,适合不同技术水平的队。技术水平较低的队可组织前排2、4号位扣一般高球,技术水平高的队可组织各种战术进攻乃至立体进攻。其基本站位如图 3-3-1 所示。

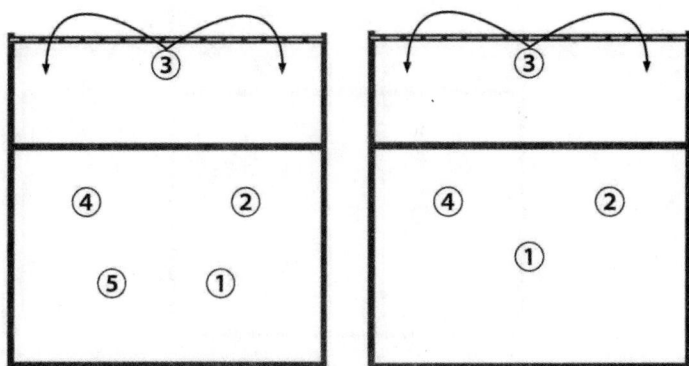

图 3-3-1　"中二传"进攻阵型

2."边二传"进攻阵型

二传队员换位到前排 2 号位进行传球,其他队员进攻的战术形式称作"边二传"进攻阵型。

"边二传"进攻阵型也是基本的进攻阵型,其特点是二传队员在边上,对一传的要求稍高,但战术变化比"中二传"进攻阵型多,战术可简可繁,同样适合不同技术水平(见图 3-3-2)。

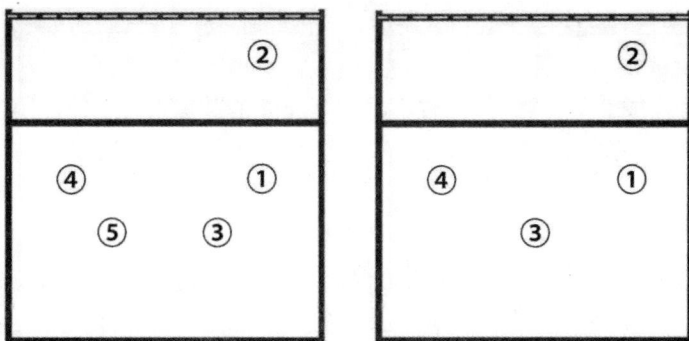

图 3-3-2　"边二传"进攻阵型

3."插上"进攻阵型

由后排任二传队员插到前排做二传,其他队员进行扣球的战术形式称为"插上"进攻阵型。

"插上"进攻阵型进攻灵活,变化多,可保持多点进攻,全队只需适应一名二传的传球(见图 3-3-3)。

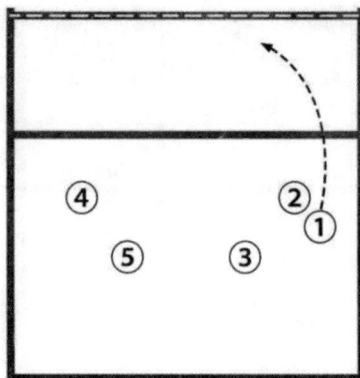

图 3 - 3 - 3 "插上"进攻阵型

二、进攻打法

进攻打法是指二传队员与扣球队员之间所组成的各种配合。每一种进攻阵型中都可以灵活地运用多种进攻打法,以达到避开拦网、突破防线、争取主动的战术目的。进攻打法可分为强攻、快攻、两次攻及其转移、立体进攻等。

(一)强攻

在无掩护或掩护较小的情况下,主要凭借个人力量、高度和技巧强行突破对方的拦、防。

1. 集中进攻

在 4 号位或 2 号位,组织比较集中的不拉开的高球进攻,或在 3 号位扣一般高球。这种打法易掌握,也易被拦,适合初学者和水平较低的运动队运用(见图 3 - 3 - 4)。

2. 拉开进攻

二传队员将球传到标志杆附近进攻的打法叫拉开进攻。拉开进攻可以扩大攻击面,以避开拦网。有利于线路变化及打手出界(见图 3 - 3 - 5)。

3. 围绕进攻

围绕跑动换位的目的是发挥自己的扣球特长,避开对方拦网的有效区域。进攻队员从二传队员前面跑到后面去扣球,称为"后围绕"进攻(见图 3 - 3 - 6),反之,则为"前围绕"(见图 3 - 3 - 7)。

4. 调整进攻

当一传或防起的球不到位,球的落点离网较远时,由二传队员或其他队员,把球调整到网前有利于扣球的位置上进行强攻的打法称之为调整进攻。调整进攻在接扣球反击中运用较多,并占有比较重要的位置。调整进攻对运动员的体能要求较高,必须具备一定的弹跳高度和力量,才能有效地突破对方的拦网和防守(见图 3－3－8)。

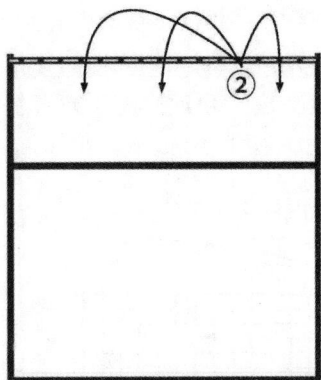

图 3－3－4　集中进攻

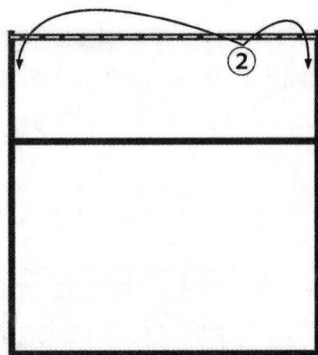

图 3－3－5　拉开进攻

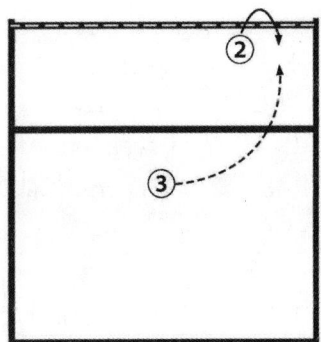

图 3－3－6　"后围绕"进攻

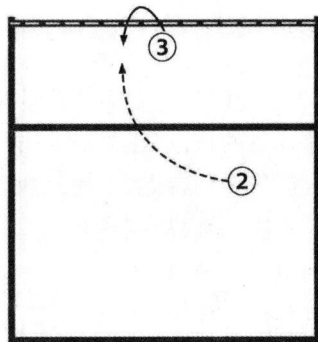

图 3－3－7　"前围绕"进攻

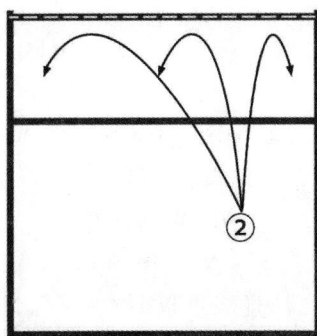

图 3－3－8　调整进攻

（二）快攻

各种快球以及以快攻作为掩护，由同伴或本人所进行的进攻，均称为快攻。

二传队员将球或快或平传给扣球队员，扣球队员快速挥臂击球，也称为快球进攻。快攻是我国的传统打法。其特点是速度快、突然性强、掩护作用明显，有利于争取时间、空间和组织多变的战术。

如图 3-3-9 所示，快攻有平拉开(A)、短平快(B)、近体快(C)、背快(D)、背短平快(E)、背溜(F)，以及调整快、远网快，后排快、半快球、单脚快等。

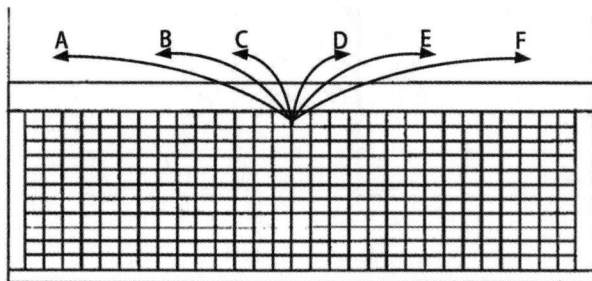

图 3-3-9　快攻

组织快攻战术，主要靠二传队员与扣球队员之间的密切配合。二传队员要了解扣球队员的特点，还要根据当时扣球队员上步情况，主动配合传球。扣球队员也应根据二传的特点，主动地加以配合，其中最重要的是相信二传队员，否则就会犹豫不决，贻误战机。

1.自我掩护进攻

用自己打各种快攻的假动作来掩护自己的第二个实扣进攻，称为自我掩护进攻。

（1）时间差进攻。这种进攻在运用时要求扣球队员与二传之间通过暗号，密切配合。扣球队员的第一次佯攻助跑上步、急停制动动作都要做得逼真。同时，也要与快攻实扣交替使用才能收效。在对方拦网队员下落之后，本方扣球队员能突然原地起跳实扣为佳。

（2）位置差进攻。位置差进攻是指扣球队员佯做某一位置进攻，起跳时突然改变方向，变换进攻位置的进攻打法。扣球队员的佯攻要逼真，错位的移动要连贯，并与快攻实扣灵活交替运用，方能取得良好效果。位置差进攻打法有多种。

2.空间差进攻

也称空中位移进攻。这种打法进攻面宽，突然性大，很容易摆脱对方的拦网，但要求扣球队员有良好的弹跳及冲跳能力，并要与二传队员密切配合才能完成。

（1）前飞。队员在扣短平快的起跳点上做佯攻,利用向前冲跳的惯性,使身体在空中水平位移到二传队员附近,扣半高球(见图 3-3-10)。

（2）背飞。队员在二传队员体侧起跳,利用向前冲跳的惯性,空中位移到二传队员背后 1～2 m 之间扣半高球(见图 3-3-11)。

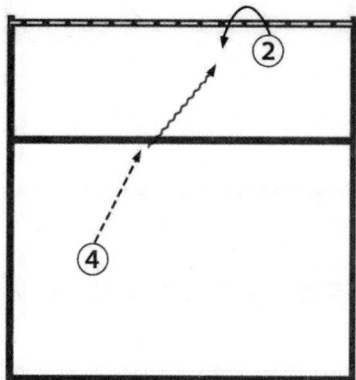 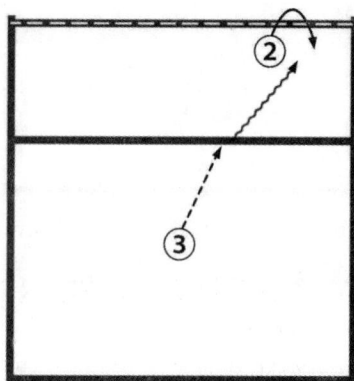

图 3-3-10　前飞　　　　　　　　　图 3-3-11　背飞

空间差进攻如果能与位置差等打法结合起来运用,还可以进一步丰富空间差战术打法,提高空间差进攻的效果。

(三)快攻掩护进攻

利用各种快攻吸引对方拦网,然后给其他队员创造一打一或空网扣球的进攻打法,称为快攻掩护进攻。

在快攻掩护下,其他队员还可以进行各种形式的跑动进攻,能起到出其不意、攻其不备、集中兵力、以多打少、避实就虚的作用。随着气排球运动的发展,掩护的方法越来越多,已从单人掩护发展到多人掩护,从前排掩护发展到后排队员掩护。

在快攻掩护进攻中,主要有交叉进攻、梯次进攻、夹塞进攻、双快或三快进攻和双快一跑动进攻等多种打法。

1. 交叉进攻

交叉进攻是两名队员跑动进攻,助跑路线相交叉,起到互相掩护的作用,造成局部区域以多打少的局面。交叉进攻打法有多种,如 4 号位队员内切做近体快或短平快掩护,3 号位队员跑动到 4 号位附近扣半高球(见图 3-3-12)。

4 号位队员扣近体快球,2 号位队员跑动到二传队员前面扣半高球(见图 3-3-13)。

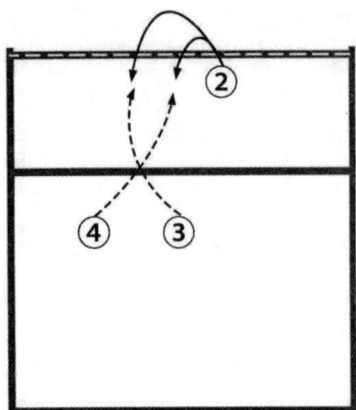

图 3 - 3 - 12　近体快和短平快交叉　　　　图 3 - 3 - 13　近体快和半高球交叉

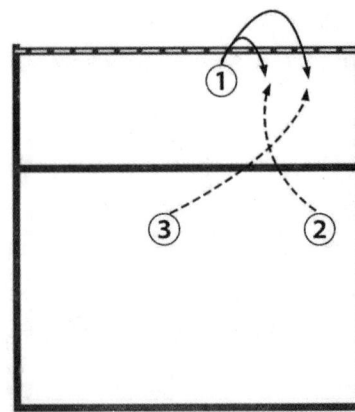

3 号位队员做近体快球掩护，二传队员身后的 2 号位队跑动到二传队员前面扣半高球（见图 3 - 3 - 14）。

2 号位队员做背快掩护，3 号位跑动扣二传背后的短平快或半高球（见图 3 - 3 - 15）。

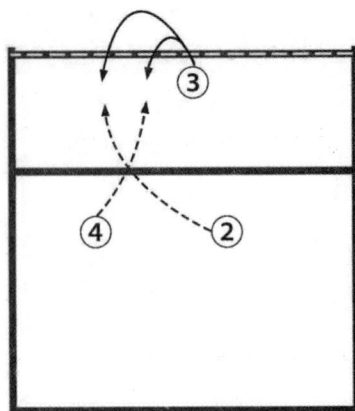

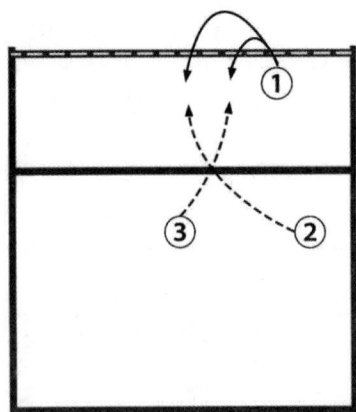

图 3 - 3 - 14　近体快和半高球交叉　　　　图 3 - 3 - 15　背快和半高球交叉

2 号位队员扣近体快，3 号位队员跑到二传背后扣半高球（见图 3 - 3 - 16）。

3 号位扣背快，2 号位队员跑到二传前面扣半高球（见图 3 - 3 - 17）。

3 位快球掩护，2 号位队员佯做交叉进攻，助跑途中突然向右侧变步，绕到二传背后扣半高球。当各种交叉进攻被对方识破时，都可采用这种进攻打法来摆脱对方的人盯人拦网（见图 3 - 3 - 18）。

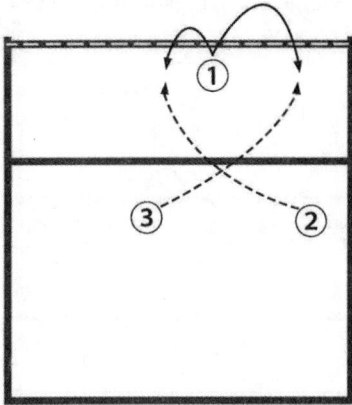

图 3 - 3 - 16　近体快与背飞交叉　　　图 3 - 3 - 17　背快和半高球交叉

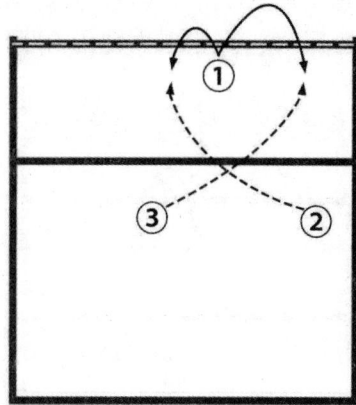

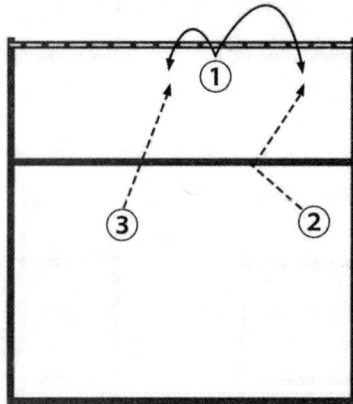

图 3 - 3 - 18　近体快与假交叉进攻

　　交叉进攻使拦网者来不及判断两名跑动的队员中真正的扣球者,故突然性大,攻击性强,用于对付对方的人盯人拦网收效较好。运用交叉进攻时要根据不同的交叉战术,确定相应的一传落点。二传球的高度不宜过高,以免对方补拦。交叉跑动的扣球队员在一传球即将到达一传队员手中时,开始上步为宜。起动过早,易被对方识破或影响快球队员的跑动。在交叉进攻中,如定位快球与错位快球结合运用,则变化更多,效果更佳。

　　2. 梯次进攻

　　一队员打快球掩护,另一队员在其背后打离网稍远的半高球。这种战术打法主要是利用在同一进攻点上,有两人在不同时间进行扣球,使对方拦网队员难以判断,从而造成在一点上以多打少的有利局面。

梯次进攻可由 3 号位队员跑动至二传队员前面扣近体快球进行掩护,诱使对方拦网,而二传队员将球传给距网稍远一点的 4 号位队员扣半高球(见图 3 - 3 - 19)。

采用 4 号位做近体快掩护,3 号位队员在他身后扣半高球(见图 3 - 3 - 20)。

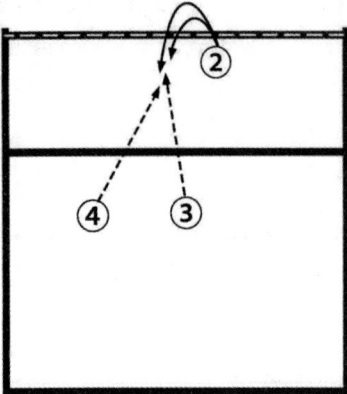

图 3 - 3 - 19　③近休快和④半高球梯次　　　图 3 - 3 - 20　①近体快和③半高球梯次

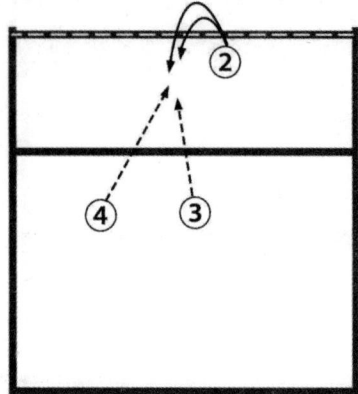

采用③做快球掩护,④在③身后扣半高球(见图 3 - 3 - 21)。
采用④扣短平快做掩护,③在④身后做梯次进攻。

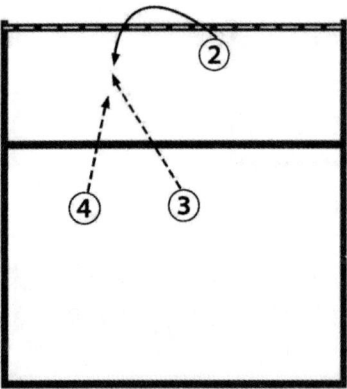

图 3 - 3 - 21　③掩护④梯次进攻　　　图 3 - 3 - 22　④短平快③梯次进攻

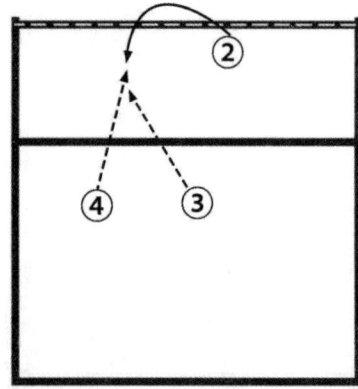

在④做快球掩护的梯次进攻时,一传的落点和传队员的位置要靠近球网的中间,以便缩短④快球掩护的助跑距离。运用③打快球掩护,②梯次进攻时,二传队员的取位则应靠近 2 号位区。

3. 夹塞进攻

队员在短平快位置上做扣球掩护,吸引对方拦网,二传队员将半高球传至二传队员与扣短平快队员之间,而另一名队员像塞子一样,突然跑到两人之间进攻,使对方拦网措手不及。

③先扣短平快球,④突然切入扣半高球(见图 3-3-23)。

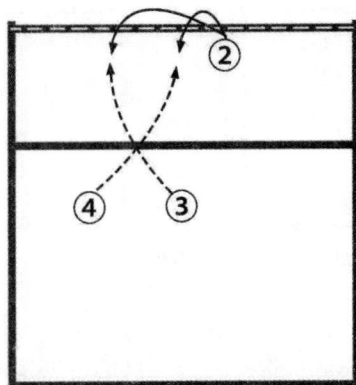

图 3-3-23　③短平快④半高球夹塞进攻

4. 双快和三快进攻

双快和三快进攻即两名或三名队员在不同地点同时发动快攻。

(1)双快。两名队员同时进行快攻。

③做近体快攻,②做背快球进攻(见图 3-3-24)。

③做近体快进攻,④做短平快进攻(见图 3-3-25)。

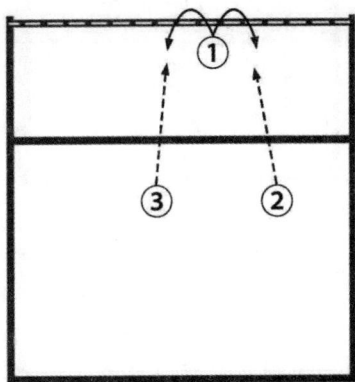

图 3-3-24　③近体快②背快进攻

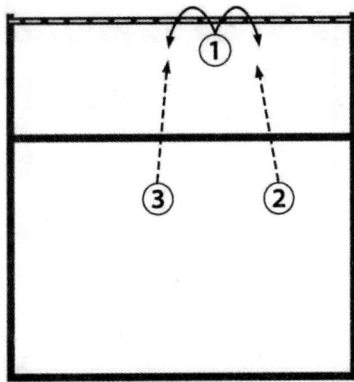

图 3-3-25　③近体快④短平快进攻

(2)三快。三名队员同时进行快攻。

②扣背快,③扣近体快,④扣短平快(见图 3-3-26)。

②扣背溜,③扣短平快,④扣平拉开(见图 3-3-27)。

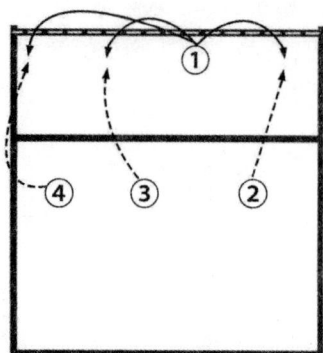

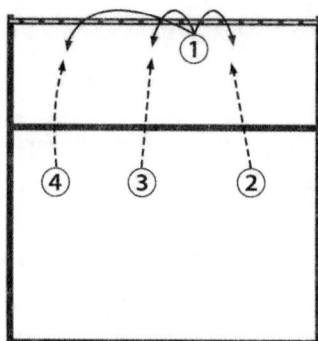

图 3 - 3 - 26　②背快③近体快④短平快　　图 3 - 3 - 27　②背溜③短平快④平拉开

5. 双快一跑动进攻

在双快的基础上,另一队员选择对方拦网的薄弱区域进行跑动进攻,这种打法称为双快一跑动进攻。

②或④进行快攻,③可根据对方的拦网情况,跑动到②或④做活点进攻(见图 3 - 3 - 28、图 3 - 3 - 29)。

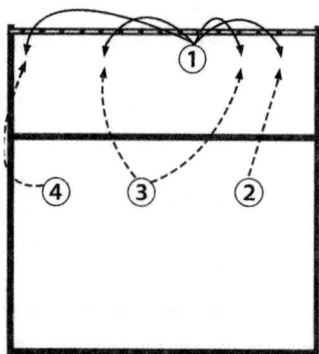

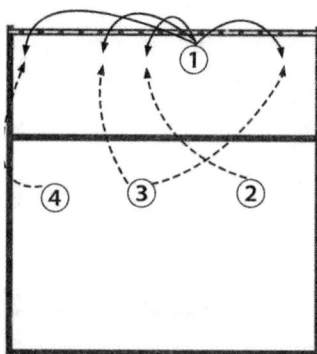

图 3 - 3 - 28　④平拉开②背短平③活点进攻　图 3 - 3 - 29　④平拉开②近体快③活点进攻

③打近体快,④扣拉开球,②打背快球或跑动到 4 号位打平拉开(见图 3 - 3 - 30)。

③打短平快,②打背快球,④扣拉开球,或跑动到 2 号位打背短平(见图 3 - 3 - 31)。

快攻是气排球比赛中必不可少的进攻武器,快攻质量的好坏直接影响着强攻的效果。必须坚持高快结合、快变结合、前沿与纵深相结合的打法,才能在比赛中发挥更大的作用。

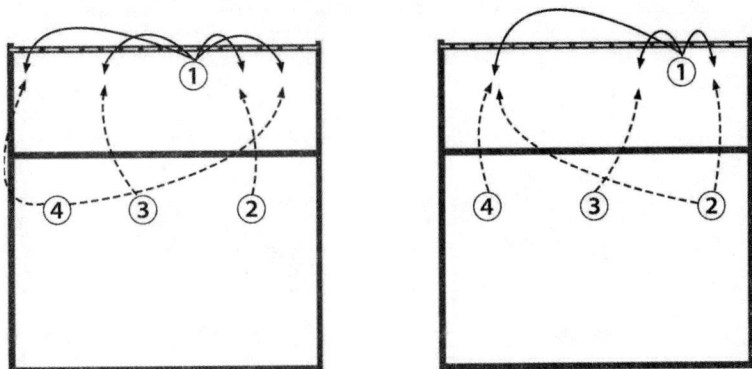

图 3-3-30　③近体快④平拉开②背快　　图 3-3-31　③短平快④平拉开②背快

(四)二次攻及其转移

当一传来球较高,落点在网前适当的位置,队员可以起跑做二次攻,如遇拦网,也可以空中改扣为传,转移给其他队员进攻,这种打法就是二次攻及其转移。

二次攻是在快攻基础上的拓展,进二步加快了进攻的速度,破坏对方的节奏,打乱对方的布防。跳传转移又可以迷惑对方的拦网,给同伴创造有利的进攻机会。

(五)立体进攻

立体进攻是一种快攻与强攻、时间与空间上的多方位组合进攻。它汲取了各种打法的精髓,前后排融为一体,互为掩护,使之上升为进攻打法的高水平境界。由于气排球规则要求所有的扣球进攻必须从进攻线后起跳,因此气排球的进攻更需立体化,立体进攻的特点是进攻点增多,攻击性强,进攻范围扩大,突然性强,有利于形成以多打少的局面。

第四节　防守战术分析

一、防守阵型

(一)接发球阵型

接发球是进攻的基础,它是由守转攻的转折点。如果没有可靠的一传做保证,就难以组成有效的进攻战术,甚至还会造成直接失分。按接发球人数来分,五人制气排球中接发球阵型主要有四人接发球、三人接发球和二人接发球阵型;四人制气排球中接发球阵型主要有三人接发球和两人接发球阵型。

接发球阵型主要采用四人接发球阵型(五人制)和三人接发球阵型。接发球阵型并不是一成不变的,应根据本方接发球水平、战术安排,对方发球特点和防守阵型等要素进行选择和调整。当做接发球阵型布置时,应根据发球队员的发球特点适当调整接发球站位,另外要注意队员之间的位置关系,避免位置错误的出现。

1. 四人"一二二"接发球阵型(五人制)

四人接发球阵型是指二传队员站在网前不接发球,其他四名队员,两名在前,两名在后。这种接发球阵型分为"深盆性"站位(见图3-4-1)和"浅盆型"站位(见图3-4-2)两种站位。"深盆性"站位有利于接落点偏后场的发球,"浅盆型"站位适合接落点偏中场或前场的发球。四人接发球减少了每个人负责接发球的区域,但队员间的结合部位增多,训练过程中应加强结合部位接球的练习,确定每个结合部位的接球队员,避免出现抢球或让球的情况。

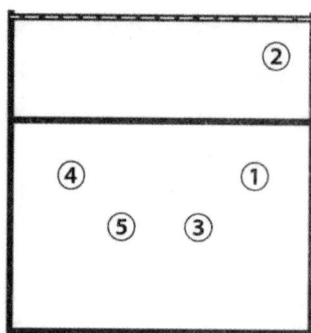

图3-4-1 "深盆性"站位　　　　　图3-4-2 "浅盆型"站位

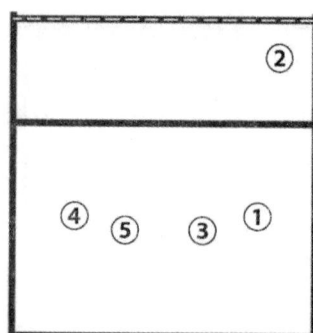

2. 三人接发球阵型

五人制气排球多采用"一三一"接发球阵型(见图3-4-3),四人制气排球则采用"一二一"接发球阵型(见图3-4-4)。

三人接发球阵型被接发球能力较强的队伍所采用,由于减少了接发球人数,队员间的结合部位减少,不接发球的攻手可以做好进攻的准备,便于更多的战术组织;还可以将接发球能力较差的队员进行隐蔽站位;或当二传队员在后排时,与前排队员一起提到网前,便于二传插上;但由于接发球队员减少,每个接球队员负责的接发球区域增大,对接发球队员的接发球能力要求较高。

3. 两人接发球阵型

两人接发球阵型要根据对方发球水平,以及本队技术水平和战术需要而采用。由于整个场区只有两名队员接发球,要求一传队员具备较强的接发球能力。目前只在水平较高、实力较强的队有所采用。五人制两人接发球阵型(见图3-

4-5),四人制两人接发球阵型(见图3-4-6)。

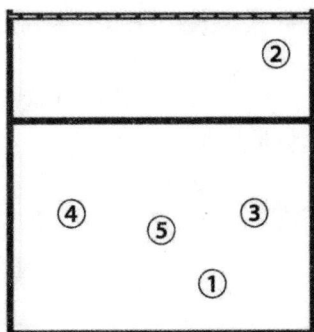

图 3 - 4 - 3 三人接发球阵型(五人制)　　图 3 - 4 - 4 三人接发球阵型(四人制)

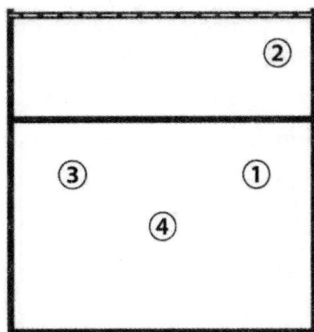

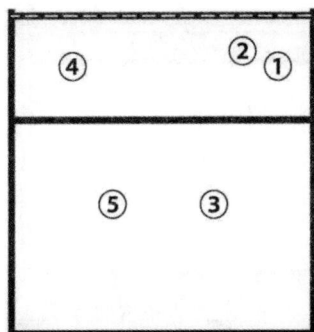

图 3 - 4 - 5 两人接发球(五人制)　　图 3 - 4 - 6 两人接发球(四人制)

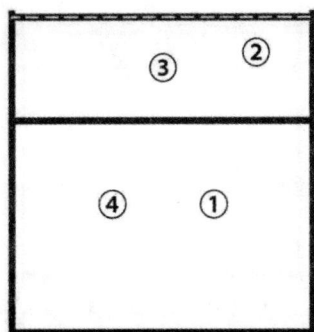

(二)接扣、吊球防守阵型

接扣球防守阵型是由前排拦网与后排防守组合而成,其中拦网是第一道防线。有效的拦网不仅可以遏制对方的进攻,减轻后排防守的压力,还能提高防起率,为反攻创造机会。

由于气排球进攻战术变化多端,因此防守阵型也要随之而变化,接扣、吊球防守阵型的变化是根据对方进攻的情况和本方拦网人数而变化的。

对初级水平球队来说,基本的防守阵型有以下几种。

1. 单人拦网的防守阵型

当对方进攻威力不大、路线变化不多、轻打吊球较多时,或因受对方战术迷惑,来不及组织集体拦网时采用单人拦网防守阵型。

(1)五人制单人拦网的防守阵型。单人拦网包括对位防守和固定3号位队员拦网两种。

1)对位单人拦网的防守阵型(五人制)。对位单人拦网是指当对方4号位进攻时,本方2号位队员拦网;对方3号位进攻时,本方3号位队员拦网;对方2号位进攻时,本方4号位队员拦网。

对方4号位进攻,本方2号位拦网(见图3-4-7),3号位队员后撤防吊球,4号位队员后撤防小斜线或吊球,与后排2名队员形成半弧形防守圈,每人负责防守一个区域。

对方2号位进攻,本方4号位拦网(见图3-4-8),3号位队员后撤防吊球,2号位队员后撤防小斜线或吊球,与后排2名队员形成半弧形防守圈,每人负责防守一个区域。

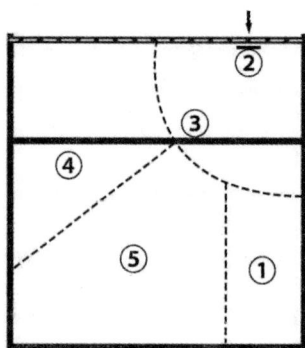

图3-4-7 ②单人拦网的防守阵型　　图3-4-8 ④单人拦网的防守阵型

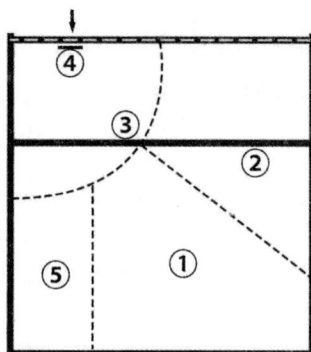

2)固定前排一名队员拦网的防守阵型(五人制)。以固定前排③为例,对方进攻时,③站在中间,根据对方进攻向左或右移动进行拦网,2号位和4号位拦网防守阵型同对位2号位和4号位拦网防守阵型,当对方3号位进攻时,③拦网,②和④后撤到进攻线附近,防守前排吊球和落点在进攻线附近的扣球,①和⑤防守后场的长线扣球,每人的防守区域(见图3-4-9)。

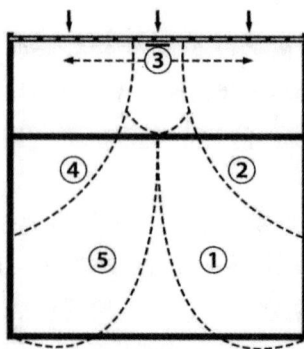

图3-4-9 固定③拦网防守阵型

（2）四人制单人拦网的防守阵型。四人制比赛中的单人拦网也包括对位防守和固定 3 号位队员拦网两种。

1）对位单人拦网的防守阵型（四人制）。四人制对位单人拦网是指当对方②进攻时，本方③拦网；对方③进攻时，本方②拦网。

对方③进攻，本方②拦网（见图 3-4-10），③后撤防吊球，④后撤防小斜线，①防大斜线。

对方②进攻，本方③拦网（见图 3-4-11），④后撤防吊球，②后撤防小斜线，①防大斜线。

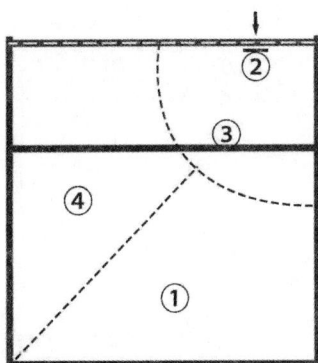

图 3-4-10 ②拦网的防守阵型　　　图 3-4-11 ③拦网的防守阵型

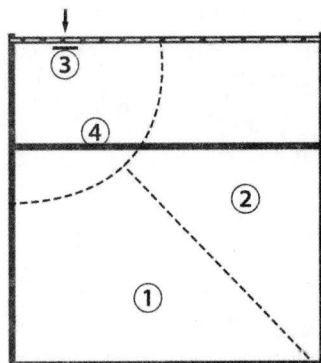

2）固定前排一名队员拦网的防守阵型（四人制）。以固定前排③为例，对方进攻时，③站在中间，根据对方进攻向左或右移动进行拦网，2 号位和 4 号位拦网防守阵型同对位 2 号位和 4 号位拦网防守阵型，当对方 3 号位进攻时，③拦网，②和④后撤到进攻线附近，防守前排吊球和落点在进攻线附近的扣球，①防守后场的长线扣球，每人的防守区域（见图 3-4-12）。

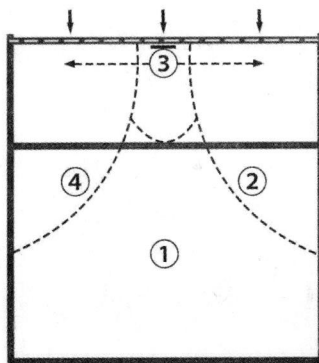

图 3-4-12 固定③拦网防守阵型

2. 双人拦网下的防守阵型

当对方进攻威力较大、进攻路线变化较多、单人拦网不足以阻拦对方进攻时,多采用双人拦网防守阵型,它是接扣球和吊球防守中最主要的战术阵型。

(1)五人制双人拦网的防守阵型。双人拦网阵型分为"边跟进""固定后排跟进"和"双卡"防守阵型,这三种防守阵型各有利弊,比赛中应根据临场情况灵活运用。

1)"边跟进"防守阵型。即与对方扣球队员同一边上的队员跟进防吊"补心"。当对方4号位进攻(见图3-4-13),本方②③组成双人拦网,①则向前移动,负责防吊"补心",根据对方扣球的路线适当策应,④防小斜线,②拦直线,③配合、拦中线。当对方2号位进攻(见图3-4-14),本方④③组成双人拦网,⑤则向前移动,负责防吊"补心",根据对方扣球的路线适当策应,②防小斜线,④拦直线,③配合、拦中线。

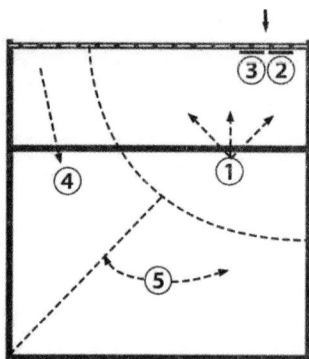

图3-4-13 ②③拦网"边跟进"防守   图3-4-14 ③④拦网"边跟进"防守

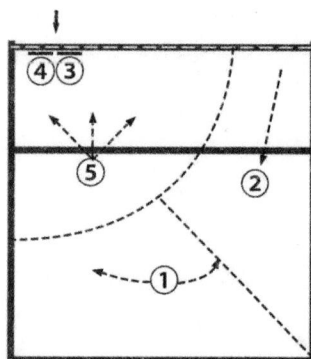

这种防守阵型的优点是对防守对方大力扣杀有利,弱点是球场中间空隙较大,容易造成"空心",防对方直线进攻的能力减弱。

2)"固定后排跟进"防守阵型。这种阵型无论对方在哪个位置进攻,本方都会安排一名后排队员跟进防吊"补心"。

(a)固定后排①跟进防守阵型。如对方4号位强攻(见图3-4-15),本方①防吊"补心",④下撤到进攻线附近,防小斜线,⑤防守后场的长线扣球;如对方2号位进攻(见图3-4-16),本方①防吊"补心",②下撤到进攻线附近,防小斜线,⑤防守后场的长线扣球。

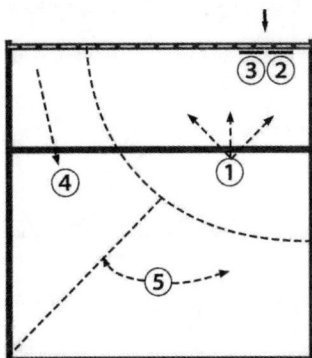

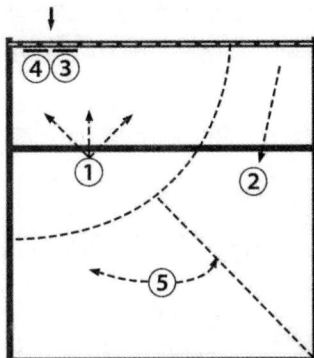

图 3 - 4 - 15　②③拦网固定①跟进防守　图 3 - 4 - 16　③④拦网固定①跟进防守

（b）固定后排⑤跟进防守阵型。如对方 4 号位强攻（见图 3 - 4 - 17），本方⑤防吊"补心"，④下撤到进攻线附近，①防小斜线，防守后场的长线扣球；如对方 2 号位进攻（见图 3 - 4 - 18），本方⑤防吊"补心"，②下撤到进攻线附近，防小斜线，①防守后场的长线扣球。

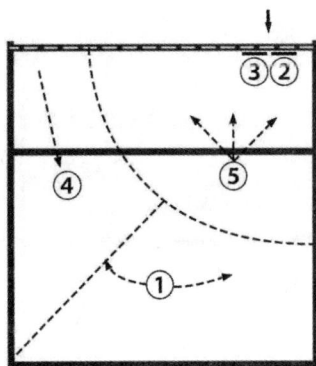

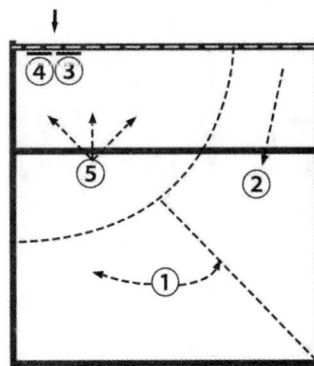

图 3 - 4 - 17　②③拦网固定⑤跟进防守　图 3 - 4 - 18　③④拦网固定⑤跟进防守

这种防守阵型的优点是有利于防吊球和拦起的球，缺点是当对方在后排固定跟进队员异侧扣球时，该跟进队员移动距离较大。

3）"双卡"防守阵型。即当我方两名队员拦网时，一名前排队员和一名后排队员卡在进攻线两端的防守阵型。当对方 3 号位进攻（见图 3 - 4 - 19），本方②③组成双人拦网，①则向前移动，④后撤，两人卡在进攻线两端，负责防吊同时防小斜线，根据对方扣球的路线适当策应，⑤防打拦网手弹到后场的球或吊后场的球；当对方 3 号位进攻（见图 3 - 4 - 20），本方③④组成双人拦网，①则向前移动，

②后撤,两人卡在进攻线两端,负责防吊同时防小斜线,根据对方扣球的路线适当策应,⑤防打拦网手弹到后场的球或吊后场的球。

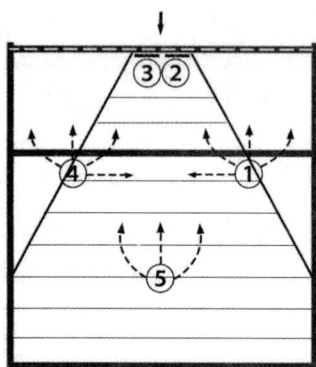

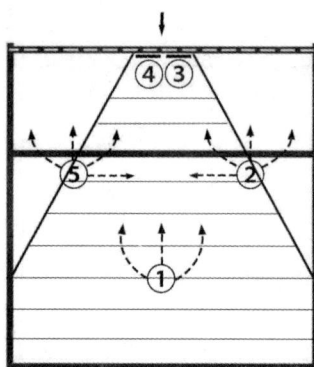

图 3 - 4 - 19　②③拦网①④双卡防守　　图 3 - 4 - 20　③④拦网②⑤双卡防守

(2)四人制双人拦网的防守阵型。当对方 4 号位进攻(见图 3 - 4 - 21),本方②③组成双人拦网,①则向前移动,负责防吊,根据对方扣球的路线适当策应,④防斜线以及后场来球;当对方 3 号位进攻(见图 3 - 4 - 22),本方②③组成双人拦网,①则向前移动,负责防吊和小斜线扣球,根据对方扣球的路线适当策应,④防斜线和打拦网手后弹到后场的球;当对方 2 号位进攻(见图 3 - 4 - 23),本方②③组成双人拦网,④向前移动,负责防吊,根据对方扣球的路线适当策应,①防斜线和打拦网手后弹到后场的球。

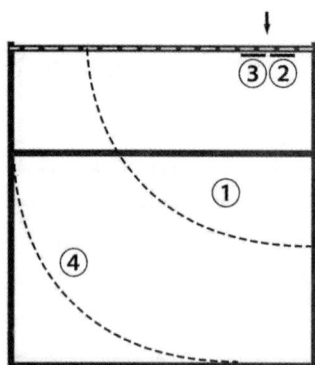

图 3 - 4 - 21　②③2 号位拦网防守　　图 3 - 4 - 22　②③3 号位拦网防守

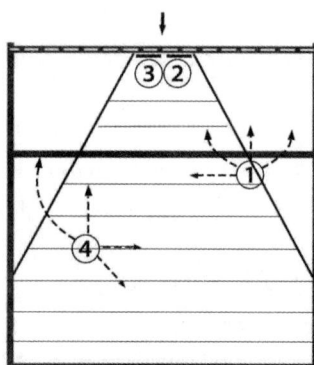

3. 三人拦网的防守阵型(五人制)

由于气排球场地较小,较容易形成三人拦网,尤其是对方进攻较强时,需要前排三名队员形成三人拦网,以扼制对方进攻,减轻后排防守压力。但三人拦网造成后场空当过大,也给拦网后组织反攻增加了难度。因此,在比赛中要灵活运用,要求拦网队员坚决果断,后撤迅速,积极参与反攻。

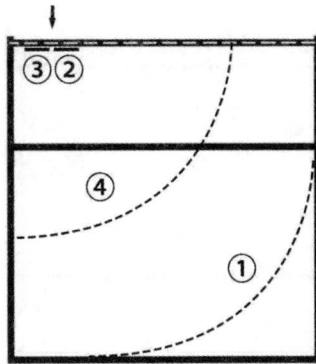

图 3-4-23　②③4 号位拦网防守

对方 4 号位进攻时(见图 3-4-24),本方前排队员形成三人拦网,图中阴影部位为对方扣球较难通过的区域,①位于拦网队员身后,距中线 4 m 左右,防对方吊拦网队员的身后球和拦起到球,⑤在进攻线附近靠近左侧边线,防小斜线。

如对方 2 号位进攻时(见图 3-4-25),本方前排队员形成三人拦网,图中阴影部位为对方扣球较难通过的区域,⑤位于拦网队员身后,距中线 4 m 左右,防对方吊拦网队员的身后球和拦起到球,①在进攻线附近靠近左侧边线,防小斜线。

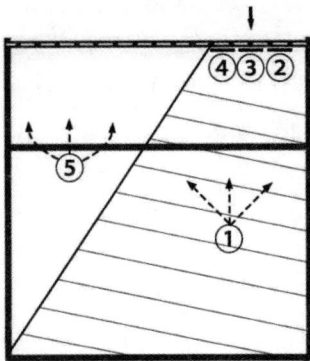

图 3-4-24　2 号位三人拦网防守

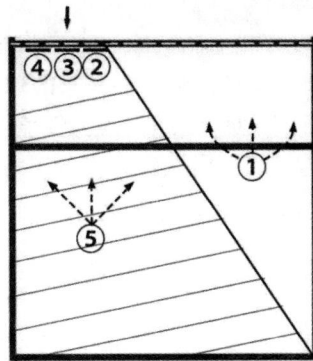

图 3-4-25　4 号位三人拦网防守

如对方 3 号位进攻时(见图 3-4-26),本方前排队员形成三人拦网,图中阴影部位为对方扣球较难通过的区域,①位于进攻线附近,防右侧区域的来球,同时兼顾拦网队员身后的吊球;⑤位于距中线 4 m 左右,防左侧来球,同时兼顾打拦网队员手后弹到后场的球。

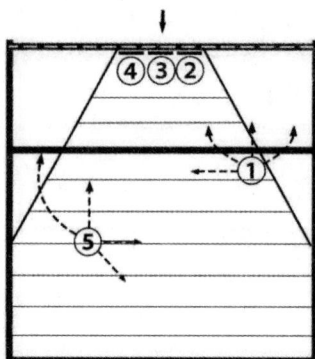

图 3-4-26 3号位三人拦网防守

4.无人拦网防守阵型

比赛中,由于对方战术多变,本方拦网未形成,导致无人拦网。这种情况下,只能根据临场情况灵活取位,力争把球防起。

扣球能力较弱或无攻时,可以不拦网,以"中二传""边二传""心二传"进攻阵型布防;另外,初学者在比赛中多以传、垫球为主,可以不拦网。

(三)接拦回球(保护)阵型

接拦回球阵型是本方在扣球的同时,队员们采取的一种保护防守的阵型。接拦回球防守阵型又称保护阵型,应根据本方的进攻战术和对方拦回的情况来确定。本方扣球队员除注意自我保护外,其余队员必须加强保护,尽量组成多道保护防线,积极防起被拦回来的球,并及时组织进攻。其中,扣球点附近是接拦回球最集中、最困难的区域,应予以重点防守与保护。

1.五人制接拦回球(保护)阵型

五人制气排球比赛中,接拦回球阵型包括"一二一"保护阵型、"三一"保护阵型和"二二"保护阵型。

(1)"一二一"保护阵型。当本方②(或④)进攻时(见图3-4-27),本方③跟在进攻队员身后,形成第一道防线,防被拦回落在进攻队员附近的球;①和④(或②和⑤)形成第二道防线(见图3-4-28),⑤(或①)在后场防拦到后场和远侧边线的球。

(2)"三一"保护阵型。当本方②(或④)进攻时(见图3-4-29),本方①③④(或②③⑤)跟在进攻队员身后,形成第一道防线,防被拦回落在进攻队员附近的球;①(或⑤)在后场防拦到后场和远侧边线的球(见图3-4-30)。

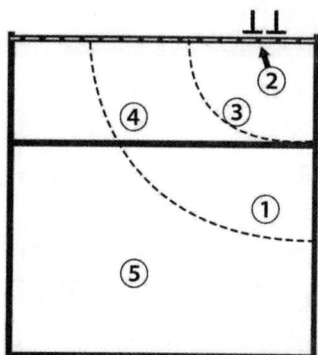

图 3 - 4 - 27　②进攻"一二一"保护阵型　　　图 3 - 4 - 28　④进攻"一二一"保护阵型

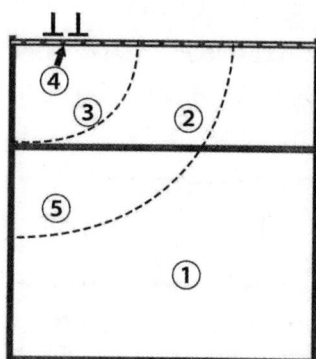

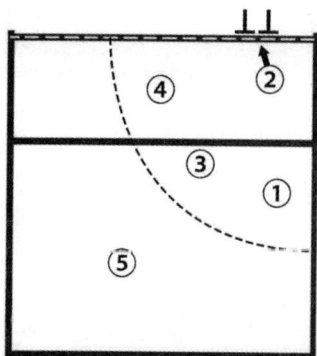

图 3 - 4 - 29　②进攻"三一"保护阵型　　　图 3 - 4 - 30　④进攻"三一"保护阵型

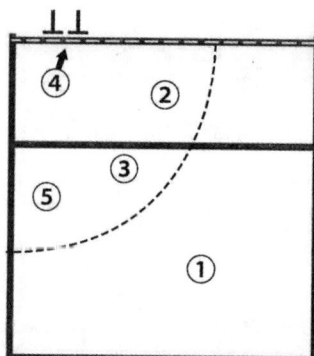

当本方③进攻时(见图 3 - 4 - 31),本方②④⑤跟在进攻队员身后,形成第一道防线,防被拦回落在进攻队员附近的球;①在后场防拦到后场和远侧边线的球。

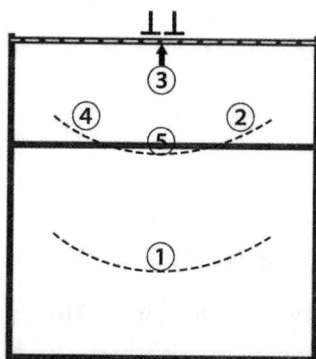

图 3 - 4 - 31　③进攻"三一"保护阵型

（3）"二二"保护阵型。本方②（或④）进攻时（见图3-4-32），本方①③（或③⑤）跟在进攻队员身后，形成第一道防线，防被拦回落在进攻队员附近的球；④⑤（或①②）在后场防拦到后场和远侧边线的球（见图3-4-33）。

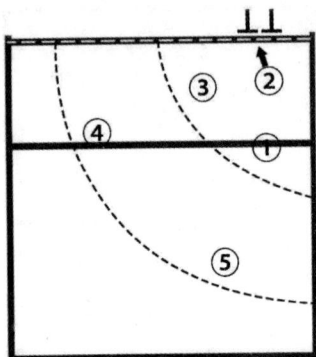

图3-4-32　②进攻"二二"保护阵型　　　图3-4-33　④进攻"二二"保护阵型

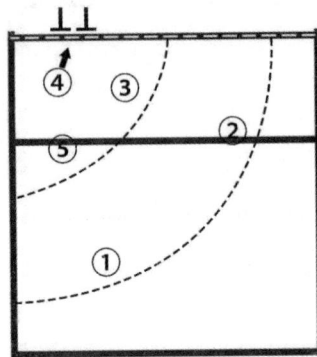

当本方③进攻时（见图3-4-34），本方②④跟在进攻队员身后，形成第一道防线，防被拦回落在进攻队员附近的球；①⑤在后场防拦到后场和远侧边线的球。

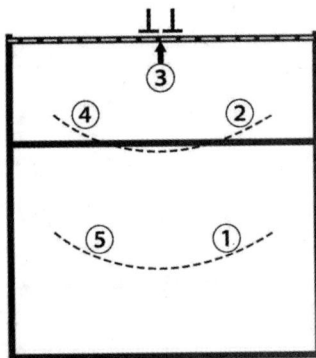

图3-4-34　③进攻"二二"保护阵型

从以上的学习中我们可以清楚地看到："一二一"保护阵型主要用于对方拦网落点较分散时；"三一"保护阵型则多用于对方拦网有高度，落点大多在球网附近时；"二二"保护阵型则用于对方拦网高度较低，易拦到后排时，安排两名队员在后场布防。

2.四人制接拦回球(保护)阵型

四人制气排球比赛中,接拦回球阵型包括"一二"保护阵型和"二一"保护阵型。

(1)"一二"保护阵型。当本方③进攻时(见图 3-4-35),④跟在进攻队员身后,形成第一道防线,防被拦回落在进攻队员附近的球,①和②形成第二道防线;当本方②进攻时(见图 3-4-36),①跟在进攻队员身后,形成第一道防线,防被拦回落在进攻队员附近的球,③和④形成第二道防线;当本方③进攻时(见图 3-4-37),②跟在进攻队员身后,形成第一道防线,防被拦回落在进攻队员附近的球,①和④形成第二道防线。

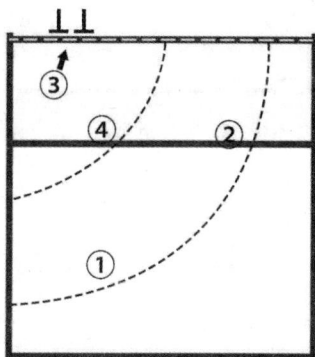

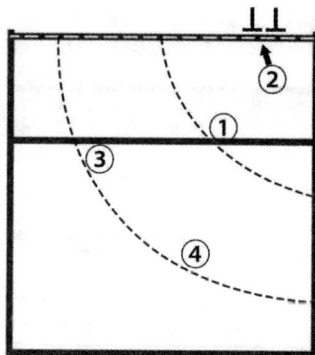

图 3-4-35 四号位进攻"一二"保护阵型　　图 3-4-36 二号位进攻"一二"保护阵型

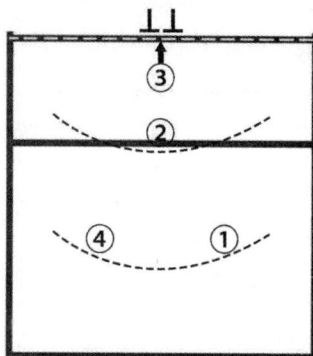

图 3-4-37 三号位进攻"一二"保护阵型

(2)"二一"保护阵型。当本方③进攻时(见图 3-4-38),②④跟在进攻队员身后,形成第一道防线,防被拦回落在进攻队员附近的球,①形成第二道防线;当本方②进攻时(见图 3-4-39),①③跟在进攻队员身后,形成第一道防线,防被拦回落在进攻队员附近的球,④形成第二道防线;当本方③进攻时(见图 3-4-40),②④跟在进攻队员身后,形成第一道防线,防被拦回落在进攻队员附近的球,形成第二道防线。

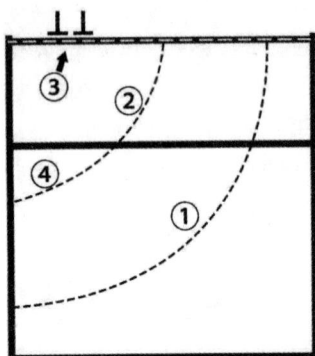

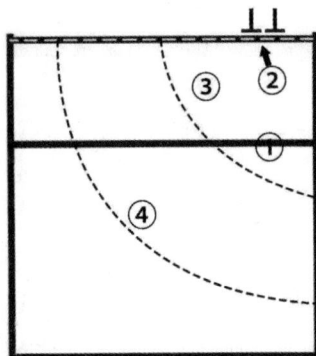

图 3-4-38　四号位进攻"一二"保护阵型　　图 3-4-39　二号位进攻"一二"保护阵型

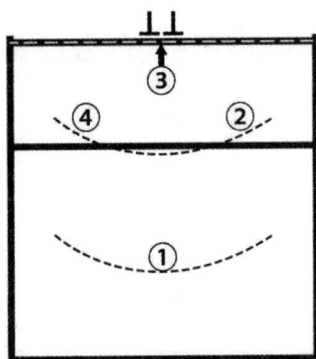

图 3-4-40　三号位进攻"一二"保护阵型

　　比赛过程中,场上攻防瞬息变化,具体采用哪种接拦回球防守阵型,应根据对方二传的传球路线,对方攻手的扣球特点,以及本方场上阵容配备的特点来选择,大家在练习过程中,应加强沟通交流,相互补防,发挥团队防守的力量。

(四)接传垫球阵型

　　当对方无法组织有力的进攻,被迫将球传、垫、挡过网时,是本方得分的极好机会。这种球在初级水平的比赛中出现较多,高水平比赛中偶尔也会出现。可采用"中一二"或"边一二"以利于组织战术进攻。队员要集中注意力,观察对方的意图,准确判断球的落点。接球队员应根据本方进攻战术的需要,确保传、垫球到位。二传队员要掌握好"插上"时机,不宜过早,其他队员应及时补位。

第五节 战术教学与训练

一、战术教学方法

战术教学是培养运动员机智、灵活、创造性地运用技术的教学过程。在教学中应根据对象的技战术水平、体能等实际情况,对教学内容及方法加以选择。常用的教学方法如下。

(一)直观教学的方法

充分利用慕课(MOOC)、微课、视频、战术图、沙盘及场上队员的实际演示等方法,以建立正确的战术概念。

(二)分段与串联相结合的方法

利用进攻与防守战术的不同组合,划分为若干段,待基本掌握教学内容后,进行串联练习。如定点进攻与防守起球后定点进攻相结合。

(三)二传与攻手相结合的方法

二传是全队实现战术教学的核心,一传与攻手默契是战术配合的关键。战术教学二传在先,在此基础上,强化二传与攻手的配合。

(四)低难度与高标准相结合的方法

在学习高难度战术时,可适当降低难度,待队员之间的配合基本熟练后,必须高标准,严要求,如低网练习过渡到标准网练。

(五)练习与比赛相结合的方法

比赛可以调动运动员学习的积极性,通过比赛检验教学效果,巩固教学成果。并可及时发现问题,进一步改进教学,不断提高战术水平。

二、进攻战术教学顺序与步骤

(一)教学顺序

先学习"中二传"进攻战术,然后学习"边二传"进攻战术,最后学习"插上"进攻战术。在学习这三种进攻战术的同时,应结合学习相应的进攻配合,最后再逐步练习各种难度较大的进攻打法和复杂的战术配合。

(二)教学步骤

(1)课前自学:观看中国大学 MOOC 网站《气排球》(林海强等),第八章进攻战术,通过 MOOC 自学本章内容,建立初步的运动表象。

(2)讲解与示范:建立完整的进攻战术概念,教师可运用挂图、录像、沙盘或结合球场对战术名称、进攻时场上队员的位置、分工、职责、进攻战术跑动路线及各种进攻战术优缺点等进行讲解与示范。

(3)徒手模仿练习:让队员在半场按各种进攻战术的要求,进行不结合球的模仿站位与跑动进攻,让其初步体会和明确各位置的分工与配合方法。

(4)用球在简单条件下练习:例如在"边一二"进攻战术练习时,教师可用地球、近距离扔球、下手发球、上手发轻球等方法进行练习。

(5)在复杂条件下练习战术:待初学者初步掌握所学进攻战术后,教师可逐步增加练习的难度,加快速度、加强对抗性和连续性,使战术练习紧密结合比赛实际。

(6)比赛中巩固提高战术水平通过对抗、练习比赛等来改进和提高进攻战术水平。

(二)进攻阵型的教学

1."中二传""边二传"进攻阵型教学

(1)基本要求。

1)"中二传":二传队员具有传正面一般球和背传一般球的能力,进攻队员应基本掌握 2、4 号位的正面扣球技术。

2)"边二传":二传队员具备传快球和拉开球的能力,3 号位队员会扣近体快球,4 号位队员具有扣拉开球的能力。

3)场上队员有一定的接发球和接扣球的能力。

(2)教学步骤。

1)基本阵型练习。

"中二传"进攻阵型练习:教练员在 6 号位抛球,3 号位队员分别把球传给 2,4 号位队员进攻。队员的跑位、扣球熟练后,可采用隔网抛球、专人垫球的方法,并逐步提高难度。

"心二传"进攻阵型练习:教练员在 5 号位抛球,2 号位队员分别把球传给 3 号位队员扣近体快球、4 号位队员拉开进攻。队员的跑位、扣球熟练后,可采用隔网抛球、专人垫球的方法,并逐步提高难度。

2)结合接发球练习。教练员隔网抛球,后排队员垫球,2 号位队员扣前快球、4 号位队员扣一般球。

教练员隔网抛球,6 号位队员垫球,4 号位队员扣近体快球,3 号位队员跑动到 4 号位扣一般球,5 号位队员进行后排进攻。

三、防守战术教学的顺序与步骤

(一)教学顺序

先学习中二传"阵型的全队防守及单人拦网下衔接扣球防守,然后学习"边二传"和"心二传"阵型的全队防守和双人拦网下的接扣球防守,最后学习插上的二人或三人的全队防守和跟进保护防守方法。

(二)教学步骤

(1)课前自学:观看中国大学 MOOC 网站《气排球》(林海强等),第九章防守战术,通过 MOOC 自学本章内容,建立初步的运动表象。

(2)讲解与示范:建立全队防守战术的概念。教师可用图画、沙盘或结合球场对防守战术的名称、场上队员的位置分工和职责,以及各种防守战术的优缺点等进行讲解。

(3)徒手练习:让队员按各种防守战术要求进行徒手模仿站位与移动,体会和明确防守各位置的分工和职责。

(4)用球在简单条件下练习:教师可以采用抛球、吊球和轻扣或固定队员位置进攻的方法降低练习的难度。

(5)在复杂条件下练习防守战术:教师可逐步采用加强套路进攻战术的力量、速度、高度、变化等,从而促进防守战术水平的提高。

(6)在练习比赛和正式比赛中巩固和提高防守战术通过某些轮次防守战术的对抗和全队六个轮次比赛等来提高防守战术水平。

四、战术教学与训练的注意事顶

(1)根据本队的实际情况,选择适宜的战术进行教学与训练,避免华而不实。

(2)战术的教学与训练应遵循由简到繁、由易到难、循序渐进的原则,防止盲目冒进。

(3)采用分解和完整教学法相结合,先攻后防,注意攻防之间的衔接,加强技术与战术的串连练习,防止各环节的脱节。

(4)抓好主要战术教学与训练的同时,加强"小球"等轻技术的练习,提高队员处理各种来球的能力。

气排球与全球胜任力的交叉融合思考三

Reflection Ⅲ on the Cross Integration of Air Volleyball and Global Competence

在气排球战术分析与教学训练这一章中的实践部分内容可以渗透培养学生的全球胜任力素养。通过气排球技战术的学习,在比赛中,以发散性思维、想象力以及对气排球运动的认知为基础,通过创造性人际活动来提高创造性思维,使用适当的音调与顺序变化、面部表情与眼神接触,在比赛或训练中相互交流,不断地调整情绪并理解他人,以尊重和关心的态度处理好场上团队之间的合作。从全球胜任力角度出发,不仅仅是使学生掌握气排球的技战术,更多的是以赛代练,通过比赛渗透到全球胜任力的培养,使学生沟通能力、社会责任感以及合作能力等核心素养进一步提升。

This chapter's contents regarding tactics analysis and teaching training of air volleyball can be permeated to cultivate students' global competence. Through the learning of air volleyball techniques and tactics, students can be trained with divergent thinking, imagination and cognitive thinking during the air volleyball games. Students' creative thinking, imagination, and the cognition of air volleyball can be improved through creative human activity, such as using the appropriate tone and structure change, facial expression and eye contact to communicate with each other in their competition or training, constantly adjusting their mood and understanding of others, with respect and caring attitude to deal with the cooperation between the teams. From the perspective of global competence, it will not only enable students to master the skills and tactics of air volleyball through competitions and practice, but also improve students communication skills, social responsibility and cooperation skills via penetrating the cultivation of global competence through competitions.

思考题三

1. 气排球战术分类有哪些?
2. 简述气排球战术特点。
3. 气排球比赛阵容配备的原则是什么?

第四章　气排球运动员专项素质与体能训练

【本章内容概要】

通过本章学习，可以了解气排球运动员专项体能的特点；熟悉气排球运动员身体素质训练所包含的内容；掌握气排球运动员各项身体素质训练的方法；学会科学合理制订气排球运动员的体能训练计划。

第一节　气排球运动员的专项体能训练

一、气排球专项体能的作用

气排球运动员的运动水平是由其竞技能力所决定的，是运动员体能、技能、智能和心理能力的综合表现。体能即身体能力，是运动员在训练比赛中专项身体素质、机体机能水平和身体形态特征的综合体现。在竞技能力的四大因素中，体能是最基础的因素，良好的体能是不断提高技战术水平的重要保证，提高体能训练水平是取得优异成绩重要的途径。

体能训练在气排球训练中占有重要地位。排球运动员的体能训练应采用多种多样的训练方法和手段，全面发展与提高专项身体素质，提高各系统机能能力，改善身体形态，使之能承受大运动量负荷训练，能有效防止伤病，保持良好的竞技状态。气排球运动和其他运动项目比较，有共性也有其特殊性。本节主要介绍气排球运动员专项身体素质的发展。

二、气排球专项体能的特点

气排球比赛是以运动着的人和球为信号的，场上情况瞬息万变，对抗性很强，要求运动员在极短的时间内作出判断，并合理地运用技术和战术。因此，对运动员的身体素质不仅有很高的要求，而且有鲜明的专项特点，概括起来主要有以下几方面。

(1)气排球运动员的力量素质虽要求全面发展,但扣球、拦网的起跳,防守的移动及各种击球动作更需要高度发展的爆发力,而长时间的移动、跳跃又离不开较强的力量耐力。

(2)气排球运动员的反应速度、移动速度和动作速度是适应气排球比赛中快速运动着的人和球所必需的素质。爆发力需以速度素质为重要保证的条件下,可以说速度是气排球运动员身体素质的中心环节,速度和爆发力是气排球运动员应优先发展的两种素质。

(3)以速度和力量素质为基础的灵敏性和协调能力,是围绕着准确处理人与球的正确关系而发挥的。这也是气排球运动员身体素质独特之处。

三、气排球专项身体素质的内容

1. 体能训练基本内容

排球运动的体能训练内容是由身体形态、机体机能和运动素质三类训练内容组成。根据气排球运动的特点来看,体能训练的基本内容应以机体机能训练和运动素质训练内容为主。其中,专项运动素质应是体能训练基本内容的核心部分。

2. 机能训练基本内容

气排球运动的机能训练内容主要为骨骼肌肉系统、神经传导系统、能量代谢系统的功能训练。其中,肌肉适度弹性的训练、肌肉收缩张力的训练、肩关节牢固性的训练、视觉反应速度的训练、磷酸盐代谢系统的训练、糖酵解代谢系统的训练等,应是气排球运动员机体机能训练的主要内容。

3. 素质训练基本内容

气排球运动的运动素质主要包括专项基本素质和专项复合素质两类。

(1)专项基本素质主要是指气排球攻防对抗技术动作所需要的力量、速度、耐力和柔韧素质。其中,力量素质包括爆发力素质,而爆发力素质可细分为弹道性、反弹性、强制性和爆发力。

(2)专项复合素质主要是指气排球攻防对抗技术动作以及战术变换所需要的灵敏性、弹跳素质。由此可见,气排球运动的专项复合素质实质上是由两种或两种以上的基本运动素质组成。

1)气排球运动专项力量训练内容主要包括下肢部分的足弓力量、小腿力量、大腿力量,躯干部分的臀部力量、腹部收缩力量、背部力量、肩部力量,以及上肢部分的挥臂力量、手腕力量、手指力量的训练等。

2)气排球运动专项速度训练内容主要包括不同姿势的各种变向的起动速度、移动速度、制动速度、挥臂速度、甩腕速度的训练等。

3)气排球运动专项耐力训练内容主要包括连续起跳耐力、变向移动耐力,持续比赛耐力的训练等。

4)气排球运动专项柔韧训练内容主要包括肩部、髋部、膝部、踝部、腕部关节的活动范围的训练等。

5)气排球运动弹跳素质训练内容主要包括原地弹跳能力、各种助跑双脚起跳弹跳能力、各种助跑单脚起跳弹跳能力、连续起跳弹跳能力的训练等。

6)气排球运动灵敏素质训练内容主要包括各种运动技能的训练、肢体四肢协调能力的训练、重心平衡能力的训练、时空判断能力的训练等。

四、体能训练的基本要求

(1)体能训练必须全面安排。气排球运动需要全面的身体素质,且各身体素质间又彼此联系,相互依存,相互促进,因此在体能训练计划中要全面安排。

(2)要系统科学安排体能训练比重。一般说,青少年运动员体能训练的比重要大些,成年运动员可相应小些。训练的不同阶段,体能训练的比重也应不同,如冬训时体能训练就应多一些。训练的不同阶段对体能训练的侧重也不同,如青少年多进行全面训练赛前阶段坚持力量训练等。

(3)要处理好与技战术训练的关系。体能训练与技战术训练,既不是互相对立,也不是可以互相替代的。体能训练是整个运动训练中不可缺少的组成部分。体能训练的内容、手段和方法,应紧密结合气排球技战术的要求,使体能训练能有效地满足技战术训练对体能的要求。

(4)要合理安排体能训练时间和运动负荷。运动员在大脑皮层处于良性兴奋和精力充沛的状态下进行体能训练效果最好,也不容易受伤。同时,运动负荷安排要合理,既要有一定的强度和密度,又要科学地掌握间歇时间。

(5)加强体能训练的针对性。教师在进行体能训练时要善于发现和掌握运动员的个体差异,并采取有针对性的训练手段与方法,不加区别地采用同一训练手段与方法,难以取得好的训练效果。因此,在体能训练中要注意因人而异,区别对待。

(6)体能训练的方法和手段要多样化。单调的训练方法使训练乏味,影响运动员的训练积极性，也不能适应排球运动对体能的要求。对于同一小练内容也要不断变换训练手段与方法，提出不同的要求，如采用竞赛、游戏、测验评比等方法，激发运动员的训练欲望，使运动员在情绪高、兴趣浓、兴奋性强的情况下进行训练，才能收到良好的训练效果。

五、体能训练中应注意的问题

1. 加强思想教育

对刚参加训练的队员，应加强思想教育工作，使其明确身体训练的重要意义、启发和引导他们的训练自觉性，有意识地通过身体训练培养队员不怕苦、不怕累和勇敢顽强的意志品质。

2. 循序渐进，符合递增

在进行一般身体训练的初期，以训练柔韧、速度、灵敏素质为宜。力量训练在开始阶段以中小负荷量为宜，不要盲目地进行大力量的训练，可以适当地进行耐力训练。

3. 合理安排负荷内容，交替安排训练内容

在训练中要注意使身体各部位交替活动，并应适当多安排一些间歇。宜采用一些游戏性和竞赛性的训练方法，以引起学习的兴趣。

4. 做好身体训练计划

身体训练不能间断，也不能搞突击，要长期坚持。运动量的安排应注意循序渐进。在训练内容、方法和运动量等方面，应注意因人施教，区别对待。

5. 紧密结合专项特点

专项身体训练所选择的内容和方法，应紧密结合气排球技术动作。在专项身体训练中，应随时注意对动作提出严格的质量要求，这样才能使专项身体训练更有效地促进技术水平的提高。

6. 重视准备活动，加强保护

在进行身体训练前，要检查场地、器械等设施，做好充分的准备活动。训练中要讲清动作的要领、做难度较大的动作时应加强保护。注意对队员进行有关方面的知识和纪律教育，防止伤害事故的发生。

7. 合理安排训练负荷

在一次课中，身体训练一般不宜过于集中，时间也不宜太长。要使队员在高度兴奋和精力集中的情况下进行训练，这样效果最好，也不易受伤。最好是安排身体和技术的综合训练课，整堂课的身体训练不宜多安排。

第二节　气排球运动员专项素质与体能训练方法

一、速度素质

(一)速度的含义及种类

速度是指单位时间内完成某个动作或移动某段距离的能力。气排球比赛是以适应迅速运动着的对手和飞速运动着的球为特点的,因而速度是气排球运动员体能的重要方面。

速度可分为反应速度、动作速度和移动速度。气排球运动员判断场上变化情况,观察球的运行,需要反应速度完成击球动作,需要动作速度抢占有利位置,需要移动速度争取最佳空间,由此可见速度对于气排球运动员之重要。

1.反应速度

气排球运动员的反应速度是对气排球场上由于双方队员行动的变化和球飞行的位置、速度的变化所产生的迅速的应答能力。这种能力通常以综合反应时间来反映。反应速度具有先天的因素,通过训练加以提高是有限的,而且有随年龄增长而减慢的趋势。由于气排球运动信号感十分强烈,对反应速度要求很高,故应早期加强训练。

2.动作速度

在气排球场上完成各种击球动作的速度就是动作速度。动作速度主要是克服运动员本身体重,阻力比较小,所需力量也比较小,主要是肌肉间的协调能力起作用。

气排球运动对运动员的动作速度要求很高,据测定,男子扣球速度最快已超过 30 m/s,女子已超过 20 m/s,没有相应的挥臂速度是达不到这么快的扣球速度的。

3.移动速度

单位时间内身体移动的距离就是移动速度。在气排球场上由移动和扣、拦、助跑等的速度表现出来。

移动速度的快慢,除了取决于协调性之外,还与克服较大身体惯性的能力有关。比如运动员从静止状态到迅速移动,或从移动到静止状态。

(二)速度的练习方法

1.提高反应速度的练习方法示例

(1)看手势起动。

1）成站立姿势、看教师手势起动冲刺 6 m 或 9 m。

2）先做卧、跪、坐、撑、侧向、背向等各种姿势，然后看手势起跑。

3）全队转移。游戏队员分成 6 人一队，成纵队站在两个半场的进攻线上，两队队员要拉开间隔距离，选好自己的路线，看到教师手势后两组交换站位，比哪一组先到。

4）看哪一队抢球多。游戏队员成纵队站在进攻线后，看信号冲刺去抢端线上的三个球，谁最先抢到就可以将球存人本队的筐内，比赛结束后比哪队筐内存的球多。

5）队员间隔约 2 m 成纵队向教师跑去，逼近教师时看手势变化方向从教师一侧跑过。

（2）看球起动。

1）教师抛球，球离手，队员即冲刺，从反弹球下钻过。轮流进行。队员的冲刺距离以 6～8 m 为宜。抛球的高度视队员的速度而定。

2）队员背对教师准备起动，教师突然将球沿地面滚出，队员立即去追球，力争在半场内将球抓住。

3）三名队员各拿一球，先规定好甲抛球后去接乙的球，乙抛球后去接丙的球，丙抛球后去接甲的球。三人同时任意抛球，并立即去接指定的球。反复进行，必要时抛球由教师统一一发令.

（3）看同伴的动作起动。

1）二人面相对站在场上任何一条线的两侧。一人做移动，另一人紧跟，不使对方逃脱。

2）一人守卫半场，其余人二人一组做各种配合动作通过半场而不被守卫者抓获，被抓获者即变成守卫者。

（4）其他反应练习。

1）守门员。教师或队员连续给一名守门员 5 个球，守门员将球一一接住。

2）面对墙壁，接教师从背后抛到墙上的反弹球。

2. 提高移动速度的练习方法

（1）各种小碎步移动。

1）原地小碎步跑计时。

2）小碎步前后左右移动 3 m。

（2）多种步法移动。

1）队员站在进攻线上，看信号向前移动 3 m，双手摸中线，后退至进攻线后，左（右）侧移动单手摸中线，再右（左）侧移动单手摸中线，再右（左）侧单手摸进攻线。重复一次后,转身冲刺钻网到对场单手摸进攻线后迅速转身跑回摸出发的进攻线。

2)前进、后退 3 m×4 m。

3)左、右侧移 3 m×4 m。

4)在气排球场上,见线拐弯处换一种移动方式,如左侧移动后换右侧移、交叉步后退、冲刺等。

5)一人领做各种步法的移动,其余人紧跟着做,不使自己掉队。

3.提高挥臂速度的练习方法

(1)徒手挥臂扣球(改善协调性)。

(2)用橡皮条或短绳对墙做快速扣球挥臂甩腕的动作。

(3)扔投羽毛球或棒球。

(三)速度训练应注意的问题

(1)速度训练可遵循超负荷原则,安排在负重力量训练后,利用肌肉剩余兴奋的惯性动员更多的肌纤维参与运动。这样做既可发展力量,又可发展速度,使神经始终处于灵活控制中,防止产生动作僵硬和不协调。例如,在进行杠铃训练后立即转入徒手的,与所运用的技术动作相似或相同的练习,利用肌肉剩余兴奋的惯性动员比平时徒手练习时更多的肌纤维参与运动,提高运动能力。

(2)进行速度训练要防止产生不良影响的积累,如做完速度较慢的练习后要安排速度转快的练习形成训练的良性转移。

(3)速度的提高不如力量训练的增长明显,所以速度训练要保持经常性,并对提高动作速度不断提出具体要求。

(4)专项速度练习要和专项技术训练紧密结合。专项速度练习可以帮助队员建立专项条件反射,从而能更快地提高专项技术的反应速度。实践证明,反应速度练习结合气排球场地和球来进行,比单纯练习提高的速度快。所以应结合专门技术练速度,与所采用的技术、战术特点相适应。

(5)速度训练应安排在队员中枢神经系统处于良性兴奋状态时进行,否则动作的协调性将受到影响、快速完成练习的能力也会丧失。在每次训练课的前半部分,在适应性练习后进行速度练习的训练效果较好。训练中应结合气排球运动的特点练速度,应多采用视觉信号,让队员做出相应的反应动作。

(6)在进行速度训练时要注意队员的年龄和性别差异。初中学龄段是提高速度的敏感期。这个年龄段的队员中枢神经系统的兴奋占优势,骨骼增长迅速,柔韧性较好,这些都为提高频率、增大动作幅度提供了条件,应抓住这些特点,特别重视速度训练,积极地提高队员的速度。

(7)应以多种手段提高速度。要通过提高与速度相关的其他素质促进速度的提高,如可通过力量的训练来提高速度。

二、力量素质

(一)力量的含义及种类

力量是指肌肉工作时克服阻力的能力。从生理学角度讲,它是运动员肌肉收缩程度的反映。

人体所有的活动都是对抗阻力产生的,体育运动较之日常活动要对抗更强的阻力,因此,力量是决定运动水平的重要因素。气排球运动所需要的弹跳力、速度、爆发力以及耐力都是以力量为基础的,气排球运动员应特别重视力量训练,高水平的力量能力对于提高技术水平具有极重要的意义。

气排球运动员需发展的力量包括一般力量、爆发力和力量耐力三种。

(1)一般力量是爆发力和力量耐力的基础,发展一股力量宜采用大负荷、少次数、多组次的练习方法。

(2)爆发力又称速度力量,它是在尽可能短的时间内发挥出尽可能大的力量的能力。发展爆发力通常有两种方法,一是用接近极限的负荷而重复较少次数的练习方法,二是小负荷但运动速度较快的练习方法。

(3)力量耐力是指在一段时间内反复承受某一负荷的能力。它对于在长时间的比赛中保持良好的体能、取得好的比赛成绩,对于坚持较长时间的训练都有重要的意义。通常采用负荷小而重复次数多的练习方法来发展力量耐力。

(二)力量的练习方法

1. 发展上肢肌肉群力量的方法

(1)快速做俯卧撑、指卧撑、俯卧撑击掌和对墙推撑。

(2)高台阶臂反撑、俯卧直臂撑、俯卧屈肘支撑向前后左右爬行。

(3)俯卧支撑变仰卧反臂支撑,连续进行。

(4)倒立行进(初做时要加保护)。

(5)俯卧支撑,屈体举臂,屈臂至胸部触地,两手撑地不动,然后在伸臂的同时屈肘前举。

(6)在单杠上做引体向上、爬绳、爬杆等。

2. 发展腰部肌肉群力量的方法

(1)仰卧元宝收腹。

（2）仰卧起坐：徒手、负重（沙袋、杠铃片、实心球等）。

（3）仰卧举腿无负重、负重（绑沙袋、双脚夹实心球等）。

（4）斜板仰卧起坐徒手、负重。

（5）单杠或肋木悬垂举腿。

（6）俯卧体后屈（另一人扶脚）。

（7）腰腹练习徒手、负重。

（8）杠铃提铃。

（9）肩负杠铃，两腿开立，体前屈（小负荷）。

（10）双手举重物（杠铃片、哑铃等）腰绕环。

3. 发展下肢肌肉群力量的方法

（1）杠铃负重蹲起半蹲、全蹲。

（2）杠铃负重量半蹲静力训练（极限负荷）。

（3）负重连续跳、负重蹲起、负重弓步走、负重兔跃、负重跨跳等。

（4）用橡皮条做各种连续跳跃的练习。

（5）连续高跳摸高。

（6）两人对抗练习甲仰卧屈膝在胸前举起小腿，乙用双手抵住甲的脚掌，加抗力让甲蹬腿或用俯卧屈膝举起小腿，乙拉甲脚踝，加抗力让甲收小腿。

（7）坐高台上，小腿负重，双腿屈伸。

（8）单、双腿半蹲或全蹲起，弓多走或两腿交换跳。

（9）跨跳、蛙跳，单或双腿向前后左右跳，单脚或双脚连续跳（蹬）高台阶。

（10）两人背靠背挽臂蹲跳起。

4. 速度力量练习

（1）羽毛球掷远。练习形式：两脚前后站立，手持哑铃做挥臂动作 10 次后，接着做羽毛球掷远练习。

要求：负重挥臂时发力要大，动作幅度要小；解除负重后的羽毛球掷远的动作速度要快，力争掷远。练习 3～5 组、每组练习 10～15 次即可。

（2）掷乒乓球。练习形式：距墙 3～5 m，手持乒乓球，直臂向靠近墙体的地面快速甩球。

要求：前臂发力带动手腕，力争球体反弹高度更高。练习 3～5 组，每组练习 8～15 次即可。

（3）垒球掷远。练习形式：原地掷球或助跑掷球均可。原地掷垒球时，要求胸部发力带动上肢挥动，助跑掷垒球时要求收腹发力带动上肢挥动。整个动作速度要快,力争掷远。练习1～5组,每组练习8～15次即可。

(三)发展力量素质应注意问题

1.因人而异

教练要根据队员的年龄、场上位置、个体特征等因材施教,循序渐进。在少年期,应主要以克服自身阻力的形式,逐步提高承受负荷的能力,多采用动力性练习,以发展一般力量训练为主。在第一次性发育阶段,应尽量避免对脊柱进行有负荷的练习,用提高动作速度和改善肌肉协调功能来提高速度力量。在16～18岁阶段,可逐步进行承受最大力量的负荷训练。力量训练应在队员精力充沛时进行,身体疲劳时进行力量训练容易受伤,负荷大或达到极限强度时,一定要加强保护,避免伤害事故的发生。

2.突出速度

不要片面追求负荷量和难度,关键是在动作正确的情况下选择适宜的负荷强度,重点突出速度。

3.循序渐进、逐渐递增训练负荷

根据力量增长快消退也快和增长慢消退也慢的规律,在队员对某一负荷适应后,应增加负荷刺激、使其始终处于不适应状态,不断打破旧的循环,建立新的循环。大负荷训练能使肌肉最大限度地收缩、从而刺激肌肉产生相应的肌力,使肌力不断地提高。实践证明,每周安排一两次力量训练可保持已获得的力量,只有坚持全年训练,才能使力量得以逐步增长。

4.全面平衡发展

上下肢、前后肌群要平衡发展、离心收缩与向心收缩要成比例,主动肌、协同肌与对抗肌的放松练习也要纳入力量训练计划中。在一节力量训练课中,其安排应循序从大肌群的训练至小肌群的训练。在常年或多年的训练过程中,应坚持小肌群训练不间断。

5.集中刺激与分散刺激相结合

每次力量训练不应集中在某一部位进行、集中刺激容易给机体留下较深的痕迹。但集中刺激过于频繁,容易使局部肌肉产生疲劳至损伤。只有将集中刺激和分散刺激安排结合起来,才能使身体各部位的力量协调发展,相互促进。

6.训练手段和方法力求多样

任何长时间单一的练习方法都会使队员感到枯燥甚至厌倦,单一练习手段对队员机体的影响不可能是全面的。为了提高队员练习的兴趣,全面增强队员的身体机能,应根据力量训练的任务、结合队员的身心特点,力求使训练手段和方法新颖、多样化。

三、耐力素质

(一)耐力的含义及重要性

耐力是指人体不降低作效率而长时间进行运动的能力,也是机体抵抗工作时产生疲劳的能力。

气排球运动是以有氧耐力为基础,以无氧耐力为主导的一种竞技体育项目。气排球运动员耐力水平的高低,对运动成绩具有很大的影响。耐力的好坏可以直接影响运动员技术水平的充分发挥及比赛的结果。因此,气排球运动的耐力训练是很重要的。

(二)耐力素质的训练方法

1. 速度耐力训练方法

(1)越野跑(在田野、沙滩进行最好)。

(2)规定距离跑,如 800 m、1 500 m 跑等。

(3)规定时间跑,如 12 min、8 min、5 min 跑等。

2. 移动耐力训练方法

(1)在气排球场上看教师手势变方向移动。

(2)在气排球场上根据不同位置的特点做移动,定时换一个位置。

(3)成半蹲姿势,在气排球场上由一个端线角沿线移动到对方端线角。见到两线交接处时须改变方向。

(4)两人手拉手做半蹲左右移动。

3. 弹跳耐力训练

(1)在硬地或软地上做单脚跳上跳下高台。

(2)自己连续扣球抛球 8～10 次。

(3)在篮板下连续左右移动跳起摸两边板沿,可规定 20 次或 30 次。

(4)三个人轮流扣抛球 90～120 次。

(5)跳绳规定次数或时间。

(6)在沙坑中做全蹲或半蹲连续跳。

(7)用本人 80％的弹跳高度连续摸高 30 次,跳若干组(组间休息 3 min)。

(8)连续跳过 10 个低栏架,重复跳 5～8 组。

(三)耐力训练应注意的问题

(1)紧密联系气排球专项运动的实际,各种技术、战术和身体训练只要安排得当都可以提高耐力,特别是在技术、战术训练中,在时间、密度、强度的安排上应有意识地结合气排球耐力训练的要求。在形式上接近实战,在数量上超过实战。采用极限训练法、间歇训练法和循环训练法都能有效地促进耐力的提高。

(2)耐力训练对队员的意志品质要求较高。坚强的意志能充分发挥队员的内部动因,提高抗疲劳能力,促进耐力训练水平。因此,在耐力训练中,要注重队员意志品质的培养。

(3)耐力素质属于基础素质,应在全年训练计划中做好统筹安排。通常在冬训或年训之初多安排一般耐力的训练,作为全面训练的基础在夏季和赛前可减少一般耐力的训练,增加专项耐力的训练;在比赛期间要酌情安排专项耐力训练,但不宜过多。

(4)耐力训练要持之以恒。耐力素质消退较快,要经常进行耐力训练。每周至少应坚持一次有一定强度的耐力训练,才能使耐力素质得到保持。

(5)耐力训练应注意年龄特点。队员在身体发育成熟前,应着重发展其有氧耐力,而不宜进行大量无氧耐力的训练。对这一阶段的少年儿童,可根据情况适当穿插一些无氧耐力训练,但其强度不能太大,重复次数、组数要少,组间休息要充分,并以掌握较为熟练的技术动作练习为主,以免破坏技术动作结构,影响协调能力的发展。随着身体发育的不断成熟,应逐步加大无氧耐力所占的比例,为专项竞技能力的提高奠定基础。

四、弹跳素质

(一)弹跳力的含义及重要性

弹跳力即指运动员的跳跃能力,是运动员速度、力量、协调能力的综合表现。

从力学的观点看,决定弹跳力的因素是速度和力量。发展速度素质或力量素质都能有效地提高运动员的弹跳力。

弹跳力是气排球运动员最重要的身体素质。提高气排球运动员的弹跳力对于提高其技战术水平起着决定性的作用。气排球比赛,网上争夺激烈,对抗的空间范围大,参与进攻的人员多。同时,由于防守、保护、二传和调整能力的提高,连续扣球、拦网的次数增多,以及快攻战术的发展和变化,对于气排球运动员的弹跳力提出了越来越高的要求。所以弹跳力是气排球运动员必须具备的特殊的身体素质,它不仅要求跳得高,而且要求跳得快,同时必须具备良好的弹跳耐力。

(二)弹跳力训练方法

(1)吸腿跳。

(2)连续跳台跳深练习。

(3)原地直膝向上连续跳。

(4)单足交替向前做跨跳步练习。

(5)原地跳起收腹。

(6)立定跳远或多级跳远。

(7)连续蛙跳。

(8)在由低到高的橡皮筋上连续向上跳。

(9)地上画线的各种交叉、转体跳。

(10)双脚连续跳过栏架。

(11)各种跳绳。

(12)助跑起跳摸篮圈或篮板。

(三)发展弹跳力的注意问题

(1)与专项技术相结合提高弹跳力。在弹跳力训练中所选用的练习,应与气排球动作结构和用力性质相一致,这样所发展的力量不需转换,可直接运用于专项技术。因气排球运动中各种击球活动的时机、方法变化较大,要适应这些变化,就必须加强专项弹跳技术的训练。

(2)进行与弹跳力相关的主要肌群的速度性力量训练,即大腿前群肌肉和小腿后群肌肉组成的伸膝肌群、屈足肌群和腰背肌群的爆发力训练。同时还要注意踝关节、脚掌等小肌肉群及韧带的爆发力训练。要使身体各部分的爆发力真正为跳得高、跑得快、滞空时间长服务。在弹跳力训练中,加强对协调性的训练也是必不可少的内容。注意安排一定数量的超等长训练。提高弹跳力的方法较多,其中超等长训练是使弹跳力提高较快的一种方法,如多级蛙跳、跳越栏架、跳台阶等。但运用超等长练习方法时要慎重,要在队员有定的力量基础时使用,并与其他方法结合使用,以免因训练过度造成伤害。

(3)提高弹跳力应从发展肌肉力量开始,在具有一定水平后,应同时发展肌肉力量和收缩速度。弹跳力水平主要通过爆发力表现出来,采用大负荷强度训练是提高爆发力的有效方法,但要根据具体情况因人、因时而异。初学者的弹跳力训练宜采用数量上的刺激,对有一定训练水平的队员宜采用强度刺激。当队员精力不集中或疲劳时,不能勉强其进行训练。要充分做好准备活动,防止受伤。

(4)弹跳力水平较多地依赖于力量素质,而力量素质易消退。因此,弹跳力的训练需进行多年规划或全年规划、常抓不懈。在全年规划中,要安排好每一阶段的训练重点,一般情况下,冬训期间弹跳力训练所占比重应大些,而且多采用力量素质练习的训练方法,比赛期间可减少弹跳训练,但结合气排球技术的弹跳训练所占比重应增大。即便在过渡期也要保持一定的力量训练、以维持或提高队员的弹跳力水平。

五、灵敏素质

(一)灵敏能力的含义及重要性

灵敏能力是迅速及时地改变身体或身体某部分运动速度和运动方向的能力。灵敏能力是运动员按照自己的意志控制机体协调、准确地完成各种复杂技巧的协调能力的体现。因而协调能力是灵敏能力的核心,灵敏能力与协调能力密不可分。

灵敏能力是由力量、速度、爆发力和协调能力结合而成的。气排球比赛中快速变换方向,从一个动作迅速变换为另一个动作等技战术的运用,都需要有高度的灵敏能力及协调能力。灵敏能力的好坏也决定一个运动员的技术水平高低。

(二)灵敏素质的训练方法

1. 徒手练习

(1)分脚跳时双手头上击掌,并脚跳时双手侧平举。

(2)按教师口令,两臂做同顺序不同起跳节拍的动作。

(3)连续交换单脚跳跃,前踢腿时双手够脚尖,后踢腿时双臂上振,反复进行。

(4)两脚开立和并拢连续跳跃,双手从体侧平举至头上击掌,最后还原。

(5)两臂同时分别向前后绕环。

2. 结合球的练习

(1)转身跑将教师扔的球背传回来。

(2)左右脚单脚起跳扣球。

(3)连续接教师扣、吊和扔的球。

(4)向前冲,左转身鱼跃、滚翻救球,再向反方向做转身。

(5)看手势后退,教师的球出手时立即前冲将球背传给同伴,然后面向同伴重复做。完成规定次数后换人。

(6)将球用力向地面击打,待其反弹后钻过。反弹一次钻一次,力争钻的次数多。

(7)左手扣球和发球。

(8)持球躺在地板上,自己向上抛球后立即起立将球接住。

3. 结合场地的练习

(1)甲跪撑于地,乙在甲体侧做好准备,看到信号后绕甲跑一圈,双脚跳过甲的身体后,立即做跪撑,甲再重复乙的动作。如此各做 5 次。

(2)跳、钻、绕练习二人一组,全队分为若干组,站在边线上,信号发出,甲做羊,乙跳过并立即做羊,甲从乙身下钻出,甲乙二人拉手跑至另一边线,二人交换角色,做完后拉手跑回,看哪个小组快。

4. 垫上练习

(1)直腿前滚翻接后滚翻推起成倒立。

(2)前滚翻接跪跳起接绕腿坐。

(3)鱼跃前滚翻,跃过 1 人、2 人或 4～5 人。

(4)前滚翻接后滚翻。

5. 游戏性练习

(1)贴膏药游戏。

(2)拉网捕鱼游戏。

(3)躲避球游戏。

(4)地滚球比赛。

6. 变异性组合练习

(1)模仿他人动作。练习形式两人一组,前后站立,间距 3 m 左右。前者在快跑过程中可做各种各样的变向、急停、转体、跳跃动作。后者应及时相应地模仿前者在运动中所做的动作及其变化。

要求前者的动作特征明显、准确,后者的动作及时、逼真。每一组的练习时间为 20 s 左右,可练 5～8 组。

(2)障碍疾跑追逐。练习形式运动员利用障碍物进行一对一的追逐游戏,追上对方并拍到对方身体任何部位后立即交换角色。

要求练习时要充分利用障碍物做各种躲闪、转体等动作。每组练习 20 s,可练 3～5 组。

(3)垫上变异动作。练习形式若干运动员在垫子上成圆形站立,教练员手持一竿,随时变换方向、速度、高度横扫队员腿部。运动员应根据横竿的各种变化,相应及时地以各种跳跃、鱼跃方式躲过横竿。

要求根据横竿的变化及时做出相应的反应动作。练习时间、组数可视队员兴趣、情绪而定。

(4)各种球类练习。

(三)发展灵敏素质的注意问题

(1)灵敏性素质训练应以视觉信号为主。在气排球运动中,运动员的灵敏性反应多来自对已观察到的情况的判断,根据观察与判断及时地做出动作反应。

所以要积极训练运动员的观察能力,提高他们神经系统的反应能力。

(2)根据年龄特点,安排好灵敏性训练。13～14岁以前,通过训练来发展灵敏性素质可以取得较大的效果。15～16岁是快速成长期,灵敏性增长较慢。到18岁以后,灵敏性又以稳定的速度增长。训练中要根据运动员的生理特点和实际情况,抓住灵敏性发展的规律和时机,科学地安排训练,只有这样才能得到良好的效果。

(3)灵敏性素质训练的内容和动作设计应考虑到气排球技术动作的需要。如滚翻、前扑、鱼跃、起立、起跳、空中动作、击球和转体等,应紧密结合技术的实际,使灵敏性素质的提高能更直接地应用到实际比赛中。

(4)灵敏性素质训练注重对腰、腹、背的训练,它们是连接上下肢的纽带,各种全身活动都离不开它们的配合,对于身体的灵活性起着重要的作用。

(5)灵敏性素质是由多种素质结合而成的,不是通过单独训练就可以完全获得的,因此在训练灵敏性时应注意与其他素质训练相结合,以取得更好的效果。

(6)气排球运动中的灵敏性是由判断能力、反应速度、移动速度、爆发力和协调性几种素质与气排球技术结合而成。灵敏性训练要求队员注意力集中,动作准确快速,因此应把灵敏性素质训练放在课堂的前半部分进行。

六、柔韧素质

(一)柔韧性的含义及其重要性

柔韧性是指人体的各个关节的活动幅度,肌肉、肌腱和韧带的弹性和伸展能力。柔韧性是由一定的关节或关节联合的活动范围来体现的。因此,连结关节的韧带、肌腱、肌肉及至皮肤的伸展长度和弹性对柔韧性影响极大。

气排球比赛中,要求运动员身体各部分肌肉韧带和关节有良好的柔韧性,特别是肩、腰、髋的柔韧性要好。肩、腰的柔韧性好,可以增大扣球的动作幅度,提高挥臂的速度,加大击球点的控制范围。髋关节的柔韧性好便于弯腰跨步低姿防守、倒地和起立。

柔韧性好的运动员,动作幅度大,效果好,姿势优美、舒展。柔韧性差的运动员动作紧张、僵硬,效果也大受影响。柔韧性较差,会影响其他素质的发展,容易产生技术错误和运动损伤。因此,柔韧性对于气排球运动员也是非常重要的素质之一。

(二)柔韧素质的训练方法

1. 发展手指手腕柔韧性

(1)两臂胸前平屈,双手指尖向上,十指尖反复相压。

(2)压腕练习。

(3)持木棒做腕绕环。

2. 发展肩关节柔韧性

(1)双手握单杠悬挂,脚上悬挂重物或由他人施力向下拉,持续数秒钟。

(2)背对肋木坐下,两手从头上握住肋木,两脚不动,腰向前挺起,持续数秒钟。

(3)背对肋木(或树、或气排球网柱)站立,双手从后上方握住肋木,身体向前挺成弓形。

3. 发展踝关节柔韧性

(1)跪坐压踝。

(2)负重提踵:负中等重量,踝关节做屈伸动作。

(3)脚放在高约 10 cm 的木板上,足跟着地,做负重全蹲练习。

4. 发展髋关节柔韧性

(1)纵劈腿,横劈腿。

(2)屈腿坐下,两脚掌心相对,双手将膝关节向下弹压。

(3)面对肋木,一腿站立,另广腿搁在高于腰的肋木上,正侧位压腿。

(三)发展柔韧素质应注意的问题

(1)应注意提高队员的协调能力。柔韧性素质在某种程度上取决于运动机体的协调能力。队员在做动作时,各部位动作是否协调一致,使各部位动作按技术要求达到舒展程度,以及在完成动作中的主动肌收缩、对抗肌充分放松等,都与协调能力有关。此外,在柔韧性训练中对协调能力进行培养可以提高肌肉的舒展性,降低肌肉黏度,改善肌肉张力,把肌肉练得柔而不软,韧而不僵。

(2)气温对柔韧性有一定的影响。天气暖和,全身发热时柔韧性较好。天气寒冷,身体发冷时柔韧性差。为取得好的训练效果,进行柔韧性素质训练时,要注意外界温度的高低,当气温较低时,准备活动要充分,以身体轻微出汗为宜。

(3)柔韧性素质训练要经常进行。关节面角度大、软骨厚,韧带较松弛,使肌肉和韧带的伸展性不断得到发展。少年儿童肌肉的伸展性较好,且女生优于男生。在青少年取期抓柔韧性素质训练的效果好,经过训练提高快,但停止训练后消退也快,所以柔韧性训练要坚持不懈并持之以恒。

(4)柔韧性素质训练要适应专项的要求。排球运动所表现的柔韧性,不仅仅反映在某个动作中的某一关节或身体某一部位上,它往往牵扯两个或两个以上的关节和身体部位。因此在训练时要对包括主要柔韧性活动区在内的各相关关节、部位进行训练。同时,还要根据队员关节结构和体态的差异,结合专项技术适当加大其活动范围。但不能过度训练和提出过高的要求,避免因与技术要求不相符或过度训练引起伤害事故。

(5)柔韧性素质不仅与性别、年龄有关,而且与中枢神经系统的兴奋性有关。经过一定时间的准备活动以后,队员情绪高昂,体温升高,肌肉内部的黏滞性降低,膝关节软骨增厚,所表现出来的柔韧性也较好。因此,柔韧性素质训练应安排在课堂的前半部分,当队员精力充沛、情绪高涨时进行效果最好。

第三节　气排球运动员体能训练计划

体能训练贯穿整个训练过程,但一般会在年度训练计划的第一个阶段安排体能训练。这个阶段主要目的在于建立身体体能、技术与心理的基础,为下一个阶段的专项期做准备。因此体能期的训练量相当高,并且会着重在基础体能与基本技术,让运动员有较好的生理条件去面对后续的进阶技术训练及比赛。

一、气排球体能训练计划的特点

(一)连续性和阶段性

科学训练的基本原理就是训练的不间断性和周期性,而且是长期地进行。其目的在于确保运动训练的最佳竞技状态。

(二)多变性和可控性

运动训练过程是由多种因素构成的,它受训练体制、组织领导、竞赛制度、奖励办法、生活保证、场地器材、气候环境、社会、家庭和心理等各种因素的影响,加上各个阶段、周和课训练计划的变更,故易造成预先设计的计划与运动员状况不相吻合,这就需要对原定计划进行调整和修正。

(三)独特性和群众性

气排球与排球都属于同场隔网对抗项目,因此气排球体能训练与排球体能训练有许多共同之处,但气排球运动属于群众运动,参赛选手来源于普通群众,而非职业运动员;另外气排球比赛的赛程安排通常也较为紧密,有时可能会出现一天多赛的情况,因此气排球体能训练不能照搬排球,而需要重新制定。

二、气排球周期化体能训练

(一)周期化体能训练的定义

气排球周期化体能训练是以参加重要比赛获得满意成绩为目标,以运动员竞技状态发展过程的阶段性特征为依据,而确定和划分的周期性的训练过程。

通过多个不同周期的周期化体能训练力图解决训练负荷的设计问题,帮助球队在一个赛季的不同阶段尽可能达到最高水平的运动表现。一个较长的赛季也可以划分为较小的时间单元,如阶段、周期和板块等;当安排短期训练计划时,可以在两次比赛的间隔时间内进行体能周期化设计。

(二)周期化体能训练的必要性

周期化体能训练不仅有助于运动员在比赛中发挥自己的状态,也会使整个团队受益。周期化可以帮助教练在最佳的时间利用球员相对充沛的体能完成不同类型的训练方法和战术要求。也就是说,教练一旦正确地设计了训练的各项参数(包括详细地设计复杂训练内容、持续时间和训练强度),周期化将帮助他们解决训练中的难题,帮助教练更好地掌握球员的体能状态,从而让球员在比赛中保持稳定的状态,并避免因为体能和疲劳出现伤病和意外减员。

体能训练都需要一个周期化训练安排。周期化训练模板就像一个学期的"教学大纲",利用不同身体素质的发展特征,安排不同阶段的训练,达到体能素质发展的最大化,并在比赛时处于超量恢复阶段。

(二)周期化体能训练的原则

至于整年度的周期训练计划,我们则可以依循以下 4 大原则来制定:

(1)首先确认出赛季场次,将一年要参加的比赛区分出数个训练阶段,使训练较容易操作与管理,控制体能巅峰能在一年最重要的比赛中出现。

(2)针对各个阶段,再次运用周期化训练概念,让速度、肌力、爆发力、敏捷性及耐力等不同的体能要素,有效率地成长,以利比赛时发挥最强实力。

(3)分配每阶段的训练时间,从季到月到周,有效地掌握训练量。能确保耐力训练同时能够增强训练强度而不至于使运动员的身体过度疲劳。

(4)设定成绩或挑战目标,来提升训练的动力,以及检验训练成果。

三、气排球体能训练需要注意的问题

(1)安排训练计划,对于训练的周期目标是什么要清楚,可以通过强度、量、时间、方法等等来控制,将流程安排好,运动员从第一分钟到最后一分钟,做什么都要精细的安排,要使每一个运动员都能够达到体能训练的要求。

(2)设计训练的手段最好能够结合项目的特点,设计的动作和气排球比赛的技术动作越接近越好。

(3)对项目的肢体技术动作要清楚。

四、气排球体能训练计划的制定

(一)练习方法的选择

练习方法的选择完全是根据专项训练的动作,而不是依据肌肉群的运动形式。设计与确定体育项目练习的运动形式、选择的练习方法,最有效的就是模仿专项的运动方式。体能训练的动作方式最好是运动项目中的典型动作,练习动作的设计也要尽量接近比赛的动作。

所以,体能训练是为了使运动员动作技能完成地最佳,而不是肌肉运动为最佳。体能教练员要细心观察运动员的姿势,体能训练最佳的动作练习方式就是比赛中本身的动作,体能训练是为提高专项技能服务的,而不是为了提高肌肉的运动质量。

在体能训练中,往往两套练习虽然是练同一肌肉,但动作的差异却很大,往往由于动作运动的支点不同,动作肌肉的用力形式就不相同。因此,动作练习模拟比赛动作的程度越高,体能训练的效果就会越好。当然,要模拟的技术动作要与运动项目的技术动作相接近,但有时开始也可以远离专项的技术动作,逐渐接近比赛技术。在非赛季连续训练中对练习方法的选择顺序是:基础→专项、简单→复杂。

练习方式的设计与选择主要遵循以下两个标准。

(1)增加某部分肌肉的力量。

(2)防止损伤的发生。如果以上两个标准中的任意一个达不到,就要考虑剔除这个方法。

(二)体能练习的顺序

(1)爆发力训练。热身以后,以抗阻力量练习开始,通过抗阻需要速度,在高速中来完成,在练习中,速度和动作需要协调。

(2)肌肉力量练习。抗阻练习应遵循将参与肌肉群多的练习放在课的前面做。如半蹲→卧推、大肌肉群→小肌肉群等。

(3)腹部、腰部、背部训练。躯干练习放在训练课的中段进行,安排在举重和下肢身体练习之后和在上肢或小肌肉群练习之前。训练课的开始最好不要做这些练习,因为躯干的力量和稳定性比做举重和下肢练习时要差。大多数运动员喜欢在训练课结束前做躯干练习,此时由于运动员的能量供应水平较低,练习的热情也不高,不是最好的选择。小肌肉群的练习所需的能量少和技能要求低,可考虑安排在训练课结束时进行。

（4）耐力训练。

(三)间歇时间的控制

除了练习项目的设计,对于时间的控制是非常重要的,间歇时间的长短对运动员的状况影响非常的大。

例如,如果训练的目的是增大肌肉体积或提高肌肉耐力,间歇时间应该缩短到 60~90 s。

力量的组间间歇时间可增加到 2~3 min 或者更长。

当发展和提高纯爆发力时组间间歇时间可增加到 5 min。

同样的练习方式由于组间间歇时间的不同可组合为各种各样练习。例如,举重练习发展爆发力时间歇为 3 min,而发展耐力的练习间歇时间可调整为 60 s。

1. 举重练习

1 min 30 s 最小的间歇时间,主要是在增大肌肉或耐力使用。

2 min~2 min 30 s 在发展一般力量时使用。

3 min 或者更长在爆发力或最大力量时使用。

2. 多种综合性练习

1 min 间歇时间在增大肌肉或发展耐力时使用。

1 min 30 s~2 min 30 s 在一般的力量中使用。

3 min 或者更长在爆发力或最大力量中使用。

体能教练对于练习的计划要准确,每一项都要精细,可操作的因素有:练习的组数、练习的次数、间歇的时间。

(四)组数与重复次数

为确定各种训练的效果,适当调整组数与重复次数是一个非常重要的环节;多数的研究表明,增加练习组数比在单组练习中单独增加力量和爆发力练习次数更有效;非常典型的安排是练习组数在非赛季阶段(大多数练习是做 4~5 组的话)比练习比赛季间要多(大多数练习是 2~3 组)。具体的组数要根据队员的身体情况和训练的目的来定。

不同训练目的对次数的要求,各类练习的重复次数:增加肌肉耐力 12~18次;增大肌肉体积 8~12 次;增加肌肉力量 3~7 次;增加爆发力 1~6 次。

(五)一个周期(4 周)的力量训练安排

1. 爆发力训练

连续不断地调整力量训练的强度可以增加肌肉的力量(见表 4-3-1、表 4-3-2)。有效抗阻训练计划的设计,表 4-3-1 比表 4-3-2 更好,更能达到训练的要求。

表 4-3-1

	第一周	第二周	第三周	第四周
组数和次数	3×5	3×3	3×5	3×3
重量	45 kg	55 kg	50 kg	60 kg

表 4-3-2

	第一周	第二周	第三周	第四周
组数和次数	3×5	3×5	3×5	3×5
重量	47 kg	50 kg	55 kg	57 kg

增大耐力和肌肉→增大运动量;发展肌肉和爆发力→增大强度。

2. 增大肌肉体积的训练(见表 4-3-3)

表 4-3-3

	第一周	第二周	第三周	第四周
组数	4×10	4×8	4×10	4×8
次数	10-10-10-10	8-8-8-8	10-10-10-10	8-8-8-8
重量	90 kg	100 kg	100 kg	105～110 kg

训练前要向运动员表明增加强度的意义,训练时要达到指标的要求。

有效抗阻训练计划的设计要求运动员必须完成第一单元的负荷,才能进入第二单元的训练,如果完成不了某个单元的数量,就再延续一个单元的训练,直到完成本单元的负荷,才能进行下一个单元的训练。

3. 肌肉力量的训练(见表 4 - 3 - 4)

表　4 - 3 - 4

	第一周	第二周	第三周	第四周
组数	4×4	4×3	4×4	4×3
次数	4 - 3 - 3 - 2	2 - 2 - 1 - 1	4 - 3 - 3 - 2	2 - 2 - 1 - 1
重量	240 kg	240 kg	240 kg	240 kg

虽然以上动作的速度较慢,但是能够提高运动员的最大力量。

通过不同的有效抗阻训练计划的设计,达到不同的训练目的。

气排球与全球胜任力的交叉融合思考四

Reflection Ⅳ on the Cross Integration of Air Volleyball and Global Competence

在气排球运动员专项素质与体能训练这一章中的实践部分内容可以渗透培养学生的全球胜任力素养。气排球运动是实践性较强的运动项目之一,气排球实践力是对学生行动能力和品质的要求,未来的学生除了需要在知识与思想上武装自己,还需要具备一定的行动力,增强自己参与国际合作与竞争的能力,此外,在开展气排球实践的过程中,熟练的信息技术应用能力以及良好的团队合作意识也是关注的重点,而这些也都是全球胜任力的组成要素。通过气排球专项素质以及体能的训练,满足气排球专项动作对学生提出的技能实践要求,如接发球能力等,及以专项素质和体能为基础,进而渗透全球胜任力创造性思维、批判性思维、沟通能力、合作能力等核心素养的提升,由此可见,气排球实践力与全球胜任力对未来社会人才的培养有着共同的目标要求。

In this chapter, a lot of contents regarding special literacy and fitness training of air volleyball players can be permeated to cultivate students' global competence. Air volleyball is one of the sports with strong practicality. The practicality of air volleyball requires the students to have operational capability and skills. In addition to knowledge and ideology, the future students also need to take actions to strengthen themselves to be able to participate in international cooperation and competition. Moreover, in the process of air volleyball development and practice, skillful information technology application ability and good sense of team cooperation are also very important as these are also significant elements of global competence. Through air volleyball practice and fitness training，it will enable students to satisfy the requirements of air volleyball movement skills. For instance，the receiving skills，based on the special literacy and fitness abilities，can be penetrated to the training of global competency in terms of creative thinking，critical thinking，communication and cooperation skills. Therefore，air volleyball practice and global competency have the same requirements for the future talent development.

思考题四

1. 体能训练中应注意的问题有哪些？
2. 简述气排球体能训练计划的特点。
3. 气排球体能训练包括哪些内容？

第五章 气排球运动科研方法

【本章内容概要】

教学、训练及健身等都离不开调研、查阅资料学习、实验比较和观察等科研活动,气排球作为大众健身项目有着重要的社会价值,随着《"健康中国 2030"规划纲要》的实施及全运会群众项目的开展,使得越来越多的体育科研工作者参与到了气排球科研工作中。本章从科研范围、选题、方法及论文撰写等方面进行了详细介绍和解读,旨在帮助研究者正确地进行学习讨论和科学研究。

第一节 科研的内容与基本程序

气排球运动科学研究的内容非常广泛,有教学研究、技战术研究、强身健体研究,又有社会学研究。依据体育科学、大众健身和社会体育的研究价值,气排球科研范围广泛,内容丰富。

一、科学研究的内容

(一)气排球运动发展历程与趋势的研究

主要是通过追溯气排球运动的发展进程,揭示研究对象的特征、发展规律及成因,阐述其今后发展的走势,如"论气排球推动大众健身研究""气排球战术的发展趋势探究""气排球运动的社会价值研究"等。

(二)气排球技战术的研究

气排球技术丰富,特点鲜明,不受太多约束,简单易学,加上球网低、场地小、球质软等特点,容易掌握和运用。

它主要是通过对优秀球队在比赛中战术运用的实践效果统计分析,揭示其运用的特点、适用范围以及设计新的战术形式及其打法,如"气排球进攻战术有效性研究""调整球进攻"与"多点攻运用与研究"等。

(三)气排球教学训练理论与方法

它主要是通过对气排球运动教学与训练的状态和规律的探索,对气排球教学训练过程、教学训练原则、教学训练方法、竞赛组织及比赛等进行研究,如"气排球场上核心队员培养和训练方法的研究""气排球技术特点与特色战术形成机制的研究""气排球技术生物力学分析的方法学研究""气排球技、战术创新的研究""基于全球胜任力视野下的气排球教学与推广研究"等。

(四)气排球运动竞赛组织和规则裁判法的研究

通过气排球运动竞赛与裁判的理论与实践,对气排球竞赛规则发展和完善、规则的修改对气排球技、战术的影响,竞赛制度与编排以及裁判法进行的研究,如"气排球规则的演变规律研究""气排球裁判员执裁技巧研究"等。

二、科学研究的基本程序与方法

(1)选择与准备。通过理论学习和实践体验提出尚未解决的科学问题;选择并论证课题;将课题具体化;对所研究的问题提出假设;确定研究工作的组织形式;研究设计,即进行观察指标、实验操作技术、数据处理方法(数理统计方法)等内容的设计;制订研究工作计划。在这一环节中,选题和研究设计是核心。在此过程中,主要运用文献资料法和经验思维、创造性思维等思维方式以及数学等方法。

(2)资料与事实的搜集。获取与研究课题有关的文献情报资料,为论证课题研究的论点提供理论与事实根据;运用文献资料法、观察与统计法、调查法和实验法等科学方法获取所需材料或科学事实。

(3)资料与事实的整理和分析。对各种搜集到的资料与事实进行整理分类;删除异常数据;将定量材料绘制成图表,运用数学方法对材料进行分析,通过数学抽象建立科学概念,或运用数理统计方法分析材料,得出统计结论;运用逻辑的方法及逻辑论证的方法,结合专业理论,对研究中的现象和变化规律做出解释和说明。

(4)理论概括形成书面文件。科学研究成果应该通过学术论文、研究报告等形式表现出来。这一环节主要使用逻辑论证的方法和理论思维方法。

(5)确立论点。论点是研究者对研究的问题所提出的新见解,是整篇论文架构的重心。这一环节主要使用归纳与演绎,分析与综合,抽象与具体,创造性思维方法以及假设等理论方法。

第二节 科研分析与选题

一、科研分析

气排球运动分析与研究,是一个有目的、有计划、有分析、有结果的一个完整过程。其研究分析方法主要有文献资料法、调查法、观察法和实验法等。

(一)文献资料法

文献资料法是指通过查阅文字、声像等文献,收建研究课题所需的有价值的资料,为选择、确定、论证和解决研究课题提供理论依据的一种研究方法。

1. 文献资料查找、阅读、累积和引用的方法

(1)查找文献资料。文献查找方法可分为追溯法和索引法两种:追溯法是通过学术书刊后面所附的参考文献,逐步追踪查找其他相关文献;索引法是利用检索工具直接查找文献。

(2)阅读文献资料。文献资料阅读多采用泛读和精读:泛读就是通过摘要、引言、小标题和结论等的浏览,先对文献有一个大致的了解;精读就是在泛读的基础上,熟悉其重点内容,掌握其主要论点、论据和结论等;在精读过程中,应对文献资料的核心内容进行摘录。

(3)累积文献资料。文献资料累积的方法有很多种,较常用的是摘要式笔记和报道性文献卡片其主要内容应包括:文献资料发表的出处、时间及作者姓名;研究主题;研究对象;实验程序与方法;论证论题的事实依据(数据、图表、公式等);研究结论尚未解决的问题等。

(4)引用文献资料。引用的文献资料必须是作者阅读过的,并与论文主题是密切相关的,其出处必须准确无误,而且是能够查到的。引用的文献资料必须是原文中的表述,其中包括标点符号。

2. 文献综述

文献综述是在全面搜集与课题有关资料的基础上,通过归纳整理、分析鉴别,对一定时期内某一学科或专题的研究成果进行系统的、全面的综合叙述和评论。

(1)文献综述的功能。文献综述是对大量原始文献中的大量数据、资料和主要观点进行了归纳、分析和整理而撰成的研究成果。所以,它能够全面地、完整地系统地反映国内外某一个学科、某一个专题,在某一个特定的历史时期的发展

状况和趋势,并确切地反映其最新的动态、最新的进展、最新的原理、最新的技术和最新的方法等。因此,通过文献综述,可以帮助研究者及时而又准确地捕获科学研究的前沿课题。

阐述选题依据,就是阐述该课题研究的价值。研究价值需要通过国内外相关研究的结果加以说明,也就是需要通过对相关研究结果的分析,阐明这个研究课题前人做了哪些工作,做到了什么程度,有何缺陷,即理论上的缺失、方法上的失误;你又怎么研究,即如何在理论层面上、技术路线上进行合理、正确的研究。只有这样才能说明你这个课题的研究价值之所在。

支持研究结果论证。通过撰写高质量的文献综述,可以使研究者获取大量可供利用的论证素材。这些论证素材可以帮助研究者在论文的结果与讨论部分的撰写时,作为论据加以使用,从而增强论文研究结果产生原因的说服力。

(2)文献综述的结构。文献综述一般由前言、主体部分、小结和参考文献四个部分组成。

(3)文献综述的撰写。文献综述撰写的材料的选用,首先是"确凿",即所选材料,一要真实,二要准确。其关键是对第一手材料要反复核实,做到可靠无误。其次是"切题",即所选材料有明确的目的和定向性,能够说明综述的主题。再则是"典型",即所选用材料的代表性,在同类材料中,选择权威人士撰写的原始文献中的观点、数据等。同时可以创新拓展。

前言的写法有两种:一是说明综述的目的意义和综述的范围;二是简要说明所要综述问题的现状和争论的背景。撰写的基本架构是说明研究课题起始及其历史沿革;说明课题研究的可持续性;说明课题研究功能;以导出综述课题的研究价值;说明综述的基本范围。用少量的文字,简明扼要地说明综述课题的发展历史、研究进展、研究的目的与意义。

小结就是言简意赅地概括经综述分析后提出的见解。

(二)调查法

调查法是根据课题研究的需要,通过问卷、通信、访谈、座谈会和实地考察等手段以获得事实材料的一种科学研究方法。

1. 调查方法

在气排球运动科学研究中最常用的调查方法有问卷法、特尔菲法(专家调查法)、访谈法、现场调查法和追踪调查法。

(1)问卷法。利用问卷这种控制式的测量对所研究的问题进行度量,从而搜集事实材料进行研究分析的方法。

1)问卷的构成。一份较完整的问卷大致包括两部分：一是简短的说明词，注明调查机构、研究目的和重要性；二是问卷正文，一般包括两类问题，即有关被调查对象的基本资料和有关态度方面的问题（包括意见、情感、动机等）。

2)问卷问题的类型。开放式问题，优点：可用于不知道问题答案有几种的情况，开放式问题可让回答者自由发挥，能收集到生动的资料，回答者之间的一些较细微的差异也可能反映出来，甚至得到意外的发现。当一个问题有 10 种以上的答案时，若使用封闭式问题，回答人可能记不住那么多答案，从而难以作出选择，再若问题和答案太长，容易使人感到厌倦，此时用开放式提问为好。缺点：开放式问题要求回答者有较高的知识水平和语言表达能力，能够正确理解题意，思考答案，并表达出来，因而适用范围有限。自填式问卷通常不用开放式问题。回答者回答此类问题，需花费较多的时间和精力，加之许多人不习惯或不乐意用文字表达自己的看法，导致回答率低。对开放式问题的统计处理常常比较困难，有时甚至无法归类编码和统计，调查结果中还往往混有一些与研究无关的信息；封闭式问题，优点：从调查实施的难易度看，封闭式问题容易回答，节省时间，文化程度较低的调查对象也能完成，回答者比较乐于接受这种方式，因而问卷的回收率较高。从测量的层次看，封闭式问题在测量级别、程度、频率等一些等级问题方面有独特优势，其答案标准化便于统计分析。对于一些敏感的问题，用等级资料的方式，划出若干等级，让回答者选择，往往比直接用开放式问题更能获得相对真实的回答。从资料的整理和分析方面看，封闭式问题列出答案种类，可以将不相干的回答减少到最小程度，收集到的资料略去了回答者间的某些差异，统一归为几类，便于分析和比较。缺点：某些问题的答案不易列全，回答者如果不同意问卷列出的任何答案，没有表明自己意见的可能，而调查者也无法发现。对于有些无主见或不知怎样回答的人，答案给他们提供了猜答和随便选答的机会，因此，资料有时不能反映真实情况。封闭式问题调查还容易发生笔误，这类错误无法区分。

封闭式问题和开放式问题的实际应用。问卷调查的结果简单堆积在一起是没有什么意义的，通常要通过统计分析，从中发现一些问题。鉴于开放式问题在适用范围和统计分析等方面的缺陷，目前的问卷调查多以采用封闭式问题为主，但在一些少数几个答案不能包括大多数情况的提问中，问卷设计者不能肯定问题的所有答案，或者要了解一些新情况时也可用开放式问题。许多采用封闭式问题的问卷，常常在预调查时先用部分开放式问题，以确定封闭式问题的答案种类。为了保证封闭式问题包括全部答案，可以在主要答案后加上"其他"之类的答案,以作补充,避免强迫被调查者选择不真实的答案。

3)问卷设计应注意的问题。遣词造句必须准确,使答卷人易于理解;问题的排列顺序通常是先易后难,先一般后特殊,并注意时间顺序;提出的问题要切合研究主且题问卷长短应适宜,一般以在 30 min 内答完为宜;在正式使用前,应在小范围内预试,并对问卷的效度和信度进行检定,以减少误差。

4)问卷的发放与回收。调查规模小,且样本较集中,可当面发放与回收;样本量大,且分散,可采用信函的方法发放与回收。

(2)特尔菲法。特尔菲法是指以信函的方式,征询有关专家对某个重大问题的意见,并根据意见进行直观预测的方法。

(3)访谈法。访谈法是指研究性"交谈",是以口头形式,根据被询问者的答复搜集客观的、不带偏见的事实材料,以准确地说明样本所要代表的总体的一种方式。

(4)现场调查法。现场调查法是指对现场当时正在发生的情况进行的调查。这种调查通常在较会短的时间内,对某一特定的"时点"的观察调查。

(5)追踪调查法。追踪调查法是指对一批调查对象作有间隔的、较长时间的观察。

2. 调查研究的步骤

调查研究的全过程一般分为准备、实施和总结三个环节。

(1)调查前的准备。明确调查目的、熟悉调查对象、学习有关知识、制订调查计划、拟订调查提纲、做好必要的物质准备。

(2)调查的实施。按照计划、提纲收集、记录材料和事实,并对所收集的材料和事实进行核实与初步整理。

(3)调查工作的总结。对调查材料与事实进行分析和归纳,并撰写调查报告或学术论文。

(三)观察法

观察法是研究者通过感觉器官或借助于科学仪器,有目的、有计划地感知处于自然状态下的研究对象,从而获取科学事实的研究方法。

1. 观察法的类型

观察法根据不同的分类标准,可以有多种类型,如纯感官观察和仪器观察定性观察和定量观察、随机观察和系统观察等。在气排球运动科学研究中,大多采用摄影和影片运动分析系统等仪器进行定量观察的方法,如对扣球技术的助跑、起跳、空中击球三个动作的人体重心、环节位移、速度、角度、击球高度、球速等运动学参数的测量与分析。

2. 观察的步骤

(1)制订观察计划。观察计划包括观察的目的和任务、观察对象的选择观察地点与时间、观察指标的选择、观察仪器设备的选择及具体要求等方面的内容。

(2)观察前的准备。同与观察工作有关的单位取得联系与配合(如需进内场观察时),了解和熟悉观察对象的一般情况,备齐观察所使用的仪器设备,掌握仪器设备的操作性能,并对仪器设备进行校准和调试。

(3)观察的实施。在观察实施过程中应注意的基本要求拍摄操作程序有具体的规定;观察时要循全面性原则和典型性原则,切忌主观察人员要保观片面;尽量按原观察计划实施观察;一次观察的内容不宣过持高度的注意力;多人合作进行观察时,职责与分工必须明确;要防止人体感官错觉和仪器误差;观察工作结束后,应及时整理已获得的事实材料。

(四)实验法

实验法是指研究者根据课题研究的目的任务,通过科学仪和设备,有目的地干预、控制或模拟所研究的事物,以便在最有利的条件下对其进行观察,从而获得科学事实的研究方法。

1. 实验法的类型

实验方法按照不同的分类标准,可以有许多不同的类型,如定量实验、定性实验、对照实验、模拟实验和析因实验等。在气排球运动科学研究中,常用的实验方法有以下三种:

(1)定量实验。其指用来深入了解事物和现象的性质,揭示各因素之间的数量关系,确定某些因素的数值的实验方法,如通过对气排球运动员克服重量负荷动作速度的定量控制,揭示重量负荷与克服这一重量负荷时身体整体或环节运动的平均速度之间存在着的一种特定的关系。

(2)定性实验。其指判定研究对象具有哪些性质,或鉴别某种因素是否存在、某些因素之间是否有联系以及某个因素是否起作用,或者探索研究对象具有何结构等的实验方法,如对气排球弹跳力系统中产生结构性内耗的主要原因及消减结构性内耗的手段与方法的优化研究。

(3)对照实验。其指对两个以上有个别变量不同的实验组获得的结果进行比较研究的实验方法,如为了研究气排球教学 72 学时优化目标教学,则将实验对象分成两个以上的相似组群,其中一个组采用优化目标教学,作为实验组。另一个组则采用传统的教法,作为比较的对照组。然后,通过一定的实验步骤,在比较中判定优化目标教学的应用效果。

2. 实验方案

实验方案是指对所要进行的实验过程预先做出的理论设计。其内容主要包括题目、目的、方法、实验时间、受试对象、施加因素、观察指标、实验步骤、科学事实记录、数据处理方法和设备仪器的使用等。

3. 实验设计

实验设计是指根据实验对象的特点，合理安排实验样本、程序和次数，以提高实验效率，缩小随机误差，获得最佳实验结果，并使之能有效地进行统计分析的理论与方法。在气排球运动科学研究中常用的实验设计方法有：

(1)实验样本抽取的随机化方法。最常用的方法是利用"随机数字表"或抽签的办法进行。

(2)实验样本数量的确定方法。最常用的方法是利用查表法或计算法估计样本的含量。

(3)实验样本随机分配的方法。最常用的方法有：①完全随机设计。在这种设计中，使用随机数表把条件相似的实验对象随机地分为若干个组，作多组对比。数据分析可用方差分析法，若只有两组作对比，则可以用检验法。②配对设计。先把条件相似的实验对象配成对，然后将同一对中的一个实验对象机地分配到实验组，将另一个实验对象直接分配到对照组。其数据分析完全随机设计。③正交设计。正交设计是利用一套规模化的表格，即正交表排多因素、若干种水平的设计。数据分析大多使用方差分析法。需要建立数学模型时，亦可用回归分析。

4. 实验步骤

使用实验方法收集科学事实，一般要经过制定实验方案、实验前的准备（仪器、设备等的准备及校正）、实施实验（按实验设计法及实验操作技术逐一完成实验内容）和整理分析实验数据并得出实验结果四个环节。

二、资料与事实的整理分析

(一)逻辑分析法

逻辑分析法是指研究者根据事实材料，按照逻辑规则进行判断、推理的一类思维方法。按照推理的特点，气排球运动科学研究中常用的逻辑方法有比较法、分类法、分析法、综合法、归纳法、演绎法和论证法等。

1. 比较法

确定研究对象之间的相同点或相异点，以揭示研究对象之间在本质上的差异和统一的逻辑方法,如通过对运动员正面扣球屈臂与抡臂挥臂动作的比较研究,揭示了两者在手掌击球瞬时速度、击球点高度、击球瞬时手臂与躯干夹角等诸项运动学的参数上具有相同点,而在性能上则具有屈臂扣球攻击力较大,抡臂扣球隐蔽性较强的不同点。

气排球运动科学研究中,从资料与事实收集到分析经常要用到比较法,因此它是一种应用较广泛的方法。但是在应用此法时应注意,必须在同一关系下进行,必须有统一标准,必须由现象比较过渡到本质比较,如应用理论性方法得出最终结论,则仍需用经验性方法加以验证。

2. 分类法

分类法是把具有共同特点的个体研究对象归纳为一类或把具有共同特征的类型集合成一类的逻辑方法。下一段提到此处在此基础上,可将大量庞杂的事实材料进行系统整理,能揭示研究对象之间的内在联系,做出科学预判以及能揭示研究对象的历史发展规律的作用。如:根据气排球战术分类,通过揭示调整球进攻、快攻两类进攻打法之间的联系,从气排球进攻战术进步的过程、环境和动力三个视角,揭示了气排球进攻战术发展的基本规律。分类法在气排球运动科学研究中经常使用。为了保证分类的排他性,一次分类必须遵循一个统一的标准。

3. 分析法

分析法就是把复杂的研究事物分解为各个部分(方面、因素、特征、关系等)逐一加以考察研究,从而认识研究事物的构成或本质的种思维方法,如对气排球纵跳运动规律的研究,有人以髋、膝、踝、肩等环节的角度变化划分纵跳的各运动阶段,然后分别加以研究,有人则以纵跳时环节角度与质心距离变化的系的曲线,将纵跳划分为储能阶段、被动缓冲阶段、蹬伸用力阶段和腾空阶段分别加以研究。

当分析动作时,为了保证分析的合理性和有效性,必须遵循分析要达到最本的成分、基本成分要相对孤立、寻找各部分间的本质联系、用综合法和视野及其他逻辑方法密切结合等原则。

4. 综合法

综合法是把研究事物的各个部分、各个方面结合和统一起来加以研究,从而在整体上把握研究事物的本质和规律的一种抽象思维方法,如用分析法将纵跳动作各阶段都分别加以研究后,把各阶段联系起来,考察它们之间的相互关系,以及各阶段动作与纵跳整体动作的内在联系,借以把握纵跳动作的本质及规律。

当运用综合法对资料与事实进行加工整理时,要坚持思维的综合过程,必须以现实原型为基础,按其固有的真实联系加以综合;在从部分上升到整体的综合过程中,要使各部分的特殊本质在被综合的整体中获得新质,并完整地提出研究事物的整体规律。

5. 归纳法

归纳法是指把大量的经验材料经过分析和整理,上升为理性认识,再从若干特殊的理性认识推演为一般的理性认识,即由经验阶段跨入理论阶段的逻辑方法。在气排球运动科学研究的资料与事实的加工整理中,常用的是科学归纳法,即根据一类研究事物部分对象与某种属性之间的因果关系,推出该类研究事物中所有对象都具有这种属性的推理方法。

当具体使用归纳法对资料与事实进行加工整理时,必须遵循以归纳原理为基础的更为严格的归纳条件。这些条件是:作为归纳基础的观察陈述和实验结果都是可靠的;形成归纳基础的观察陈述或实验次数应足够多;没有任何一个可靠的观察陈述或实验结果与归纳所得的一般原理相冲突。

6. 演绎法

演绎法是指从一般性的前提出发,通过推导得出具体陈述或个别结论的过程,即根据研究事物中所有对象都具有的属性,推导出该类研究事物部分对象与某种属性之间因果关系的推理方法。

7. 论证法

论证法是指根据某个或某些判断的真实性,来证明另一个判断的真实性的逻辑方法。

论证由论题、论据和论证方式组成。论题是要求证明的判断或命题,论据是为了论证论题的正确而引用的那些判断,论证方式是论题和论据之间的逻辑联系。论证法按其表达的方式可以分为直接论证和间接论证;按其推理形式可以分为归纳论证和演绎论证。

当运用论证法时,论题必须明确,论据必须真实与充足,论证要合乎逻辑规则,只有这样,才能得出正确的结论。

(二)数理统计方法

在科学研究中,为了要对研究对象有深刻的认识和了解,需要做出大量的数理统计,这就需要借助数理统计的方法。

数理统计方法是解决有效的收集、整理和分析带有随机性的研究数据,以对所研究的问题作出推断或预测的方法。常用的数理统计方法包括描述统计方法,推断统计方法和多元统计分析方法。

1. 描述统计方法

在气排球运动科学研究中,在研究者实施了实验,收集到大量的数据后,先应对数据进行初步整理,如统计分类和制作统计图表等,随后,就要对数据的特征进行描述,这就是描述统计。对数据的特征进行描述统计的方法主要有集中量数,如平均数、中位数等;差异量数,如标准差、变异系数等;相关量数,如等级相关系数、积差相关系数等。

2. 推断统计方法

研究者为了判断观察实验的样本资料对总体的性质,如判定实验组与对照组两个样本统计值出现的差异是否真正存在于两个总体之间,即统计决断该差异是由于抽样误差所致,还是实验施加因素所致。假设检验不仅是推断统计中最为重要的统计方法,也是气排球运动科学研究中应用得最广泛的统计方法。其主要的方法有:对两个独立无关的大样本平均数差数进行显著性检验的 Z 检验;对总体正态分布、总体方差未知或独立小样本的平均数进行显著性检验的 t 检验;对几个组用几个不同处理方法所得的实验数据,需同时比较两个以上的平均数之间是否有显著性差异的 F 检验(方差分析)。

3. 多元统计分析方法

多元统计分析方法是解决实验数据中多个指标或因素之间关系的一种数理统计方法。在气排球运动科学研究中应用过的多元统计分析方法有:对只有相互联系包的现象,根据其关系形式,选择一个合适的数学模型,用来近似地反映变量间平均变动关系的回归分析方法。

在气排球运动科学研究资料与事实的整理分析中,除了涉及上述的一些数理统计方法外,还涉及到一些数学方法,如预测方法、模糊数学方法,以及灰色关联分析方法、系统方法、信息方法、控制论方法等事物属性方法。

三、选题

选题是指在科学研究活动中选择气排球运动中尚未被认识和解决的或认识和解决得不完善的研究课题的途径及程序。

1. 选题的途径

选题的途径大致有以下几个方面:

(1)气排球运动领域中的空白处,两门或几门学科交叉的边缘区。

(2)解决气排球运动已有理论与事实之间的矛盾和冲突。

（3）对气排球运动的已有理论进行协调,消除理论内在的逻辑不合理性。

（4）在气排球运动中,对已取得研究成果的基础进行跟踪追击的研究。

（5）以失败的探索为借鉴,从反面提出新的研究课题。

（6）从气排球运动现实提出的新问题中选题。

2. 选题的程序

科学研究选题的一般程序由确定研究方向、查阅有关文献资料、课题论证和准确表述题目四个步骤组成。

第三节　论文撰写

论文撰写框架如下：

一、题名

题名是以最恰当、最简明的词语,反映论文中最重要的特定内容的逻辑组合,应体现研究对象、处理手段和实验效应三因素间的关系。题名一般不要超过20个字。

二、署名

在题名下方正中注明作者姓名,单位,所在地址以及邮政编码。

三、摘要

摘要是论文内容的简短陈述,一般包括：研究工作的缘由、范围、目的与意义；研究内容及过程；研究结论等内容。摘要一般不宜超过 200～300 字。摘要最后应有关键词。关键词是指从论文的题目、正文和摘要中抽选出来,能表达论文主题内容特征,具有实质意义和未经规范处理的自然语言词汇。关键词一般选取 3～8 个。

四、前言

前言是说明写此论文的理由,一般包括：研究的背景、目的；研究所涉及的问题；分析、研究范围；前人研究工作的简要历史回顾；研究遵循的基本理论及原则；研究方法；预期结果等内容。前言的字数一般为论文字数的 5% 左右。

五、研究对象与方法

研究对象是事物的现象或具体的人。研究对象部分一般应包括：研究对象的基本资料，如具体的人则有年龄、性别等；研究对象的来源、数量及抽样方法等内容。研究方法部分一般应包括：观察、实验的技术；观察、实验的过程；数据处理方法等内容。

六、研究结果与讨论

研究结果是观察实验过程中获取的现象或数据。观察、实验结果是全篇论文的基石，所有的推理由此导出，所有的讨论由此展开，所有的结论由此获得。鉴于其重要性，在研究结果叙述时应做到数据要准确和充足，并具有必要性和代表性；研究结果尽可能用统计图表加以直观展示；对研究结果的描述层次清楚，抓住本质。讨论是对研究结果从感性到理性的辑思维及推理的过程，也是通过科学抽象建立科学理论的过程，因此应准确应用各种理论的方法，客观、严谨、清晰、透彻地对所研究的结果作出解释和说明。

七、结论

结论是以研究结果与讨论为前提，经过严密的逻辑推理所作出的最后判断。结论一般包括：作者对研究结果进行分析与讨论后所形成的见解；从论文总体观点中引申出来的推论、预测；作者对今后进一步深化研究的具体意见或设想等内容。

八、参考文献

注明作者写作过程中参考的文献资料的作者、刊物名、刊物类别、杂志或出版社以及时间或刊期页码等。

气排球与全球胜任力的交叉融合
Reflection Ⅴ on the Cross Integration of Air Volleyball and Global Competence

在气排球运动科学研究方法这一章中的部分内容可以渗透培养学生的全球胜任力素养。在"科学研究的范围和方向"这部分教学内容中，在学习气排球运动时会遇到很多问题，往往涉及到多个领域，因而学生在分析、解决问题时，需要采用跨学科融合的方法，以拓展研究深度并实现其全球胜任力核心素养的提升。首先，单一学科难以认识到问题的本质，难以对问题产生实质性的理解。其次，运动训练学、运动生理学等专业的学科知识,为认识问题提供了科学的概念、分析方法与思维方法,这是分析问题的前提。再者,由于这些问题的复杂性与综合性,单一学科的认识相对狭隘与片面,需要从学科综合的视角出发,补充、深化对问题的解读,跨学科融合有利于学生更加真实地、科学地、全面地表达对问题的认知。最后,在跨学科理解的过程中,需要学生经过深思熟虑,从而对多个视角加以整合和优化,有助于其综合思维素养的形成,此外还能使学生认识到对自己存在问题的理解上所存在的局限。从全球胜任力素养提升的角度出发,通过气排球运动科学研究方法使学生达成:能够从多角度、多学科融合的层面加强自身对问题研究的深度以及培养沟通、学习、合作的全球胜任力的核心素养。因而,在气排球运动科学研究中,通过问题研究的形式来开展跨学科融合教学,是渗透全球胜任力素养提升的重要路径。

In this chapter, scientific research methods on air volleyball are connected to cultivate students' global competence. In this session, topics will be focused on the issues that air volleyball currently confronts, which involves with multiple disciplines. Thus, students will need to adopt cross — disciplinary approaches to their problem analysis and solving. It will expand the depth of their study and help them improve their global competence. First of all, it is difficult to recognize the nature of the problems and have a substantive understanding of these problems from a single discipline. Secondly, the knowledge in kinesiology, such as sports coaching, exercise physiology and other majors, provides with scientific concepts, analytical methods and philosophy to fully understand problems. These serve as the foundation to analyze the problems. Moreover, due to the complexity and comprehensiveness of these problems, the understanding based on a single discipline is relatively narrow and one — sided. It needs a comprehensive view from multiple disciplines to orient, supplement and deepen the understanding of problems. The cross discipline integration will be helpful for students to express their understanding of the problems more truly, scientifically and comprehensively. Finally, in the process of cross discipline understanding, it requires students to consider questions from multiple standpoints to integrate and optimize their understanding, which will support the literacy of their comprehensive thinking. In addition, it can help students realize their limitations in understanding problems. From the perspective of global competence development, the scientific research method in air volleyball would enable students to enhance the depth of their research from multiple perspectives and disciplines and to cultivate their global competence in terms of communication, learning and cooperation. Therefore, in air volleyball research, it is an important pathway to permeate global competency cultivation via carrying out interdisciplinary integration teaching in term of problem research.

思考题五

1. 气排球运动科学研究的主要内容有哪些？
2. 气排球运动科研选题途径有哪些？
3. 在全球胜任力视野下如何进行气排球科学研究？

第六章　气排球运动竞赛组织与编排

【本章内容概要】

组织气排球竞赛对丰富人们的文化生活,以及提高体育运动水平有着积极的作用。本章所介绍的内容不仅是发展气排球运动的需要,也是气排球活动中最具活力与挑战,最有团结与凝聚,最具精彩与刺激的重要组成部分。通过竞赛活动可以进一步激发参与者的活动兴趣,加深对气排球运动的理解,比赛不仅能检验技战术学习与运用,更是沟通交流与友谊的纽带,也是对竞赛组织活动能力的培养和大众体育锻炼的奉献。

第一节　竞赛组织工作

鉴于竞赛的目的、任务、规模的差异,其组织机构的大小、筹备工作的内容也不尽相同,但是它们的基本内容和形式是一致的。竞赛的组织工作是比赛顺利圆满的前提,也是对组织者组织能力的考验。气排球竞赛的组织工作可分为赛前的准备工作、竞赛期间的工作和竞赛的结束工作等三个阶段。

一、赛前的准备工作

组织工作要在赛前根据比赛的规模成立筹备小组,成立竞赛组织委员会,是比赛能否顺利进行的前提和保障,其包括:

仲裁:负责监督和保证竞赛规程和竞赛规则的正确和在执行规程和规则中发生的纠纷并报告组委会。

竞赛组:负责竞赛的组织编排及有关竞赛事宜。

裁判组:负责裁判员的学习、分工和执裁。

场地组:负责比赛的场地和器材设备的安装与保持。

宣传组:负责宣传赛事报道和思想教育等。

安保组:负责场内外安全保卫和周围环境治理工作。

医疗组:负责比赛中有队员不慎受伤及身体不适情况的处理与救治。

(一)讨论和确定组织方案

竞赛的组织方案是整个竞赛工作的依据,内容包括竞赛的名称、目的任务、竞赛的规模(主要内容有主办单位、竞赛地点和日期、参加单位和参加人数等)、组织机构和经费预算(包括场地维修、器材添置及奖品等)。

(二)成立组织机构

组委会是竞赛的领导机构,负责制订、执行竞赛计划,审查和协调各组的工作,处理和决定竞赛中出现的问题和总结工作等。

(三)制订竞赛规程

竞赛规程是竞赛组织者和参加者的指导性文件,在竞赛前由主办单位根据比赛的目的、任务制订。它是竞赛工作进行的依据。因此要尽早发给有关单位,以便做好赛前准备工作。

气排球竞赛规程要简明扼要,一般包括下列内容:

(1)名称:根据球类竞赛的任务提出比赛的名称。

(2)主办单位:如某政府部门或体育组织机构。

(3)承办单位:具体组织实施本次比赛的单位。

(4)竞赛日程和地点:根据所采用的竞赛制度,定出预赛、决赛的日期,在决定日期和地点时,应考虑气候、食宿、供应、交通和比赛设备等条件。

(5)参赛单位:所有有资质参加本次比赛的单位或团体。

(6)参加办法:竞赛组别和年龄;队伍的组成;比赛方法;奖励名次办法。

(7)参赛资格:参赛运动员的资质审核和赛中要求。

(8)竞赛规则:根据具体人群和队伍多少灵活制定比赛特殊规定。

(9)录取名次和奖励:根据前期设置和参赛队数的多少来决定。

(10)组委会成员和裁判人员的选派。

(11)其他有关注意事项。

(12)落款及日期。

附:竞赛规程示例

2019 年"超级杯"全国气排球联赛分区赛

(陕西·西安站)竞赛规程

一、主办单位

国家体育总局排球运动管理中心

二、承办单位

陕西省体育局

西安体育学院

三、协办单位

陕西省篮球排球运动管理中心

陕西省排球协会

西安市体育局

四、推广单位

深圳宇生富运动科技发展有限公司

五、竞赛日期、地点

比赛时间：2019 年 5 月 10 日－ 12 日，为期 3 天

地　　点：西安体育学院

六、参赛单位

陕西、四川、甘肃、青海、宁夏等（若出现报名数不足，则由承办单位负责增补）。

七、参加办法

（一）竞赛组别和年龄

1. 男子青年组：

24～44 岁（1975 年 1 月 1 日～1995 年 12 月 31 日出生）。

2. 女子青年组：

24～44 岁（1975 年 1 月 1 日～1995 年 12 月 31 日出生）。

3. 男子中年组：

45～59 岁（1960 年 1 月 1 日～1974 年 12 月 31 日出生）。

4. 女子中年组：

45～59 岁（1960 年 1 月 1 日～1974 年 12 月 31 日生）。

5. 大学生男子组：各高校具有学籍的全日制在校男生。

6. 大学生女子组：各高校具有学籍的全日制在校女生。

（二）队伍的组成

每队可报运动员 10 人，教练员 1 人，领队 1 人，共 12 人；领队、教练员可兼运动员。

（三）各参赛单位每个组别限报 3 支队

（四）比赛方法

根据参赛组别实际情况采取单循环或者分小组单循环和交叉赛两个阶段进行，单循环赛或小组单循环赛采用《贝格尔编排法》编排。

（五）单循环赛决定名次办法

胜一场得 2 分，负一场得 1 分，积分高者名次列前，弃权取消全部比赛成绩。

如遇两队或者两队以上积分相等,则采用以下方法决定名次:A(胜局总数)/ B(负局总数)=C 值,C 值高者名次列前。如 C 值相等,则采用 X(总得分数)/ Y(总失分数)=Z 值,Z 值高者名次列前。如仍相等,则采用抽签的办法决定名次。

八、参赛资格

(一)参赛运动员必须是各代表单位及本行业、本系统的人员。运动员只能代表一个队参加比赛。

(二)比赛实行持证参赛制,运动员报到时需持身份证(港、澳、台胞证)原件;提交经县级以上医务部门身体检查的《健康证明》;参赛者本人需提供近期电子版照片(白底)和二寸免冠照片一张。对资格审查合格者,赛区组委会统一制作"参赛证",各代表队需持"参赛证"参加每场比赛。

(三)凡参赛人员必须身体健康,适宜参加该运动;各参赛单位需为本队运动员办理比赛期间(含往返途中)的人身保险;如在本次比赛期间出现伤病或者其他健康事故,由各参赛单位自行负责并负担所产生的相关费用。

(四)对在报名或比赛过程中违反资格规定者,一经查实,取消本人及所在代表队全部人员的参赛资格和已获奖项,并对派出单位给予通报批评。

九、竞赛规则

(一)竞赛执行中国排球协会审定的《气排球竞赛规则》(2017 — 2020)。

(二)全国气排球联赛特殊规则。

1. 各组别的比赛均采用五人制。

2. 比赛用球标准:周长 72～78 cm,重量为 120～140 g,气压为 0.15～0.18 kg/cm^2。

3. 比赛用球。按国家体育总局排球运动管理中心大众排球竞赛器材管理规定执行(详见 2019 — 2021 年中国排球协会大众排球竞赛器材公开征集公告)。

(三)各队比赛服装、号码布、队长标志等须按照规则要求设置,请自行准备。

十、录取名次和奖励

本次比赛根据报名参赛队数录取名次,各组别分设奖项。各组别男女队各录取前 3 名为一等奖,二等奖录取第 4 名及之后的名次,颁发证书,并设有"体育道德风尚"奖和"优秀组织参与"奖并颁发奖牌。

十一、仲裁、裁判长、副裁判长、裁判员由中国排球协会统一选派。

十二、本规程解释权属赛事组委会。

国家体育总局排球运动管理中心

2019 年 3 月 25 日

(四)制订工作计划

根据竞赛组织方案、竞赛规程和主要日程安排,由各组拟定具体的工作计划。

1. 竞赛组的主要工作

(1)编排竞赛秩序和编印秩序册。主要内容包括组织委员会(领导小组)、名单、工作人员和裁判名单、竞赛规程、各代表队名单、竞赛日程表和成绩记录表。

(2)审查参赛者资格。

(3)组织裁判学习。

(4)召开裁判长、领队和教练员会议。

(5)检查和准备场地、器材及设备。

(6)绘制或打印各种表格。

2. 宣传组的主要工作

主要包括宣传与思想教育工作,制订比赛的工作日程,负责开幕式、闭幕式、发奖的组织工作,以及比赛场地的治安保卫工作以及要求参赛人员填写免责安全责任书并予以保存。

3. 仲裁小组的工作

主要是研究和处理整个竞赛过程中所发生的违反竞赛规程和气排球竞赛规则的球队、队员、裁判员、领队及教练员,对其采取警告、暂停或取消比赛与工作资格等纪律措施。

二、比赛期间的工作

(1)进行思想品德教育,明确比赛的目的和任务,端正比赛态度。

(2)竞赛组和裁判组应征求球队意见,及时改进工作。每天比赛结束后及时公布比赛成绩。如遇特殊情况需要更改比赛日期、时间和场地,应尽早通知有关部门和比赛队。

(3)负责场地的工作人员应经常对比赛场地、器材和设备进行检查,以保证比赛的顺利进行。

(4)治安保卫人员要经常注意赛场秩序,加强治安保卫工作。

(5)必要时召开领队、教练员、裁判长联席会议,及时处理和解决比赛中所发生的问题。

三、竞赛的结束工作

(1)组织和举行闭幕式,颁发奖品。

(2)总结工作,并向有关上级汇报工作情况。

第二节　竞赛制度、编排与成绩计算方法

竞赛制度,是为了决定出比赛名次而采用的比赛方法。气排球竞赛中经常采用的竞赛制度有循环制、淘汰制和混合制 3 种。组织竞赛时,应根据气排球比赛的目的和任务、竞赛时间、参赛人数,比赛场地及经费等因素,选择一种比较合适的竞赛制度。

一、循环制

循环制分为单循环、双循环和分组循环等 3 种方法。

(1)单循环:是所有参赛队都要相遇一次,最后按各队在全部比赛中的成绩排定名次。

(2)双循环:则是进行两次单循环,即所有参赛队都要相遇两次(重大比赛大多采用"主客场制"),最后按各队在全部比赛中的成绩排定名次。

(3)分组循环:是指参赛队比较多时,可以通过分组的方法,在各组内进行单循环,一般在事先确定种子队、使种子队分入各组,以避免强队集中。

(一)循环制的编排方法

(1)比赛总场数和轮数的计算方法:

单循环比赛总场数=参赛队数×(参赛队数-1)/2

单循环比赛轮数:若参赛队是单数,则比赛的轮数等于比赛队数。如果参赛队是双数,则比赛的轮数等于比赛的队数减一。

例如:有 8 个队参加比赛,其计算方法为:

比赛的总场数 ＝ 8×(8-1)/2＝28(场)

比赛的轮数 ＝ 8-1 ＝ 7(轮)

双循环比赛的总场数比单循环增加一倍。分组循环比赛的总场数则等于各组的场数相加之和。

(2)"贝格尔"编排法。贝格尔编排法是从 1985 年起开始广泛应用于排球竞赛编排中,目前气排球比赛也多采用"贝格尔"编排法。其优点是单数队参加时可避免第二轮的轮空队从第四轮起每场都与前一轮的轮空队比赛的不合理现象。

采用"贝格尔"编排法,编排时如果参赛队为双数时,把参赛队数分一半(参赛队为单数时,最后以"0"表示形成双数),前一半由 1 号开始,自上而下写在左边;后一半的数自下而上写在右边,然后用横线把相对的号数连接起来。这即是第一轮的比赛。

第二轮将第一轮右上角的编号("0"或最大的一个代号数)左角上,第三轮又移到右角上,以此类推。即单数轮次时"0"或最大的一个代号在右上角,双数轮次时则在左上角。

如有 8 支队伍参赛,场数＝8×(8－1)/2＝28(场)。轮数(如参赛队为单数,轮数等于队数,为双数是,轮数等于队数减一,即 8－1＝7(轮),见表 6－2－1。

表 6－2－1 八支队单循环"贝格尔"编排法

第一轮	第二轮	第三轮	第四轮	第五轮	第六轮	第七轮
1－8	8－5	2－8	8－6	3－8	8－7	4－8
2－7	6－4	3－1	7－5	4－2	1－6	5－3
3－6	7－3	4－7	1－4	5－1	2－5	6－2
4－5	1－2	5－6	2－3	6－7	3－4	7－1

第一轮:按逆时针方向由 1 到 4,第二列 5 到 8 排列,然后中间划横线。

第二轮:把最大数 8(参赛队为单数时,用零代替)移到左边(后几轮左右交替),同时把第一轮右下角的数提到第二轮与最大数 8 同行,后按提上来的数的由小到大顺序逆时针排列后几轮依次,直至 1 轮至右下角。

(3)采用分组循环比赛时,为了使分组较为合理,一般采用"种子队"或"蛇形"排列分组的办法。

"种子队"应在领队会上根据参赛队的水平协商解决,或根据上届比赛的名次来确定。"种子队"确定以后,先把"种子队"经抽签分到各组里,然后再抽签确定其他队在各组的位置。"种子队"的数应等于分组数或分组数的倍数。如每组要有两名"种子队"时,则应把第 1 名"种子队"与最后 1 名"种子队"编在 1 个组内;第 2 名"种子队"与倒数第 2 名"种子队"编在 1 个组内,依此类推。如分 4 个组设 8 个"种子队"时,则"种子队"的编排方法如表 6－2－2 所示。

表 6－2－2 "种子队"分组法

第1组	第2组	第3组	第4组
1	2	3	4
—	—	—	—
8	7	6	5

"蛇形"排列分组,是按上一届比赛的名次进行分组。如有 16 个队分成 4 个组

时,分组确定后,各组也按单循环比赛编排比赛轮次。其编排方法如表 6 - 2 - 3 所示。

表 6 - 2 - 3　"蛇形"排列分组法

第 1 组	第 2 组	第 3 组	第 4 组
1	2	3	4
8	7	6	5
9	10	11	12
16	15	14	13

(二)循环制比赛的计分方法

(1)循环制确定比赛名次时,以积分多少排列名次。即胜一场得 2 分,负一场得 1 分,弃权取消全部比赛成绩,积分多者名次列前。

(2)如遇两队或者两队以上积分相等,则采用以下方法决定名次:C 值＝A(胜局总数)/B(负局总数),C 值高者名次列前。如 C 值相等,则采用 Z 值＝X(总得分数)/Y(总失分数),Z 值高者名次列前。如仍相等,则采用抽签的办法决定名次(见表 6 - 2 - 4)。

表 6 - 2 - 4　气排球比赛积分表

队名	1	2	3	4	5	积分	得失局率 (C 值)	得失分率 (Z 值)	名次
1									
2									
3									
4									
5									

二、淘汰制

淘汰制分单淘汰和双淘汰两种。竞赛中失败一次即失去比赛机会为单淘汰,失败两次即失去比赛机会为双淘汰(即"两败淘汰")。

单淘汰赛(见图 6 - 2 - 1)。

概念:运动员(队)按排定的秩序进行比赛,胜者进入下一轮,负者淘汰,最后一场比赛的胜者为冠军,负者为亚军,即为单淘汰赛。

单淘汰赛的优点:单淘汰赛的比赛双方具有强烈的对抗性,败一次即失去继续比赛的资格。这种竞赛方法,需要比赛的场次很少,而且整个比赛逐轮推向高潮。就体育竞赛的特点来说,单淘汰赛是一种很好的竞赛方法。

单淘汰赛的缺陷:合理性差、机遇性强、不完整性。

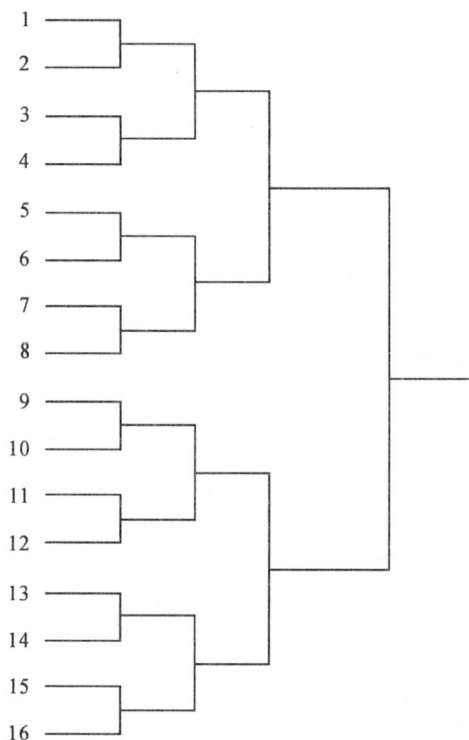

图 6-2-1 单淘汰赛

(一)单淘汰赛轮数和场数的计算

(1)单淘汰赛轮数的计算:单淘汰赛的位置数必须为 2^n,轮数=n。

(2)单淘汰赛场数的计算。

$$场数=队(人)数-1$$

如 8 个队比赛:比赛的轮数,因 8 是 2 的 3 次乘方,则比赛为 3 轮,如图 6-2-2 所示。

$$场数为 \quad 8-1=7(场)$$

第一轮　　第二轮　　　第三轮

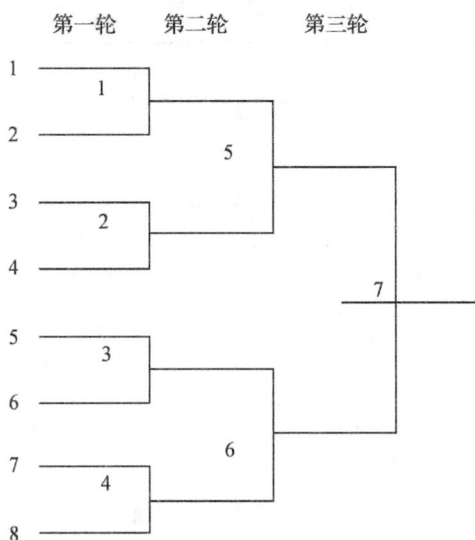

图 6-2-2　比赛的场数及轮数

(二)单淘汰编排方法：

(1)如果参加比赛的队数是 2 的乘方数(4,8,16,32 等)，则第 1 轮所有的队都正常参加比赛。

(2)轮空队数的计算和编排：

1)选择号码位置数。如果报名队数少于标准队数，应在标准号码中设置必要数量的轮空号码位置，使其实际队数加上轮空号码的总数满足标准位置的数目。这样第一轮有的队会遇到一个轮空号码而轮空，不通过比赛而直接进入第二轮。

2)计算轮空数目。轮空位置数＝号码位置数—运动员人数

3)确定轮空位置。出于保护强队的考虑，轮空的机会尽可能安排给强队。轮空位置可以查轮空位置表获得：

轮空队的编排：为了使实力较强的队较晚相遇，使最后一轮比赛更为精彩，编排时应将轮空位置安排在"种子队"旁边。

轮空位置表如表 6-2-5 所示。

表 6-2-5　轮空位置表

2	255	130	127	66	191	194	63
34	223	162	95	98	159	226	31
18	239	146	111	82	175	210	47
50	207	178	79	114	143	242	15

续 表

10	247	138	119	74	183	202	55
42	215	170	87	106	151	234	23
26	231	154	103	90	167	218	39
58	199	186	71	122	135	250	7
6	251	134	123	70	187	198	59
38	219	166	91	102	155	230	27
22	235	150	107	86	171	214	43
54	203	182	75	118	139	246	11
14	243	142	115	78	179	206	51
46	211	174	83	110	147	238	19
30	227	158	99	94	163	222	35
62	195	190	67	126	131	354	3

(注:此表为 256 队以内)

如果参加队数(人数)不是 2 的乘方数,则比赛的轮数是较大的一个以 2 为底的幂的指数,如 13 队(人)参加比赛,13 个队参加比赛,则比赛总场数为:13－1＝12。因为 $2^3＝8$。$2^4＝16$,所以按 16 个队(人)的轮数来计算,较大的一个以 2 为底的幂的指数是 4,即为四轮。轮空队数为:16－13＝3,即第 1 轮比赛有 3 个队轮空。

比赛轮数为略大于 13 的 2 的乘方数是 16,而 16 是 2 的 4 次乘方,所以比赛为 4 轮,3 个队轮空,如图 6－2－3 所示。

(3)"种子队"的确定和编排,确定"种子队",应事先收集材料,研究各队的实力,把实力较强的几个队定为"种子队",其数量应根据参赛队的多少而定。"种子队"确定之后,应把"种子队"安排在不同的区域中。如果第一轮有轮空队,要首先安排"种子队"轮空,然后再让非"种子队"抽签。"种子队"的位置可查"种子队位置表"(见表 6－2－6)。

第一轮　　第二轮　　第三轮　　　第四轮

(1)
②
3
4
5
6
7
8
(9)
⑩
11
12
13
14
⑮
(16)

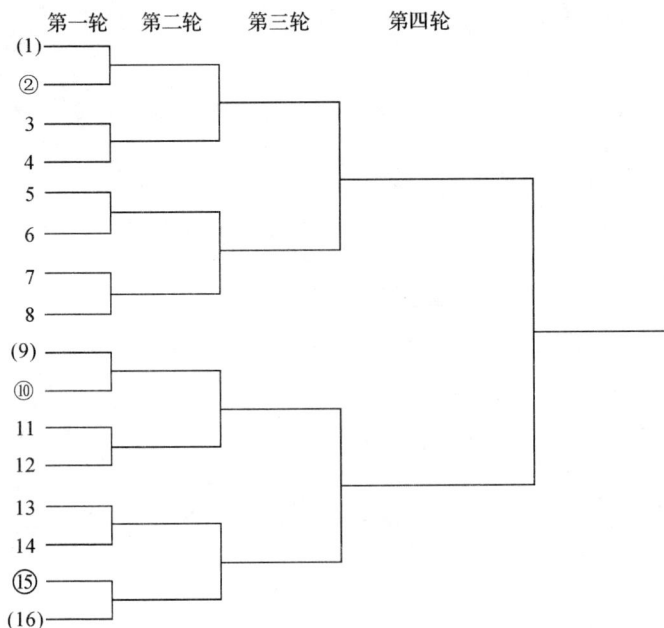

图 6-2-3　比赛轮数

注:○内的号数为轮空位置。( )内的号数为"种子队"位置。

表 6-2-6　种子队位置表

1	256	129	128	65	192	193	64
33	224	161	96	97	160	225	32
17	240	145	112	81	176	209	48
49	208	177	80	113	144	241	16
9	248	137	120	73	184	201	56
41	216	169	88	105	152	233	24
25	232	153	104	89	168	217	40
57	200	185	72	121	136	249	8

　　如前面的例子,13 队参加比赛,稍大于 13 队的 2 的乘方数是 16,若设 4 个"种子队",这样从上表中可找出 1,16,9,8 四个号数,这四个号数就是"种子队"的位置。

　　由于是四个"种子队"而只有三个轮空位置,因此,有一个"种子队"在第 1 轮就得参加比赛,而没有轮空机会,轮空的只能是1,16和9(注意区别开分组循环的"种子队"的编排)。

附加赛是在采用淘汰制的情况下,除了要确定出冠亚军之外,还要确定其他名次时而采用的方法。

如8个队比赛要排出全部名次,则需要同轮的两个败者再加赛1场。胜者名次靠前,负者靠后(见图6-2-4)。

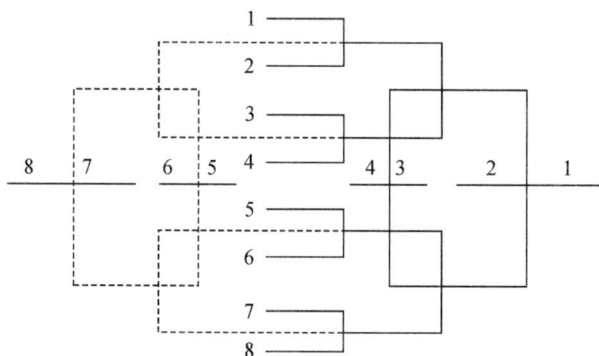

图6-2-4 比赛场次及名次

三、混合制

混合制就是把一次比赛分为两个阶段,前一阶段采用循环制,后一阶段采用淘汰制;或前一阶段采用淘汰制,后一阶段采用循环制。通常采用较多的是前者。目前世界上的大型赛事大多采用先分组循环,然后再淘汰的混合制。

在第二阶段进行淘汰时,主要有两种方法:

(一)交叉赛

比如第一阶段分A、B两组进行单循环赛,排出小组名次后,在第二阶段淘汰赛时,将小组的第1,2名进行交叉赛,即A组第1对B组第2,A组第2对B组第1。然后两个胜者进行决赛,胜方为冠军,负方为亚军。如果要决出其他名次,则再进行排位附加赛(见图6-2-5)。

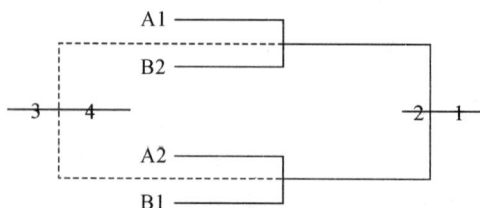

图6-2-5 交叉赛

（二）同名次赛

在比赛的第二阶段采用淘汰赛时，把第一阶段所产生的各组同名次的队编在一起进行比赛，胜者名次列前，负者名次列后。

如第一阶段共有 2 个小组比赛，则为 A1 — B1，胜者为冠军，负者为亚军，A2 — B2，胜者为第三名，负者为第四名（见图 6 - 2 - 6）。

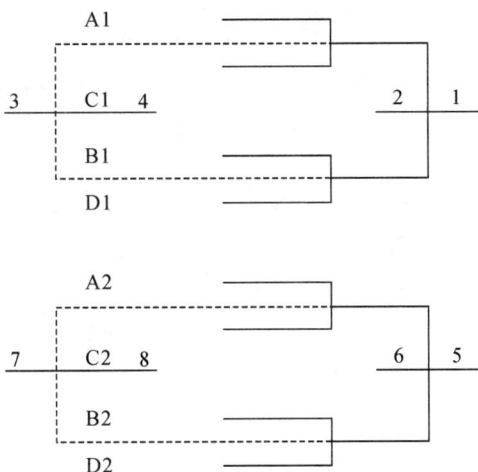

图 6 - 2 - 6　同名次赛

气排球与全球胜任力的交叉融合思考六

Reflection Ⅵ on the Cross Integration of Air Volleyball and Global Competence

在气排球竞赛组织与编排这一章中的部分内容可以渗透培养学生的全球胜任力素养。通过气排球竞赛组织与编排的学习，鼓励学生从实践出发，以气排球为依托，请进来，走出去，组织校内外的气排球竞赛交流活动，理论结合实践，发现其中的问题以及学会如何解决，并在整个过程中尊重和倾听他人的意见和建议，加强沟通与协作能力。从全球胜任力角度出发，不仅仅是使学生掌握组织与编排气排球竞赛活动，更要从深层次发现组织与编排气排球竞赛活动对学生全球胜任力的合作能力、沟通能力、批判性思维等核心素养提升的必要性。

Much of the contents in this chapter connect the organizing and planning of air volleyball competitions with the development of students' global competence. Through organization and planning of air volleyball competition, students are encouraged to be oriented from practice and the base of air volleyball. They can invite other teams and also be invited by others in many internal and external competitions. Students are encouraged to combine theory learning with practice in order to find their weaknesses and learn how to solve them. During this process, students are required to fully respect others and listen to others' opinions and suggestions to strengthen their communication and cooperation skills. From the perspective of global competence, it is not only necessary for students to master the ability to organize and arrange air volleyball competitions, but also to find out the necessity of the organization and arrangement of air volleyball competition to cultivate their global competence, such as cooperation, communication and critical thinking.

思考题六

1. 单淘汰赛轮数和场数如何计算？
2. 气排球运动循环制比赛如何计分？如何排定名次？
3. 如果有 8 支队伍参赛，如何用贝格尔编排法进行编排？
4. 简述气排球运动赛事组织对全球胜任力提升的积极影响。

第七章 气排球运动竞赛规则与裁判方法

【本章内容概要】

本章详细解读了国家体育总局排球运动管理中心审定的《2017—2020气排球竞赛规则》,对场地标准、画法、丈量、检查到器材安装标准,以及对裁判组织与第一裁判员、第二裁判员、司线员和记录员的职责,裁判员手势、赛前、赛中、赛后等工作程序及裁判方法进行了指导说明。目的在于通过系统学习初步掌握组织比赛和裁判能力。

第一节 比赛场地、器材与设备

一、比赛场地(见图7-1-1、图7-1-2)

1. 场地区域

比赛场地为对称的长方形,包括比赛场区和无障碍区。

2. 场地地面

场地地面必须平坦、水平、划一。不得有任何可能造成伤害队员的隐患,也不得在粗糙或易滑的地面上进行比赛。

3. 面积

比赛场区为长12 m、宽6 m的长方形,其四周至少有2~3 m宽的无障碍区,从地面向上至少有7 m高的无障碍空间。

4. 场地上的线

(1)所有的界线宽5 cm,其颜色须区别于场地颜色(一般用浅色)。

(2)界线

两条边线和两条端线划定了比赛场区。边线和端线都包括在比赛场区的面积之内。

（3）中线中线连接两条边线的中点。中线的中心线将比赛场区分为长 6 m，宽 6 m 的两个相等的场区。

（4）进攻线及其延长线。每个场区各画一条距离中线中心线 2 m 的进攻线。进攻线外两侧各间距 20 cm、长 15 cm 的三段虚线为进攻线的延长线。

（5）发球区短线。端线后两条边线的延长线上各画一条长 15 cm，垂直并距离端线 20 cm 的短线。

（6）跳发球限制线。在距端线后 1 m 处设置一条平行于且与端线长度相等的平行线为跳发球限制线，跳发球必须在该线后完成起跳动作。

（7）教练员限制线。从进攻线的延长线至端线延长线，距边线 1.05 m 并平行于边线由一组长 15 cm、间隔 20 cm 的虚线，组成教练员限制线。

5. 区与区域

（1）前、后场区。中线中心线与进攻线之间（包括进攻线的宽度）为前场区。前场区被认为是向边线外延长的，直至无障碍区的边沿。进攻线后为后场区。

（2）换人区。两条进攻线的延长线之间、记录台一侧边线外的范围为换人区。

（3）发球区。端线后，两条发球短线及延长线（包括短线宽度）之间的区域为发球区，发球区深度延至无障碍区的终端。

（4）教练员活动区域。教练员限制线外、进攻线延长线后，球队席前的区域。

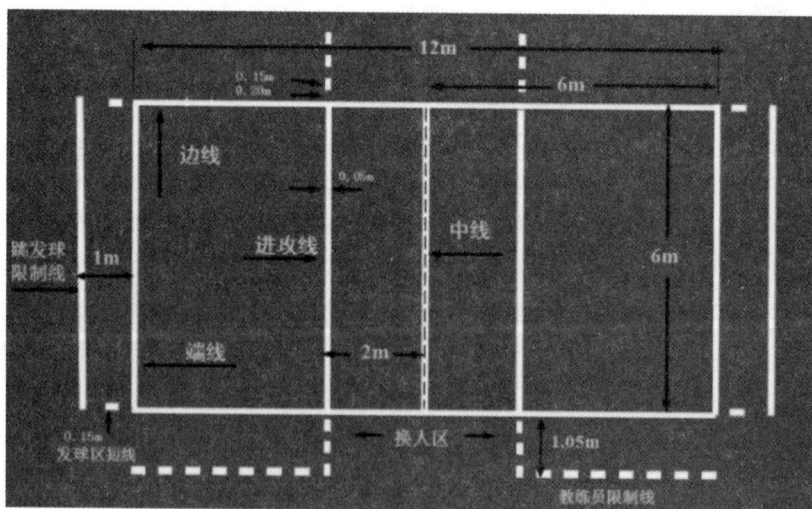

图 7-1-1　比赛场地

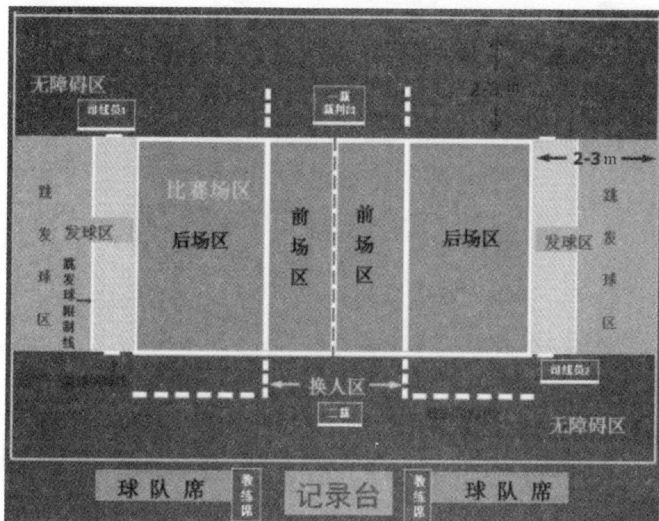

图 7 - 1 - 2 比赛场区

二、场地的画法与检查

(一)场地画法(见图 7 - 1 - 3)

先在场地中间画一条 6 m 长中线 MN,取中点 O 为圆心,根据勾股定律得出以 6.71 m 为半径,向 4 个场角画弧;再分别以 M,N 为圆心,以 6 m 为半径画弧,分别同前的 4 个弧线相交,共成 A,B,C,D 四个点,连接这 4 个点便形成了场区的边线和端线。再分别以 M,N 为圆心,以 2 m 为半径,在各边线上截取 E,F,G,H 4 点,连接 EF,GH 形成进攻线。

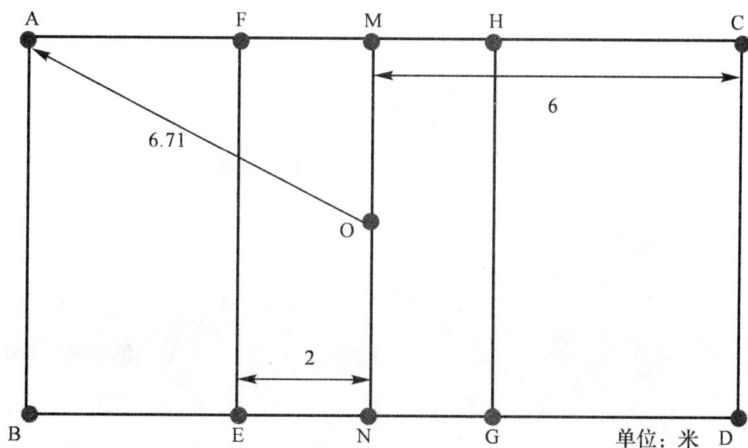

图 7 - 1 - 3 场地画法

(二)场地检查(见图 7-1-4)

(1)每个区及区域布置清晰明确。

(2)所有线宽必须是 5 cm。

(3)两个场地对角线之间的距离必须一致(13.42 m),按照(见图 7-1-5)数据分别测量检查。

(4)如果场地上有其他体育项目的画线,气排球比赛界线应与其颜色有明显的区别。

(5)中线平均分配在双方场区面积之内。

图 7-1-4 场地丈量

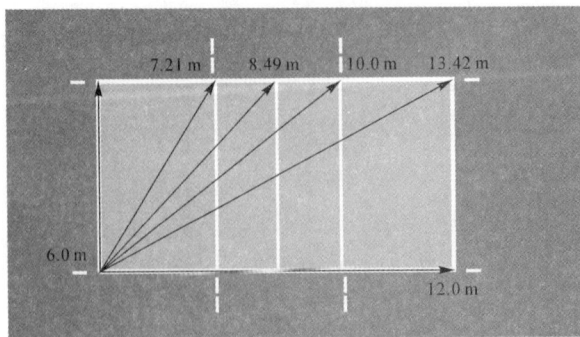

图 7-1-5 比赛场地的检查标准尺寸

三、裁判台、裁判员、记录台、教练席、球队席位置（见图 7-1-2）

1. 裁判台及裁判员位置

裁判台设在球网的一端。执裁时第一裁判员站在裁判台上，第二裁判员站在一裁对面球网另一端，两名司线员分别在一、二裁的右侧场区边线和端线的交叉处外 45°处。

2. 记录台

记录台设在裁判台对面，第二裁判员身后的无障碍区外。

3. 教练席及球队席

在记录台两侧，进攻线延长线及无障碍区后。球队席第一个座位专属教练员，球队其他成员坐在教练员后的球队席上。

四、球网和网柱（见图 7-1-6）

1. 球网

球网为黑色，长 7 m，宽 0.8 m，网孔为 8 cm 见方。网的上沿缝有 5 cm 宽的双层白色帆布，中间用柔软的钢丝绳穿过，网的下沿用绳索穿起，上下沿拉紧并固定在网柱上。架设在中线的中心线的垂直面上。

2. 球网高度

男子球网高度 2.1 m、女子球网高度 1.9 m。球网高度用量尺从场地中间丈量。球网两端离地面必须相等，不得超过规定高度 2 cm。

3. 标志带

两条宽 5 cm、长 0.8 m 的白色带子为标志带，分别系在球网的两端，垂直于边线。标志带被认为是球网的一部分。

4. 标志杆

标志杆是有韧性的两根杆子，长 1.8 m，直径 1 cm，由玻璃纤维或类似的材料制成。两根标志杆分别设置在标志带外沿球网的不同侧面。标志杆高出球网 1 m。每 10 cm 红白相间的颜色。标志杆被认为是球网的一部分，并视为过网区的边界。

5. 网柱

网柱用光滑的金属材料制成，分别架设在两条边线外 0.5 m～1 m 的中线延长线上。网柱高 2.2 m 以上，可以调节高度，并附有防护包装。

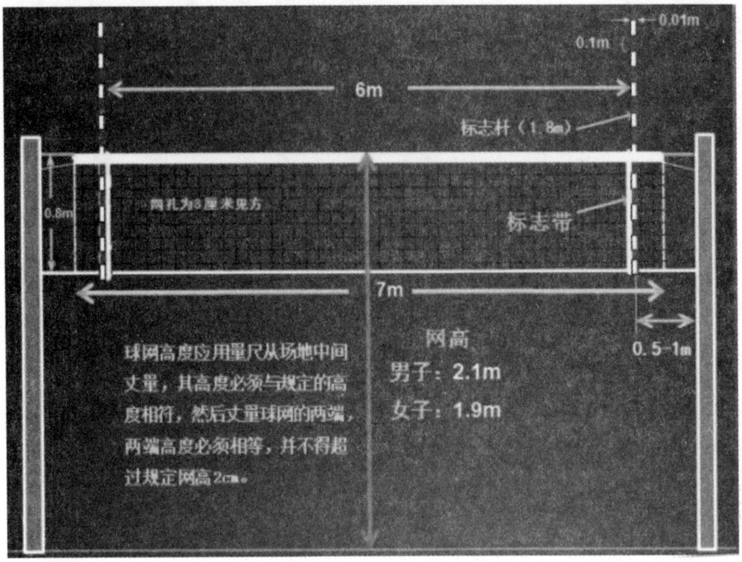

图 7-1-6 球网和网柱

五、气排球

气排球为圆形,球的面料由柔软的高密度合成革材质制成。颜色为彩色。圆周长为 72~78 cm,重量为 120~140 g,气压为 0.15~0.18 kg/cm^2。一次比赛所用的球必须是同一特性、同一圆周、重量、气压、品牌及颜色的球。

第二节 主要竞赛规则

一、比赛队

(一)球队的组成

1. 一般一个队由 10 人组成,其中有 1 名领队,1 名教练员,8 名队员组成,比赛中领队、教练员可兼运动员(运动员身份审查由管委会负责。学生比赛,老师作为领队和教练不能兼队员,学生可报 10 名队员)。

2.只有登记在记分表上的球队成员,方可进入场地和参加比赛。一经教练员、队长在记分表上签名确认后,即不得更换。

(二)球队的位置

比赛中,队的成员应坐在他们场地一侧的球队席上;替补队员可以在本方场区的无障碍区外做无球的准备活动(见图 7-1-2)。

(三) 队员装备

1. 队员服装要统一,上衣前后须有号码,序号为 1~10 号。身前号码至少 15 cm 高,身后号码至少 20 cm 高。号码笔画宽度至少 2 cm。队长上衣应有一条与上衣颜色不同的长 8 cm、宽 2 cm 的标志。

2. 运动鞋必须是没有后跟的柔软轻便的胶底鞋。

3. 不允许佩带任何易造成伤害的饰物。

(四)比赛中对替补席上比赛队成员的管理

(1)比赛期间,第二裁判员须检查坐在球队席的人员,非球队成员不得出现在球队替补席,比赛期间教练员不得随意离开,如要离开须向第二裁判员请假,运动员不允许用球做准备活动。

(2)比赛期间,第二裁判员管理教练员、领队与替补队员的行为。

(3)比赛期间,球队席成员不得干扰和质疑裁判员的判断,如出现,第一裁判员应按照规则进行处罚。

二、比赛方法

(一)记分方法

比赛采用每球得分制,即胜一球得一分。

(二)得一分

(1)球成功地落在对方场区。

(2)对方犯规。

(3)对方受到判罚。

(三)胜一局

第 1,2 局先得 21 分同时超过对方 2 分为胜一局,当比分 20:20 时,比赛继续进行至某队领先两分(22:20,23:21,……)为胜一局。决胜局,先得 15 分同时超过对方 2 分的队获胜,当比分 14:14 时,比赛继续进行至某队领先两分(16:14,17:15,……)为胜一局。决胜局 8 分时双方队员交换场地进行比赛,比赛按照交换时的阵容继续进行。

(四)胜一场

比赛采用三局两胜制,如果前两局打成 1:1 平局时,则要进行决胜局(第三局)的比赛。胜两局的队为胜一场。

(五)弃权与阵容不完整

(1)某队被召唤后拒绝比赛,则宣布该队为弃权。对方以每局 21：0 的比分和 2：0 的比局获胜。

(2)某队无正当理由而未准时到达比赛场地,则宣布该队为弃权,处理同规则 7.4.1。

(3)某队被宣布一局或一场比赛阵容不完整时,则输掉该局或该场比赛,判给对方胜该局或该场比赛所必要的分数和局数。阵容不完整的队保留其所得分数和局数。

(六)比赛阵容

每队场上必须始终保持 5 名队员(5 人制)或 4 名队员(4 人制)的比赛阵容。队员的轮转次序应按位置表登记的顺序进行。

位置表一经交给第二裁判员或记录员,除正常换人外,其阵容不得更改。

一局开始前,场上队员的位置与位置表不符时,须按位置表进行纠正,不予判罚。

(七)场上位置

发球队员击球时,双方队员(发球队员除外)必须在本场区内按轮转次序站位。

四人制比赛队员位置:靠近球网 2 号位(右)、3 号位(左)二名队员为前排队员,另外二名队员 1 号位(右)、4 号位(左)为后排队员。1 号位队员与 2 号位队员同列,3 号位队员与 4 号位队员同列(见图 7-2-1)。

五人制比赛队员位置:靠近球网 2 号位(右)、3 号位(中)、4 号位(左)三名队员为前排队员,另外二名队员 1 号位(右)、5 号位(左)为后排队员。1 号位队员与 2 号位队员同列,4 号位队员与 5 号位队员同列(见图 7-2-2)。

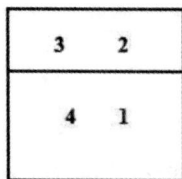

图 7-2-1　四人制场上队员位置图　　　图 7-2-2　五人制场上队员位置图

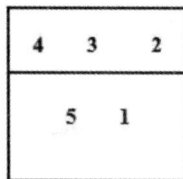

队员站位是否错误应根据其脚的着地部位判定:

同列后排队员的任一只脚距中线是否更近;五人制前排 3 号位队员与后排队员没有站位位置关系。

同排队员站位规定:四人制前排右(左)边队员至少有一只脚的部分,比同排左(右)队员的双脚距右(左)边线更近。后排右(左)边队员至少一只脚的一部分,比同排另一名左(右)边队员的双脚距右(左)边线更近;五人制前排右(左)边队员至少有一只脚的部分,比同排中间队员的双脚距右(左)边线更近。后排右(左)边队员至少一只脚的一部分,比同排另一名左(右)边队员的双脚距右(左)边线更近。

发球击球后,队员可以在本场区和无障碍区的任何位置。

(八)位置错误

(1)当发球队员击球时,如果队员不在其正确位置上,则构成位置错误犯规。

(2)当发球队员击球时的犯规与对方位置错误同时发生,则判发球犯规。

(3)当发球队员击球后的犯规与对方位置错误同时发生,则判位置错误犯规。

(4)位置错误判罚如下:

1)该队被判失去1分,由对方发球。

2)队员必须恢复到正确位置。

(九)轮转(见图7-2-3)

轮转次序、发球次序以及队员位置的确定均以位置表为依据。

某队得1分,同时得发球权后,所有队员必须按顺时针方向轮转一个位置,由2号位队员轮转至1号位发球。

如某队因对方被判罚而得1分,本方所得该分后也必须轮转一个位置,原该分该轮的发球队员不再发球,轮转由下一轮发球队员发球。

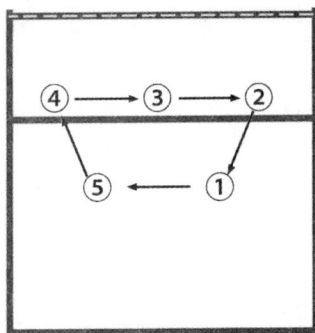

图7-2-3　轮转方法

(十)轮转错误

没有按照轮转次序进行发球为轮转错误,按照顺序进行如下判罚:

（1）该队失 1 分，由对方发球。

（2）队员的错误轮转次序必须纠正。

（3）记录员应准确地确定其错误何时发生，从而取消该队自犯规发生后的所有得分，对方得分仍然有效。

（4）如果不能确定犯规发生的时间，则仅判失 1 分，由对方发球。

三、比赛行为

（一）比赛开始

第一裁判员鸣哨允许发球，发球队员击球为比赛开始。

（二）比赛中断

裁判员鸣哨则比赛中断，但如果裁判员是由于比赛中出现犯规而鸣哨的，则比赛的中断实际上是由犯规的一刹那开始的。

（三）界内球

球触及比赛场区的地面包括界线为界内球。

（四）界外球

（1）球接触地面的部分完全在界线以外。

（2）球触及场外物体、天花板或非场上的成员等。

（3）球触及标志杆、以及标志杆以外的球网、网绳或网柱。

（4）球的整体从网下穿过。

（5）球的整体或部分从过网区以外过网进入对方场区。

（6）球的整体越过中线的延长线。

（五）比赛中的击球

比赛中队员与球的任何触及都视为击球，队员必须在本方场区和本方无障碍区空间击球（不干扰对方击球的过网拦网除外）。

（六）球队的击球

每队最多击球三次（拦网触球除外），无论是主动击球或被动触及，均作为该队的一次击球。

（七）连续击球

一名队员不得连续击球两次（身体不同部位在一个动作中连续触球、拦网触球除外）。

（八）同时触球

（1）两名或三名队员可以同时触球。

(2)同队的两名(或三名)队员同时触到球时,被记为两次(或三次)击球(拦网除外)。如果只有其中一名队员触球,则只记一次。队员之间的碰撞不算犯规。

(3)两名不同队的队员在网上同时触球,比赛继续进行,获球一方可再次击球三次。如果该球落在某方场区之外,判对方击球出界。

(九)借助击球

队员在比赛场区内借助同伴或任何物体的支持进行击球。

(十)击球的性质

(1)球可以触及身体的任何部分。

(2)球必须被击出,不可接住或抛出。

(3)击球时(包括第一、二、三次击球),允许身体不同部位在一个动作中连续触球。

(十一)击球时的犯规

(1)"四次击球":一个队连续触球四次。

(2)"借助击球":队员在比赛场地内借助同伴或任何物体的支持进行击球。

(3)"持球":没有将球击出,造成接住或抛出。

(4)"连击":一名队员连续击球两次或球连续触及其身体的不同部位(身体不同部位在一个动作中连续触球除外)。

(十二)球通过球网

(1)球的整体必须通过球网上空的过网区进入对方场区。

(2)过网区是球网垂直面,其范围上至天花板,下至球网上沿,两侧至标志杆及其延长线。

(十三)球触球网

球通过球网时可以触及球网。

(十四)球入球网

球入网后,在该队的三次击球内,可以再次击球。

(十五)进入对方空间

在不妨碍对方比赛的情况下,允许队员在网下穿越进入对方空间。

(十六)穿越中线进入对方场区

(1)队员的一只(两只)脚部分越过中线触及对方场区的同时,其余部分接触中线或置于中线上空是允许的,不判为犯规。

(2)队员除脚以外,身体任何其它部位触及对方场区为犯规。

(3)比赛中断后队员可以进入对方场区。

(4)在不干扰对方比赛的情况下,队员可以穿越进入对方的无障碍区,但不得击球。

(十七)触网

队员触网即犯规,比赛过程中在任何情况下都不得触网。

队员击球后可以触及网柱、全网长以外的网绳或其他任何物体,但不得干扰比赛。

由于球被击入球网而造成球网触及队员,不算犯规。

(十八)队员在球网附近的犯规

(1)对方进攻性击球前或击球时在对方空间触球或触及对方队员。

(2)从网下穿越进入对方空间并妨碍对方比赛。

(3)整个脚越过中线踏及对方场区。

(4)除脚以外的身体任何部分越过中线触及对方场区。

(十九)发球

后排右(1号位)队员在发球区内将球击出而进入比赛的行动,称为发球。

(二十)发球次序

队员发球的次序按位置表上的顺序进行。

一局中首先发球之后,队员按下列规定进行发球。当胜一球时,必须轮转发球,由前排右(2号位)队员轮换至1号位发球。

(二十一)发球的执行

(1)第一裁判员在发球队员已持球在手,并且双方队员已做好比赛准备时,鸣哨允许发球。

(2)球被抛起或持球手撤离后,必须在球落地前,用一只手或手臂将球击出。

(3)发球时球在手中移动或拍球是允许的。

(4)发球队员在发球击球时,不得踏及端线和发球区以外地面。

(5)跳发球起跳时,脚不得踏及或超越跳发球限制线。起跳空中击球后,脚可以落在任何位置。

(6)发球队员必须在第一裁判员鸣哨后8 s内将球击出。

(7)发球队员将球抛起,未触及发球队员而落地,允许再次发球,时间连续计算在8 s内。

(8)发球队员在裁判员允许发球鸣哨的同时或之前发球,则重新发球。

(二十二)发球掩护

(1)发球队的队员个人或集体不得利用掩护阻挡对方观察发球队员和球的飞行路线。

(2)发球队的队员个人或集体挥臂、跳跃或左右移动,或集体密集站位遮挡球的飞行路线,则构成发球掩护。

(二十三)发球时的犯规

(1)下列犯规应判发球犯规,对方的分并同时获得发球权,即使对方位置错误。

1)发球次序错误。

2)没有遵守"发球的执行"的规定。

(2)发球击球后的犯规。

1)球被发出后,出现以下情况仍被判为发球犯规(发球后犯规与对方位置错误同时发生,判位置错误犯规)。

2)球触及发球队队员或球的整体没有从过网区通过球网的垂直面。

3)界外球。

4)球越过发球掩护的个人或集体。

(二十四)进攻性击球

(1)除发球和拦网外,所有直接击向对方的球都是进攻性击球。

(2)在进攻性击球时,吊球是允许的,但击球必须清晰并不得接住或抛出。

(3)球的整体通过球网垂直面(包括触及球网后再进入对方空间)或触及对方队员,则认为完成进攻性击球。

(二十五)进攻性击球的限制

(1)进攻线后(后场区),队员可以对任何高度的球完成进攻性击球。

(2)队员可以在进攻线前(前场区)完成进攻性击球,但球的飞行轨迹必须高于击球点,有明显向上的弧度过网进入对方场区(见图7-2-4)。

(3)击球后脚可以落在前场区。

(4)接发球队队员不能对在本场区内高于球网上沿的对方发球完成进攻性击球。

(二十六)进攻性击球犯规

(1)在对方空间击球。

(2)击球出界。

(3)在前场区,完成进攻性击球,球的飞行轨迹没有高于击球点,球过网时没有明显向上的弧度(包括水平飞向过网)(见图7-2-4)。

(4)对处于本场区内高于球网上沿的对方发球完成进攻性击球。

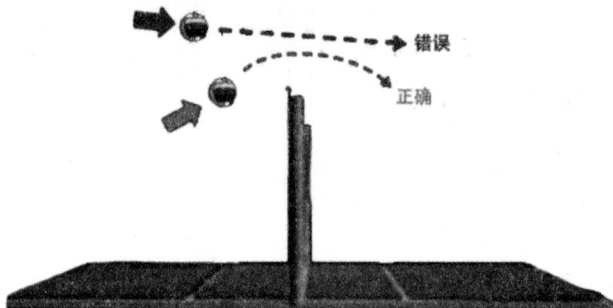

图7-2-4　前场区完成进攻性击球示意图

(二十七)拦网

拦网是队员靠近球网,在高于球网处阻挡对方来球的行动,与触球点是否高于球网无关;只有前排队员可以完成拦网。

(1)拦网试图:没有触及球的拦网行动。

(2)完成拦网:触及球的拦网行动。

(3)允许拦网队员的手过网拦网,但不得干扰对方击球。过网拦网的触球必须在对方进攻性击球之后;在对方进攻性击球同时或之前拦网触球均为犯规。

(4)当球飞向过网而尚未过网,有同队队员准备击该球时,不能过网完成拦网。

(5)集体拦网:两名或三名队员彼此靠近进行拦网为集体拦网。其中一人触球则完成拦网。

(二十八)拦网触球

在一个动作中,球可以迅速而连续触及一名或更多的拦网队员。

(二十九)拦网与球队的击球

(1)拦网的触球不算作球队三次击球中的一次击球。

(2)拦网后可以由任何一名队员进行第一次击球,包括拦网时已经触球的队员。

(三十)拦网的犯规

(1)后排队员完成拦网或参加完成拦网的集体。

(2)拦对方的发球。

(3)拦网出界。

(4)从标志杆外进入对方空间拦网。

(5)拦网队员过网拦网,在对方进攻性击球同时或之前触球。

(6)当球飞向过网而尚未过网,有同队队员准备击该球时完成拦网。

四、比赛间断与延误比赛

(一)正常的比赛间断

正常的比赛间断有"暂停"和"换人"。

(二)正常间断的次数

每局比赛中,每队最多请求两次暂停和 4 人次(四人制)或 5 人次(五人制)换人,所换队员不受位置限制。

(三)请求间断

当比赛死球时,裁判员鸣哨发球前,教练员或场上队长用正式手势,请求换人或暂停。一局开始前允许请求换人,并计入换人次数。

(四)比赛间断的连续

一次或两次暂停与双方的各一次换人相连续,中间无须经过比赛过程。同一队未经过比赛过程不得连续提出换人请求。但在同一次换人请求中可以替换 1 人或多人。

(五)暂停

每次暂停时间为 30 s。暂停时,比赛队员必须离开比赛场区到球队席附近的无障碍区。

(六)换人

(1)换人必须在换人区内进行。

(2)换人由教练员或场上队长请求,换人时,场外队员要做好上场的准备。

(3)如果要替换二名或二名以上的队员,要用手势表明请求替换人次。

(七)特殊换人

(1)某一队员受伤或生病不能继续比赛时,必须进行合法的换人。如果不能进行合法的换人时,可采用超出规则(16.5)限制的"特殊换人"。特殊换人时,场外的任何队员,都可以替换受伤队员,但受伤队员不可在本场比赛中再次上场比赛。

(2)特殊换人不作为换人的次数计算。

(八)不符合规定的请求

(1)在比赛进行中或裁判员鸣哨发球的同时或之后提出请求。

(2)无请求权的成员提出请求。

(3)同一队未经过比赛过程再次请求换人。

(4)超过所规定正常间断次数的请求。

(5)在比赛中第一次没有影响和延误比赛的不符合规定的请求应予拒绝而不进行判罚。

(6)同一场比赛中再次提出不符合规定的请求应判延误比赛。

(九)延误比赛

一个队拖延比赛继续进行的不正当行动为延误比赛。包括以下行为：

(1)换人延误时间。

(2)在裁判员鸣哨恢复比赛后,拖延暂停时间。

(3)请求不合法的替换。

(4)再次提出不合法的请求。

(5)球队成员拖延比赛的继续进行。

(十)对延误比赛的判罚

(1)"延误警告"和"延误判罚"是对全队的延误比赛的判罚。

(2)延误比赛的判罚对全场比赛有效。

(3)所有延误比赛的判罚都记录在记分表上。

(4)在一场比赛中,对一个队的成员的第一次延误比赛,给与"延误警告"。

(5)在一场比赛中,同一队的任何成员造成任何类型的第二次以及其后的延误比赛,都给与"延误判罚",对方得 1 分,并由对方发球。

(6)局前和局间的延误比赛判罚记在下一局中。

(十一)例外的比赛间断

(1)比赛中出现严重伤害事故,裁判员应立即中断比赛,允许医务人员进入场地。该球重新比赛。

(2)如受伤队员不能进行合法替换和特殊替换,则给予受伤队员 5 min 的恢复时间。一场比赛中同一队员只能给予一次恢复的时间。

(3)5 min 后仍不能进行比赛,该队被宣布阵容不完整。

(十二)外因造成的比赛间断

比赛中出现任何外界干扰,都应停止比赛,该球重新进行。

(十三)被拖延的间断

(1)任何意外的情况阻碍比赛进行时,第一裁判员、比赛组织者和主管委员会成员共同研究决定,采取措施使比赛恢复正常。

(2)一次或数次间断时间累计不超过 2 h。

(3)如果比赛仍在原场地进行,间断的一局应保持原比分、原队员和原场上位置,已结束的各局保留比分。

(4)如比赛改在另外场地进行,则间断的一局应取消,但保持该局开始的阵容和位置,重新比赛,已结束的各局比分保留。

(5)一次或数次间断时间累计超过 2 h,则全场比赛重新开始。

(十四)局间休息与交换场区

(1)第一局结束后休息 2 min,决胜局前休息 3 min。

(2)第一局结束后,比赛队交换场区。

(3)决胜局中某队获得 8 分时,两队交换场区,不休息,队员在原来的位置继续比赛。

如果没能及时交换场区,应在此错误被发现时立即进行交换,保留交换场区时两队已得比分。

五、不良行为

(一)轻微的不良行为。

对轻微的不良行为不进行处罚,但第一裁判员有责任防止运动队出现接近被处罚程度的行为。这里使用两种形式:

(1)通过场上队长进行口头警告。

(2)向相关队的成员出示黄牌,虽然没有处罚,但要登记在记录表上,警告该队其行为已经接近被处罚的程度。

(二)给予处罚的不良行为。

队的成员对裁判员、对方、同伴或观众的不良行为,按程度分为 3 类。

(1)粗鲁行为:违背道德准则或文明举止。

(2)冒犯行为:诽谤或侮辱的言语或形态,或有任何轻蔑的表示。

(3)侵犯行为:人身攻击、侵犯或威吓行为。

(三)判罚的实施。

(1)轻微的不良行为。

(2)警告:不处罚。

形式 1:口头警告。

形式 2:出示黄牌。

(3)粗鲁行为:裁判员出示红牌,对方得一分并发球。

(4)冒犯行为:裁判员出示红牌+黄牌(同持一手),取消该局比赛资格,无其它判罚。被判罚的球队成员必须坐在本队球队席上。如果被判罚的是教练员,则失去该局的指挥权利。

(5)侵犯行为:裁判员出示红牌+黄牌(双手分持),取消该场比赛资格,离开比赛控制区,无其它判罚。

(6)不良行为的判罚是针对个人,全场比赛有效,记录在记分表上。

(7)同一成员在同一场比赛中重犯不良行为,按判罚等级加一级判罚,即对该成员的判罚要重于前一次。

(8)对冒犯行为或侵犯行为的判罚,无须有先一次的判罚。

(9)场上队员被取消该局或该场比赛资格,必须立即进行合法的替换,不得继续参加该场的比赛。如果不能进行合法替换,则宣布该队"阵容不完整"。

(10)局前与局间的不良行为,按相关规则进行判罚,并记录在下一局中。

第三节　裁判员的权力与职责

一、裁判员组成

一场比赛的裁判员由第一裁判员、第二裁判员、二名司线员以及一名记录员和一名辅助记录员组成。

二、工作程序

比赛过程中只有第一裁判员和第二裁判员可以鸣哨。

裁判员鸣哨中止比赛后,应立即以法定手势表明。

第一裁判员鸣哨中止比赛,他应指出:

(1)得分的队。

(2)犯规的性质。

(3)犯规的队员(必要时)。

第二裁判员鸣哨中止比赛,他应指出:

(1)犯规的性质。

(2)犯规的队员(必要时)。

(3)跟随第一裁判员指出得分的队。

第一裁判员不用出示犯规性质和指出犯规队员,只指出得分的队。

如果是双方犯规,他们都要按顺序指出:

(1)犯规的性质。

(2)犯规的队员(必要时)。

(3)应发球的队。

三、第一裁判员

(1)权力。

1)他自始至终领导该场比赛,对所有裁判员和球队成员行使权力。比赛中,他的判定为最终判定,如果发现其他裁判员的错误,他有权改判。他甚至于可撤换不称职的裁判员。

2)他有权决定涉及比赛的一切问题,包括规则中没有规定的问题。

3)他不允许对其判定进行任何讨论。但当场上队长提出请求时,他应对判定所依据的规则和规则的执行给予解释。

4)如果场上队长表示不同意他的解释,并立即声明保留比赛结束后将抗议写在记分表上的权力时,他必须准许。

(2)职责。

1)比赛前组织:

(a)主持临场裁判组工作会议,做好赛前准备。

(b)检查场地,器材和比赛用球。

(c)主持双方队长抽签。

(d)掌握两队准备活动。

(e)入场仪式前,带领裁判团队向技术代表请示比赛是否开始。

(f)主持入场式。

2)比赛中有权:

(a)向球队提出警告。

(b)对不良行为和延误比赛进行判罚。

(c)判定发球犯规和发球队位置错误,包括发球掩护。

(d)判定比赛击球犯规。

(e)判定高于球网和球网上部的犯规。

(f)判定进攻性击球犯规。

(g)判定过网拦网犯规。

(h)判定球的整体从网下空间穿越。

(i)判定后排队员完成拦网。

(j)判定穿越中线进入对方场区犯规。

3)比赛结束后:

(a)主持退场。

(b)致谢合作裁判员。

(c)如果有队长对裁判声明抗议,允许提出申诉并登记在记录表上。

(d)检查记录表并签字。

四、第二裁判员

(1)权力。

1)第二裁判员是第一裁判员的助手,但他也有自己的权限。当第一裁判员不能继续工作,代替第一裁判员执行工作。

2)可以用手势指出他权限以外的犯规,但不得鸣哨,也不得对第一裁判员坚持自己的判断。

3)掌管记录台的工作。

4)监督球队席上的球队成员,并将他们的不良行为报告给第一裁判员。

5)允许比赛暂停和换人的请求,掌握间断时间和拒绝不符合规定的请求。

6)掌握各队暂停和换人的次数,并将第二次暂停和第四人次或第五人次的换人告诉第一裁判员和有关教练员。

7)发现队员受伤,他允许其进行特殊换人,或给予 5 min 的恢复时间。检查比赛场地的条件,主要是前场区。比赛中他还要检查球是否符合比赛的要求。

(2)职责。

1)比赛前和每局前:

(a)参加临场裁判组工作会议。

(b)配合第一裁判员检查场地、器材、丈量网高和比赛用球。

(c)配合第一裁判员完成主持双方队长抽签,请双方教练员确认记录表名单并签字,给双方教练员发放并收取填好的位置表。

(d)核对位置表与记录表上队员姓名及号码是否一致。

(e)联系记录员赛前准备情况是否就绪,请双方首发运动员上场并核对位置。

(f)将比赛用球交给发球队员,双手上举向第一裁判员示意赛前准备完毕。

(g)在每局开始、决胜局交换场区,以及在必要的时候,检查场上队员的实际位置是否与位置表相符。

2)在比赛中,第二裁判员对以下犯规做出判断,鸣哨并做出手势:

(a)队员网下穿越进入对方场区和空间。

(b)接发球队位置错误。

(c)队员触及球网和第二裁判员一侧的标志杆。

(d)后排队员完成拦网。

(e)球触及场外物体。

(f)球的整体或部分从过网区以外过网,飞入对方场区,或触及他一侧的标志杆。

(g)第一裁判员难以观察时,球触及地面。

3)比赛结束后:

(a)召集双方队长确认比赛结果并在记录表上签字。

(b)待记录员完成记录表的所谓填写后,检查并在记录表上签字。

五、记录员

职责:

(1)记录员在比赛前和每局前。

1)按照规定程序登记有关比赛和比赛队的情况,包括队员的姓名、号码,并获得双方队长和教练员的签字。

2)检查双方教练员上交的位置表与登记的队员,确认无误后根据位置表登记各队的开始阵容。

3)每局比赛前与第二裁判员同时检查场上队员的实际位置是否与位置表相符。

(2)记录员在比赛中。

1)掌握各队的发球次序,在球队询问发球次序时,及时、准确地告知发球队或发球队员;

2)发现发球次序错误应在发球后立即通知裁判员。

3)掌握并登记暂停和换人次数,并通知第二裁判员。

4)对违背规则的间断请求及时告知裁判员。

5)在每局结束及决胜局8分时,及时告知裁判员;

6)记录各种判罚和不符合规定的请求。

7)在第二裁判员指导下登记其他事件,如特殊换人、恢复时间,被拖延的间断,外因造成的间断等。

8)掌握局间休息时间。

(3)比赛结束后。

1)登记比赛最终结果。

2)如果有提出抗议的情况并得到第一裁判员同意,允许队长将有关抗议的内容写在记分表上。

3)在记分表上签字后,取得双方队长和裁判员签字。

4)完成表格填写后,自己签字,取得二位裁判员确认并签字,完成成绩报告单填写。

六、司线员

职责:

(1)比赛前。

1)检查司线旗;

2)做热身活动。

(2)比赛中。

1)用旗(40 cm×40 cm)按旗示执行其职责;

2)当球落在他负责的线附近时,示意"界内"或"界外";

3)球触及接球人身体后出界,示意"触手出界";

4)示意球触及标志杆、发球后球从过网区外过网等;

5)示意发球击球时场内队员脚踏出场区之外(发球队员除外);

6)发球队员脚的犯规;

7)球从标志杆外过网进入对方场区;

8)在第一裁判员询问时,必须重复其旗示。

(3)比赛结束后。

在记录表上签字。

第四节　裁判方法与法定手势

一、气排球裁判员应具备的素质和职业道德

气排球是起源于我国,深受大众喜爱的群众体育项目。在全国贯彻落实"健康中国 2030"的指引下,在大力发展全民健身的浪潮下,气排球运动发展非常迅猛,各省市、自治区和直辖市气排球各项赛事会越来越多,特别是全运会增设为群众项目后,国内的各种气排球比赛也明显增多。近几年来,在国家体育总局排管中心的领导下,中国排协裁委会加大了对气排球裁判员的培养力度和步伐,这对气排球运动围绕全球胜任力的四个维度发展具有积极的推进作用。目前气排球裁判最高级别为国家级。在广泛发展形势下,扩大排球裁判员队伍势在必行。气排球裁判员需要起到引领、促进气排球运动发展,那么我们培养思想素质高、

品德优,业务水平好的气排球裁判员首先培养他们应具备四个方面的素质:思想政治素质;能力素质;心理素质;业务素质。

(一)思想政治素质

气排球运动这一群众体育活动对全球胜任力发展与活动组织具有积极推进作用,所以良好的思想政治素质是气排球裁判员所必须具备的基本条件和基本品质。裁判人员先要热爱祖国,热爱人民,热爱气排球运动和裁判事业,拥护组委会统一领导,自觉遵守政纪法令,谦虚谨慎,为人师表,团结助人。中国排球协会一直以来都十分重视裁判队伍的素质教育,既要努力提高裁判队伍的业务水平,更要重视培养裁判员的思想政治素质,在选拔、培训、培养和使用裁判员的工作中始终将个人的思想政治素质作为重要条件。张蓉芳书记曾要求将排球裁判队伍打造成一支"风清气正、品质优秀、业务精湛、能打硬仗"的队伍,那么新时代的气排球裁判员也是要同样具备这一目标和要求。

(二)能力素质

能力素质也叫胜任力,是人们认识、改造客观世界和主观世界的本领,也是胜任某种工作的主观条件。作为一名优秀的气排球裁判员应具备以下几方面的能力。

1. 思维与分析能力

气排球裁判员的思维与分析对规则的理解影响较大,通过系统的学习和分析,要完全理解气排球规则的精神,熟练灵活运用于裁判工作实践当中。

2. 人际关系的能力

人际关系的处理是一个人生活在社会和能够向老师和高水平裁判员沟通学习,得到宝贵技巧和经验;通过和同学或团队成员讨论分析,相互取长补短,共同提高;放正心态,为比赛做好服务工作,增强与运动队建立良好的沟通能力。良好的语言表达能力,勤于思考,善于总结。

3. 管理能力

裁判队伍的管理和运动队及其成员的管理是气排球裁判执裁能力展现的一部分。第一裁判是一场比赛的责任人,如何有效地运用规则精神管理好运动队使之比赛顺利、流畅的进行,确实需要裁判员要具有较高的管理能力和管理艺术,这种能力是需要在裁判实践中不断总结、改进与提高的。

4. 执行和运用能力

一场气排球比赛在赛前、赛中、赛后有许多细致且有程序的工作需要裁判去做,去执行。这些工作要严谨有序,忙而不乱的完成。所以赛前一定要认真学习规则,仔细领会裁委会根据比赛的性质提出各方面的要求,那么作为裁判员就是要认真的、不折不扣去执行,不允许各行其是,合理地运用规则能力和执行力是对裁判员的基本要求。

5. 吃苦耐劳与奉献精神

气排球裁判员就是为气排球运动顺利圆满开展提供服务的团队,作为一名气排球裁判员应该是尊重裁判这项工作,热爱气排球事业发展。从事气排球裁判,是一项辛苦奉献的行业要求,从赛前场地的布置、器材的安装、赛事的报名、规程的制定、各项准备工作的完善,到赛中的组织与裁判、管理,再到赛后的组织与总结,直至赛事的完全结束,每天要吹几场球,司线员、记录员、广播员都要去做,很辛苦,需要裁判员要有吃苦及耐劳精神;同时气排球裁判往往是付出多,收获少,气排球裁判出来工作有时甚至会贴钱,还要学会处理好本职工作与裁判工作的关系,不同比赛性质的关系。从事气排球裁判工作必须要有奉献精神。

(三)心理素质

良好的心理素质即指心理健康或具备健康的心理。裁判员的心理素质包括:事业心、社会责任感、集体责任感、要自律自强,要求大局意识、服务意识、心理承受能力、在实际裁判工作中能正确评价自己,有自制力;正直、诚实、遵守社会道德。做到尺度前后一致,双方一致,在关键比赛和关键分判罚时做到心态平稳、精力集中、自信果断。

(四)业务素质

一名气排球裁判员从开始学习到成长为一名优秀裁判员需要磨练很长时间。学习中首先要规范哨音、手势、仪表仪态、熟悉和理解规则,向老裁判学习、积累经验;后面能够比较好地运用规则,成熟稳重,勇挑重担。要做到以下几点:

1. 严格遵循"严肃、认真、公正、准确"的八字方针

这是每名裁判员的工作准则。严肃——代表思想意识,认真——表明工作态度,公正——遵守职业道德,准确——精通业务水平。我们作为一名裁判必须始终保持公平公正职业精神和道德底线,为运动队提供一个公平竞争的良好环境。

2. 始终遵守"公正、准确、规范、责任"的工作原则

这是裁判员的形象和责任的体现。公正——要求执法形象和严肃性,准确——体现业务水准公正,规范——熟悉工作程序组织纪律,责任——做到各司其职密切配合。

一名优秀的气排球裁判员应具备的素质与能力:

(1)公正一致,准确判断。

(2)良好的思想品德与良好的心理素质。

（3）对气排球规则精神的理解与执行能力。

（4）有效地组织比赛能力。

（5）准确的判断能力。

（6）把握比赛流畅进行的能力。

（7）行使规则教育功能的能力。

裁判员只有要具备这些素质能力，才能获得运动队的充分信任，让运动员充分地发挥水平，满怀信心，毫无拘束地投入比赛，同时，让观众融入比赛、参与互动，享受气排球。

二、裁判员的哨音

气排球裁判在临场执行任务时，是依靠裁判员的哨声来协调、控制和管理比赛的，此时哨音就成为裁判员的工作语言，哨音能表达出裁判员的情绪、裁判员的管理、裁判员的业务水平和裁判员的果断公正，这些都可以通过哨音表达出来，展现在广大观众和运动员面前，他对执行本场比赛时的情绪是积极乐观、客观公正，还是消极应付、情绪现象都能从裁判员的哨声听出来。所以裁判员的哨子并不是想象中那么简单易吹，裁判员的哨音应具有丰富的思想内涵。哨音应该有长、有短，有重，有轻，有急，有缓，以单为主、偶尔有双；一裁鸣哨二裁不重复，二裁鸣哨一裁不重复；在执哨过程中（即比赛中）杜绝鸣哨时队员听不见的现象发生。因此比赛中裁判员的哨音即是比赛的命令，有令即止，好裁判一定要吹好哨音。

以下是对裁判员哨音的标准要求：

（1）及时果断、鸣哨有力、哨声响亮、节奏平稳。

（2）思维敏捷、反应迅速、富有朝气、身心健康的特征。

（3）对运动员和观众彬彬有礼、以诚相待，无拖沓冒哨的现象。

（4）鸣哨的时机。

比赛中，裁判员掌握鸣哨的时机非常重要，原则是：第一裁判员鸣哨必须及时果断，第二裁判不鸣则已一鸣惊人。

1）第一裁判需要掌握比赛前的几个鸣哨节点。赛前准备活动和入场。每场比赛赛前允许运动员在场地进行 15 min 传垫打防，倒计时 11 min 丈量网高后，应以短促哨音，提醒运动员离开比赛场地，进入了正式比赛程序；10 min 在记录台前召集双方队长挑边；9 min 鸣哨，正式准备活动开始；3 min 鸣哨，正式准备活动结束，哨音必须响亮而稍长，宣布比赛双方和介绍裁判员后，鸣一声长哨，响亮而干脆，示意双方运动员互相握手致意。

2)比赛时的鸣哨。第一裁判鸣第一声发球哨,鸣哨需准时,哨音应响亮,哨声较长,示意比赛开始。裁判员对比赛中出现的各类犯规、界内外球、位置错误等,需要中断比赛时,裁判员的哨声必须及时、响亮、坚决、果断,尤其是第二裁判鸣哨,不鸣则已,一鸣惊人,一声长哨明确比赛中断的原因。切忌拖泥带水、含糊不清。

3)比赛间断的哨音。正常比赛间断为暂停、换人、局间。

a)暂停时的鸣哨:当比赛成死球时,首先是运动队按响蜂鸣器或主教练口头提出暂停请求,需做出明确的暂停手势,第二裁判(或者是第一裁判)才能鸣哨,哨声长而响,并随即做出暂停手势,表示比赛合法中断,暂停结束时有第二裁判员再次鸣一声长哨音,示意暂停结束,恢复比赛。如果运动队只按响蜂鸣器或主教练口头请求,无暂停手势,裁判员则不能鸣哨给予暂停,如干扰或影响比赛,第一裁判员须短促有力的鸣哨,给予该队延误比赛警告。

b)换人时的鸣哨:主教练提出换人且运动员准备充分进入换人区,第二裁判员必须立即鸣哨示意,哨音应响亮。

c)局间时的鸣哨:当第一局比赛结束时,第一裁判员应鸣一声长哨,示意该局比赛结束,双方运动员在端线列队站好后,由第一裁判员再次鸣一声短哨,配以交换场区手势。第一局和第二局间歇 2 min,1 min 30 s 时第二裁判员鸣一声长哨,提示双方运动员进场,准备第二局比赛。二、三局之间间歇 3 min,第一裁判员应鸣哨,召集双方队长至记录台前组织重新挑边,选择发球、接发球或者场地。

4)全场比赛结束时的鸣哨。第一裁判员应以一声响亮的长哨音示意双方队员在端线处列队站好,然后在裁判台下边线处,第一裁判员以一声短哨示意双方运动员至网前握手致意。

5)赛场管理时的鸣哨。哨音运用有较多种类,主要是正常的管理和意外的发生。一般而言,管理哨音是以提示为主,轻微的、连续的短音,无刺激、不刺耳进行赛场的管理。如轻微的延误比赛或者较轻微的不良行为管理,裁判员应以较为平和的连续短促音予以提示或警告。

如在比赛场上发生较为严重的违纪现象,裁判员则应以重哨加以制止,以示区别,此时,裁判员的哨音是强制性的,具有一定的威慑力。这时裁判员不可出现软哨,应大胆管理,否则难以服众,比赛必将陷入混乱。

赛场意外的发生,如比赛时运动员出现了严重的伤害事故,裁判员应立即鸣哨中断比赛,以连续的短促音提示比赛的中断比赛,该回合判为争球。或者在比赛时,有场外物体进入比赛场区内,干扰了比赛正常进行,此时裁判员也应以短促的重复哨,示意比赛非正常间断,该球判为争球。

6)裁判员用哨时须注意的问题必重复或多声连续哨。

a)应该尽量避免使用重复哨,尤其是在判断方面,以一声哨音为主。

b)选择好的哨子作为裁判员临场用哨非常重要,而且在临场时,裁判员必须带有备用哨。

c)第一、第二裁判员的用哨最好有不同音,以便加以区分裁判员的鸣哨。

三、裁判员的站位

裁判员的站位与鸣哨、做手势是有着密切关系,没有一个正确的站位裁判员的判断就难以做到准确无误,因此,裁判员在鸣哨和做手势时,必须和裁判员的站位相结合。

1. 第一裁判员的位置

第一裁判员坐或站立在球网一端裁判台上,视线水平须高出球网上沿 50 cm 以上,因裁判台位置狭小,脚步难以移动,有很大的局限性。所以,第一裁判多以眼睛视线随头部的转动进行判断,偶尔配以身体动作协助判断。他的判断是针对全场的、是最终的判断。比赛时的具体分工,发球时他看发球方的犯规,攻拦时他看进攻方和网上的犯规,比赛过程他的视线始终是随球移动,直至该回合结束,再观察全场。

2. 第二裁判员的位置

第二裁判员对比赛的判断、配合、管理是通过他的站位而体现出来。他站在第一裁判员的对面,比赛场区的网柱附近。根据比赛的实际情况,第二裁判以脚步移动来调整自己的位置,前后左右进行移动活动范围大而灵活。一般而言,以网柱为中心,左右不超过 1～1.5 m,前后在网柱与记录台之间,执行他的职责。比赛时他站在接发球方换人区内,与边线平行,视线的主光看接发球方,余光看发球方,在发球队击球的瞬间以此来判断接发球方是否存在位置错误。攻拦时他看拦网方的犯规,根据进攻时的位置,近端还是远端,进行前后移动。对无障碍区内的击球,主要站在击球方的对面,观察该球是否从标志杆内外通过,直至该回合比赛结束。每一回合结束,第二裁判和第一裁判须进行眼睛沟通和配合,然后再退至记录台前观察两边替补席的动态。

暂停、换人、局间时,第二裁判员控制记录台工作、球队席的管理。暂停时他站在请求队的一侧鸣哨,查看时间后,同一裁进行眼神交流,然后站在柱前,面向记录台,观察球队暂停情况、掌握时间、掌控记录台工作等。换人时第二裁判员应站在网柱与记录台中间的位置,面向请求换人方,目视记录员的登记工作,并向替换队员做出上下场的手势(两小手臂在腹前交叉)。局间双方运动队交换场区时,第二裁判员的位置应站在网柱前,面向记录台,观察双方运动员交换场区时的动态,然后至记录台前同记录员进行短暂的交流,再走向双方运动员席,向教练员收取次局位置表,交技术代表和记录员后,回到网柱前面向记录台站立,观察双方运动队的情况。

3.鸣哨后裁判员的位置

第一裁判鸣哨后,两名裁判员之间的位置应在不同的一侧,当第一裁判鸣哨某队犯规中止比赛时,第二裁判的位置必须是站在犯规队的一方。

四、司线员的旗示、站位和判断要领

司线员是排球比赛中裁判组成员,在气排球比赛中有着重要的作用,临场时他们的判断和第一、第二裁判的判断同等重要,必须做到准确无误,尤其是在关键局、关键分、关键球的判断上,起着至关重要的作用,正确的判断有助于比赛顺利的进行,而错误的判断会给竞赛工作带来巨大的麻烦,甚至有时还会影响的赛场秩序的稳定。因此,要做好司线员工作,除了学习规则,在理论上进行分析和讨论,主要是在实践中进行运用,然后再回到理论上进行总结和提升,再实践,要理论密切结合实践,才能从根本上做好司线员工作。司线员临场时必须统一思想、精力集中、站位正确、旗示标准、动作规范、判断准确、配合默契、松弛有度(见图7-4-1)。

图7-4-1　司线员旗示

1.司线员16字工作原则

(1)加强预判。预判是为了克服盲目性,加强科学性,提高准确性。首先是对界内外球的判断,对界内外球判断最好的位置,是正对界线,视线判断路线应从球场里面往外移动,然后将目光停留在线上,可避免误判,反之,就可能把界外球判成界内球。其次是对触手出界和球从标准杆内外通过,主要包括对发球的

预判和对扣球的预判,其次是吊球、拦网、无攻的预判。

发球时的预判:气排球进攻是从发球开始的,当队员准备发球时预先判断队员发球习惯和落点就显得很重要,以视线的主光对准边线和端线的远端和近端,余光观察球的飞行情况,司线员要正对边线和端线,目光先于球落在着地点。

扣球时的预判:扣球时的预判比较复杂,每个队的进攻特点和套路是不同的,其战术运用,进攻时的个人技巧、速度的快慢、线路的变化、力量的大小都要做到事先的预判,司线员在预判时主光看线,余光看球的飞行路线。

(2)抢好角度。判断界内外球的关键在于抢好角度。司线员在取位时应在界线的延长线上内侧取位,在预判的基础上由内向外观察球的落点,这样可以观察到球体与比赛场地的接触面,有利于界线附近球的判断。近端球比远端球难判,因此近端球要抢低角度观察球的落点。当抢角度取位时,要避免球打在身上更不能转身躲球。

(3)看线等球。司线员在预判时把视线放在球的飞行路线上,当判断出球朝自己负责的界线飞来时,利用视线的超前转换,做到看线等球,以静待动更符合生理特征,准确判断。

(4)出旗果断。果断就是出旗要及时、坚决、有力、清晰,旗示明确。但要避免为了快而不准确,尤其是近端球不妨稍微停顿再出旗,只有在准确的前提下果断地打出旗示,才能更好的配合一裁,使运动员和观众无异议。

2.司线员的位置

两名司线员,其位置站在两名裁判员右侧场区角端,距场角0.5～1 m处,各自负责其一侧的端线和边线。

3.司线员动作要求(见附录二)

(1)站立。两脚前后自然开立,身体挺拔、端正,目光平视,旗子自然下垂于体侧

(2)准备。在站立的基础上,右脚后撤一步(以右手为例),重心下降上体略前倾成稍蹲或半蹲,小臂稍屈,旗子自然斜垂于体前;比赛进行中调整重心抢好角度,看线等球。

(3)出旗。球落地、触及障碍物,上前并步,立正同时展出旗示,脚到旗到。动作要舒展大方,大臂带小臂发力劲脆飘逸。挺胸抬头目视一裁。

界外旗示:臂直、旗直,臂旗呈一线垂直上举于耳侧界内旗示:手腕下压,臂旗无旗手臂自然下垂。呈一线,60°下指界线,无旗手臂自然下垂。

触手出界旗示:手臂弯曲上举旗杆直立脸前,另一只手五指自然并拢掌心向下轻触旗杆顶部,高度齐下颌,小臂与地面平行。

触及标志杆旗示：立正姿势，持旗手臂上举摆动 3 次，顺序为右→左→直（以右手为例）。

向斜上方，另一只手伸向斜上方，食指指向标志杆；发球队员脚的犯规（或其他队员发球时站于场外），旗示同上。手指向端线或边线。队员击球时或干扰比赛的情况下，触及司线员侧的标志杆，旗示同上。手指向犯规队员。

要点提示：根据规则，球触及标志杆及标志杆以外的任何物体（如网绳、网柱、裁判椅等），旗示都应该为球触标准杆。

（4）收旗。司线员必须用法定旗示指出犯规性质，并有短时间的展示。收旗发力劲脆飘逸，还原成站立姿势。

4. 司线员的判断方法

（1）分工和角球的协作配。两名司线员配合时，对远端角的判断一般是谁看到界外球谁先出旗，另名司线员配合出旗。两名司线员都没有看到是界外球，说明是界内球，经过互相目视，两人均按界内判断。

（2）触手出界的判断。球触及后排队员出界，球从哪条线出界哪个司线员出旗，要判断准确，不能漏判。如果因为角度缘故无法看清，附近的另一司线员看清楚的前提下可以协助补旗。

球触及拦网队员出界，由距离球触拦网队员手后飞行轨迹最近的司线员出旗。确实看准确的出触手出界旗示，没有把握的球出界外旗示。

（3）球触及标志杆或从非过网区进入对方场区的判断。球触及标志杆，由负责该边线的司线员出旗。

球从非过网区进入对方场区，由距离该球飞行轨迹最近的司线员出旗。

五、记录员工作要点

赛前 30 min 进入场地。

（1）检查并准备好记录表、位置表、成绩报告单、笔、秒表、运动队的确认名单和当日裁判员任务表。

（2）核对并填写记录表中比赛名称，登记参赛队信息，确认队员号码，并在队长号码上画圈；核对并填写裁判员、记录员和司线员的姓名、省份、等级；司线员必须按站位顺序填写（见图 7-4-2①、图 7-4-2②、图 7-4-2③）。

比赛名称：2019年"超级杯"全国气排球联赛总决赛	日期：2019年 09年10日／时间：15：00 性别：男☑女□
比赛队：A&B○　　　　VS A&B○	组别：男子 阶段：一 场序：28 场地：3

图 7-4-2① 核对并填写比赛名称

1. 填写队名。

2. 填写队员号码和姓名，
圈出队长号码。

3. 挑边前教练确认名单、
号码并签名。

A&B ○ 福建		A&B ○ 浙江	
号码	姓 名	号码	姓 名
1	×××	1	×××
2	×××	2	×××
3	×××	③	×××
4	×××	4	×××
5	×××	5	×××
⑥	×××	6	×××
7	×××	7	×××
8	×××	8	×××
队长		队长	
教练	×××	教练	×××
备　注			

图 7 - 4 - 2② 　确认名单并签字

填写裁判员名单

	签　字	
第一裁判员	×××	
第二裁判员	×××	
记 录 员	×××	
司 线 员	×××	
司 线 员	×××	
队长签名	Ⓐ	Ⓑ

图 7 - 4 - 2③ 　核对并填写裁判员名单

六、赛前检查球网、比赛用球与设备

(1)一裁应检查球网的松紧程度。可朝球网扔一个球，看它是否能弹回。松紧程度是使球能够很好的弹回，但是球网的材料一定不要太具有弹性，且不能使用四凸不平的网。球网必须水平垂直于中线的中心线，标志杆放置在网的不同两侧，垂直于边线外沿。

(2)不能使用网眼破损的球网进行比赛。

(3)第二裁判员赛前要用刻度210～212 cm(男子)和190～192 cm(女子)的丈量尺对球网高度进行丈量。第一裁判员应在第二裁判员附近监督测量过程。先测量网的中间高度，再测量裁判台一侧网高，最后测量记录台一侧网高。如果与规则不符，应该立刻进行调整。

（4）比赛前在第一裁判的陪同下，第二裁判员检查和掌管 3 个比赛用球，并检查所用的球是同一特性、同一圆周、重量、气压、品牌及颜色的球，放置在记录台旁，比赛结束后将球收回。

（5）比赛（尤其在每局比赛开始前）期间，对应的司线员一定要检查标志带垂直边线之上而且标志杆紧贴在标志带边缘。如果与要求不符，应该立刻对其进行调整。

（6）比赛之前（正式准备活动之前）和比赛期间，裁判员必须注意网柱和裁判台没有对运动员构成危险（例如网柱凸出的绞盘、挂钩等等）的现象。

（7）附加设备：一个裁判台、记录台、一支测量球网高度的丈量尺、气压表、打气筒、球针、可放置 3 个球的球架或球网、1 号~10 号的换人牌、两把红色司线旗（40×40 cm）、翻分牌、蓝色水笔，记录员桌子上也要放置蜂鸣器，用于提示轮转错误和请求暂停。

七、气排球比赛临场裁判程序与配合

（一）赛前准备工作

比赛要求裁判员在赛前 1 h 到达比赛场地，与场地负责人联系做好比赛前的各项准备工作。

1. 赛前 1 h

（1）第一裁判员：召集全体临场裁判员开会，统一思想，提出要求。

（2）第二裁判员：赛前准备会上征求和听取第一裁判员对自己的要求，同时与记录员、司线员交换意见，以便相互了解，加强配合。

2. 赛前 30 min

（1）第一裁判员：应做好个人的一切准备（口哨、红黄牌、服装等），并检查其他裁判员的准备情况，穿着整齐的裁判服装进入比赛场地。与第二裁判员检查场地、无障碍区、球网、标志杆、标志带、比赛用球规格及气压、裁判台、记录台、记分表、成绩报告单、广播、翻分牌、司线旗及丈量尺等。

（2）第二裁判员：协助第一裁判员进行检查。

（3）记录员：对所有用具及备用品做细致的检查，如位置表、记分表、笔、秒表和参赛运动队名单等。在记分表上登记比赛的名称、日期、地点、队名、队员姓名和号码等。

3. 赛前 11 min

（1）第一裁判员：鸣哨清场，检查球网高度、强度、标志杆和标志带。

（2）第二裁判员：协助第一裁判员检查工作（见图 7-4-3）。

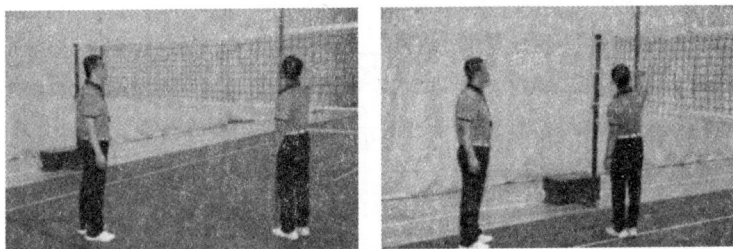

图 7 - 4 - 3　检查球网高度、强度、标志杆和标志带

(二)抽签

1. 赛前 10 min

(1)第一裁判员:与第二裁判员和记录员召集双方队长在记录台前用"挑边器"(或硬币)进行抽签。抽签获胜者先选择发球或接发球或场区。如甲队选择发球,乙队则应选择场区。抽签结束后将抽签结果通知记录员(见图 7 - 4 - 4)。

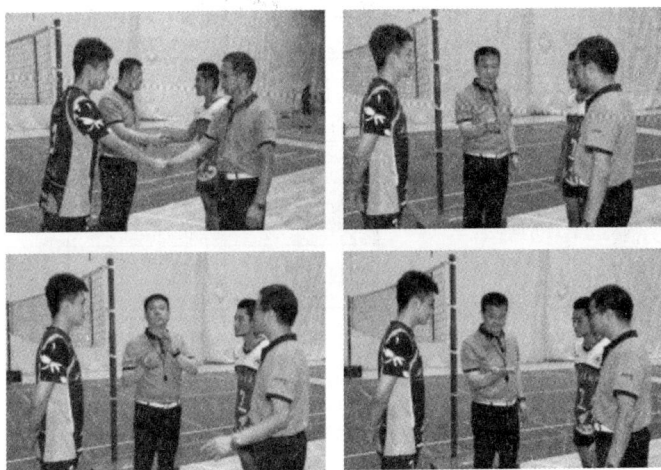

图 7 - 4 - 4　抽签过程

(2)第二裁判员:协助第一裁判员进行抽签,监督记录员进行登记。

(3)记录员:根据第一裁判员通知,登记抽签结果,记录台左侧方的队为 A 队,右侧方的队为 B 队。在先发球队的 S 上划"×"号,同时在得分栏 0 右上方的"1"处划"√";先接发球队的 R 上划"×"号,同时在得分栏 0 处划"×"号(见图 7 - 4 - 5)。双方队长在记录表签字栏内确认签字(见图 7 - 4 - 6)。

2. 决胜局

决胜局比赛前,第一、第二裁判员应重新召集双方队长抽签。

从第一裁判员处确定场地选择和首先发球的队，填写队名后，先发球队在1号位第1轮处上打√，在S处画×，在接球队1号位第1轮次内划×，在R处画×。

比赛队：	A&B Ⓐ 福建				VS	A&B Ⓑ 浙江					组别
第一局	Ⓐ 队名：福建				开始时间	第一局	Ⓑ 队名：浙江				
场上位置	I	II	III	IV	V	场上位置	I	II	III	IV	V
队员号码					换人比分	队员号码					
换人号码					：	换人号码					
换人号码					：	换人号码					
换人号码					：	换人号码					
换人号码					：	换人号码					
换人号码					：	换人号码					
⊗ Ⓡ	0^1 1^1 2^1 3^1 4^1				暂 停	Ⓢ ⊗ ⊠^{1} 1^1 2^1 3^1 4^1					
	5^2 6^2 7^2 8^2 9^2					5^2 6^2 7^2 8^2 9^2					
	10^3 11^3 12^3 13^3 14^3				：	10^3 11^3 12^3 13^3 14^3					
发球轮次	15^4 16^4 17^4 18^4 19^4				：	发球轮次	15^4 16^4 17^4 18^4 19^4				
得 分	20^5 21^5 22^5 23^5 24^5				：	得 分	20^5 21^5 22^5 23^5 24^5				
	25^6 26^6 27^6 28^6 29^6					25^6 26^6 27^6 28^6 29^6					
	30^7 31^7 32^7 33^7 34^7				：	30^7 31^7 32^7 33^7 34^7					

图 7-4-5　登记抽签结果

挑边后双方队长签字

A&B Ⓐ 福建		A&B Ⓑ 浙江	
号码	姓 名	号码	姓 名
1	×× ×	1	× × ×
2	×× ×	2	× × ×
3	× × ×	③	× × ×
4	×× ×	4	× × ×
5	×× ×	5	× × ×
⑥	×× ×	6	× × ×
7	×× ×	7	× × ×
8	×× ×	8	× × ×
队长	×× ×	队长	× × ×
教练	×× ×	教练	× × ×
备 注			

图 7-4-6　队长确认签字

(三)正式准备活动

1.赛前 9 min

(1)第一裁判员:鸣哨并做出手势。正式准备活动为两队合练 6 min。

(2)第二裁判员:协助第一裁判员,管理记录台工作。

(3)记录员:请双方队长和教练确认记分表上的登记信息并签字。

2.赛前 6 min

(1)第二裁判员:向双方教练员索要第一局位置表,核查无误后,交给记录员进行登记。

(2)记录员:根据位置表登记各队的上场阵容。如未及时收到位置表,应立即通知裁判员。

(四)入场式和比赛开始

1. 比赛前 3 min

(1)第一裁判员:鸣哨终止准备活动。

(2)运动队:停止准备活动,回到各自球队席,准备入场。

(3)裁判员:第一、第二裁判员、两名司线员,站在球网的两侧边线上,背向记录台,第一裁判站在记录台左侧(A 队),第一司线员站在其左侧,第二裁判站在记录台右侧(B 队),第二司线员站在其右侧。

(4)运动队:A,B 两队全体队员和裁判员站在相应一侧边线上同时入场。

(5)广播员:宣布本场比赛开始,并介绍担任本场比赛的裁判员姓名、裁判等级。

(6)第一裁判员:鸣哨双方队员互相握手致意,首发队员按位置表上场站位。

(7)第二裁判员和记录员:按位置表核查双方上场队员的位置。如不符,应以位置表为准进行纠正。同时与记录员联络,确认无误后将比赛用球给发球队员,举起双手表示一切就绪,示意第一裁判员可以开始比赛。

2. 比赛开始 0 min

第一裁判员:看到第二裁判员的手势后,鸣哨允许发球,比赛开始。

(五)比赛中的分工

在比赛中,第一裁判员在最后判定时,要充分地注意到第二裁判员和司线员的手势和旗示,同时他也应保证其他裁判员和记录员有足够的时间做他们的管理和登记工作。

第一裁判员或第二裁判员根据规则和职责对确认的犯规及时鸣哨中断比赛。对同一犯规,第一、第二裁判员应避免重复哨。

第二裁判员是第一裁判员的助手,掌握记录台的工作,监督坐在球队席上的球队成员,并将他们的不良行为报告给第一裁判员;负责管理准备活动区中的队员;允许比赛中断的请求;掌握间断的时间和拒绝不符合规定的请求。

(六)发、接球时的分工

(1)第一裁判员:当第二裁判员将第一个球递给发球队员后,鸣哨开始比赛。第一裁判员面向发球一方,观察发球队员、发球队有无犯规行为。发现下列犯规时应立即鸣哨并做出手势:发球犯规、发球队位置错误、发球掩护等。第一裁判员的视线要随球移动。

(2)第二裁判员:主要观察接发球队有无犯规,当发现以下犯规应立即鸣哨并做出手势:接发球队的位置错误、击发球、触网等犯规。第二裁判员在观察接发球时,站在接发球队一侧。当网前出现击球时,取位在防守队一侧。如果记录员发现发球次序错误,第二裁判员应对错误进行核实,并按规定程序处理。

(七)网上扣、拦时的分工

(1)第一裁判员:主要观察扣球一方,发现下列犯规应立即鸣哨并做出手势:过网击球犯规、过中线、触网、后排队员拦网、进攻性击球犯规、拦发球等。第一裁判员要经常用眼光同第二裁判员、司线员、记录员沟通。

(2)第二裁判员:主要观察拦网一方,发现下列犯规应立即鸣哨并做出手势:网下穿越进入对方场区和空间;进攻性击球和拦网犯规;队员击球或试图击球时触及球网和第二裁判员一侧的标志杆;球触及第二裁判员一侧的标志杆或从第二裁判员一侧过网区以外通过;球触及场外物体或球触及地面而第一裁判员处于难以观察的情况时。

比赛中,第二裁判员可以用手势指出他职权以外的犯规如触手出界、四次击球等,但不能鸣哨,亦不得坚持自己的判断。

(八)暂停时的分工

(1)第二裁判员:当教练员或场上队长在死球时用相应的手势提出要求后,第二裁判员首先应鸣哨做出暂停手势,并掌握暂停时间,然后观察场上情况有无其它犯规行为,并掌握记录台工作,必要时将暂停次数通知第一裁判员和教练员。暂停时间到,第二裁判员鸣哨恢复比赛。

(2)记录员:将暂停时双方的比分、暂停次数登记在记分表上。

(九)换人时的分工

(1)第二裁判员:当教练员或场上队长在死球时提出请求并作出换人手势时,第二裁判员确认合法后,鸣哨并允许换人。对不符合规定的请求应予拒绝,并根据实际情况进行判罚。

(2)记录员:当第二裁判员鸣哨换人时,应立即确认换人请求是否合法。若无错误应举单手表示可以换人。换人登记结束后,举双手示意恢复比赛。对不合法的换人请求应立即通知裁判员。

(十)发现不良行为时的分工

(1)第一裁判员:应对比赛中运动队成员的不良行为和延误比赛进行判罚。

(2)第二裁判员:发现运动队替补席、准备活动区、局间或场上队员的不良行为,应在死球时,根据事实通知第一裁判员,第一裁判员则根据其不良行为的轻重给予相应判罚。

(3)记录员:当某队被判罚时,应与第二裁判员联络,记录在相应判罚栏内。

(十一)司线员比赛中的工作

(1)司线员用旗按规定的旗示示以"界内""界外""触手出界""球从过网区外

过网和触及标志杆""发球时发球队员脚的犯规"。司线员看线的操作方法概括起来主要是：加强预判、抢好角度、看线等球、出旗果断。

（2）司线员对其他犯规的判断：司线员有权对球触场外物体或球从标志杆附近过网进行判断。对犯规的判断以相应的旗示向第一裁判员示意，但当第一裁判员未中断比赛，司线员应立即收回旗示，不得坚持。

（十二）记录员比赛中的工作（位置表、记分表见附录三、附录四）

（1）比赛开始，登记该局开始时间。

（2）第一个发球，在先发球队的发球次序第一轮表格内的 1 数字上"√"，表示该位置的队员发球，同时，在接发球队第一轮表格内划×号，表示该队接发球。得分时在该队右侧累积分上划"/"号，失分后，先在对方得分累积分上划"/"号，再在发球轮次表格内的 1 数上划"√"号，以后各轮次记录方法，以此类推。当队员轮转发球一次完毕后，再从数字 2 这一格内开始记录发球轮次。记录员如果发现发球次序错误，在发球击球后应立即通知裁判员。

（3）掌握与记录换人次数，并通知第二裁判员。某队请求换人时，应将替补队员号码填写在被替补队员号码下方格内，并在下方格内记下比分，将换人一方比分写在前面。

（4）掌握与记录暂停的次数，并通知第二裁判员。某队请求暂停时，在该队累积分数栏下方格内，记上暂停时比分，要求同换人方法。

（5）决胜局记录方法：在决胜局中某队先得 8 分时，应及时通知裁判员让运动员交换场区，并将记分表上左方队发球次序队员号码等移到右方后半局的相应栏内，并核对场上队员位置。在原左边、右边的累积分下划"——"横线，表示换场前双方所得分数。换到右边后半局后在已得分数下也划"——"横线，换场后得分在竖线下做记录，同时在"交换场区时的得分"栏内，记录该队交换场区时的分数。发球轮次继续依次进行记录，左方队换人、暂停栏目的内容也要换到右方相应栏内（见图 7-4-7）。

（6）一局比赛结束后，应在两队最后比分上划一圆圈，表示该队最后所得分数，并在积分栏中多余的分数上划"——"号最后填写结束时间（见图 7-4-7）。

（7）由于发球次序错误，所得分数被取消时，在记分栏内将所得分用"|"划掉，再得分时，在同格内划"/"符号。例如得分划"/"，被取消划"×"，再得分划"\"（见图 7-4-8）。

（8）如队的成员因不良行为而受警告或判罚，应记在记录表的左下角判罚栏内。将运动员的号码，填写恰当的栏中，同时注明 A 或 B 队及比赛局数。被判罚所得比分必须圈上。记录员对"延误警告"或"延误判罚"要正确记录。

第三局	Ⓐ队名：福建				开始时间 15：40	第三局	Ⓑ队名：浙江				结束时间 16：00	Ⓐ队名：福建					换场比分 8
场上位置	I	II	III	IV	V	场上位置	I	II	III	IV	V	场上位置	I	II	III	IV	V
队员号码	1	5	8	3	2	换人比分	队员号码	5	4	2	6	7	换人比分	队员号码	1	5	8	3	2	换人比分
换人号码			4			3：6	换人号码						：	换人号码			4			3：6
换人号码						：	换人号码						：	换人号码						：
换人号码						：	换人号码						：	换人号码						：
换人号码						：	换人号码						：	换人号码						：
换人号码							换人号码							换人号码						
Ⓢ Ⓧ					暂停	Ⓧ Ⓡ					暂停						暂停
发球轮次 得分					3：5	发球轮次 得分						发球轮次 得分	0 1 2 3 4 / 5 6 7 8 9 / ⑩ 16 17 18 19 / 20 21 22 23 24	3：5

1. 记录重新挑边后A、B场区队名，发球及发球次序。
2. 填写比赛开始时间，当比分到8时，将左侧队的交换场区时比分、换人、暂停都记录至交换场地后的右侧。
3. 比赛结束，填写比赛结束时间。在各队最后一分处画圆圈，表示本局的最后得分，划去乘余比分。
4. 划掉最后一分后，立即记录本局比赛结束时间。（局间休息2~3 min）

图7-4-7　记录方法

若已得分数需取消，及再得分记法：已得分"/"；取消"╳"；再得分划"|"

已得分　　　　取消　　　　再得分

图7-4-8　划得分方法

对在一局中某队第一次因延误被制裁的事实(D警告)，记录员必须写一个D字在警告栏，在A或B栏等级该队的身份（A队或B队）；然后将制裁发生在第几局(1,2,3)写在局栏内；最后写上被判罚队比分。在"延误判罚"的场合，D字必写在判罚栏内，对方所赢得的比分必须用圆圈在记分表上注明(见图7-4-9)。

延误比赛警告，判罚（针对全队，全场有效）

同一场中，对一个队的第一次延误比赛为警告，要登记在警告栏中，不判罚。（黄牌指向手表）

同一场同一队任何队员第二次及其后的延误比赛，均要判罚，失一分并由对方发球。（红牌指向手表）

判罚队比分在前，所记比分为判罚前比分，对方该划分并画圈。

局前或局间的延误判罚记在下一局中。

	警告	判罚	判罚出场	取消比赛资格	Ⓐ Ⓑor	局	比分
判罚	D				B	1	6：7
		D			B	3	6：7
							：
							：

符号说明：C=主教练　Ac=助理教练　号码=队员　栏内填写　D=延误　｜不符合规定的请求｜队名Ⓐ　队名Ⓑ

图7-4-9　警告程序与方法

（9）不良行为被判罚，应将原因登记在备注栏内（见图 7-4-10）。

不良行为（针对个人，全场有效）

对应的判罚。

黄牌：警告不失分。

红牌：失一分同失发球权。

判罚栏内所记比分为判罚前比分。

单手持红黄牌：不失分，该队员本局不能参赛，坐在判罚区。

两手分持红黄牌：不失分，该队员本场不能参赛并离开控制区

	警告	判罚	判罚出场	取消比赛资格	Ⓐ Ⓑor	局	比分
判罚	8				A	1	6:7
		7			A	3	6:7
			7		B		7:9
				5	B		5:8
							10:12
符号说明：C=主教练　Ac=助理教练　号码=队员　栏内填写 D=延误				不符合规定的请求		队Ⓐ名　队Ⓑ名	

图 7-4-10　判罚程序与方法

八、比赛结束的工作

（1）第一裁判员鸣哨，两个队的队员站在他们自己的端线上。两个队走到网前与对方握手后回到他们自己球队席。

（2）第一裁判员主持退场式后，裁判员、司线员同时走回到记录台处，裁判员详细检查记分表，确认无误在其他裁判员签字后再在记分表上签字。

（3）记录员在记分表下方栏目填写比赛结果（见图 7-4-11）。如有比赛中某队曾提抗议，应允许该队长将有关抗议的问题写在记分表的附注栏内。记录员按以下顺序取得签名：记录员、双方队长、第二裁判员、第一裁判员、最后将记分表交给比赛组织者或竞赛组。

1. 填写比赛结果和胜队。
2. 在双方队长签名后再完善比赛结果栏最终结果统计栏要填满。

福建				Ⓐ比赛结果Ⓑ			浙江	
换人	暂停	胜负	得分	局 时间	得分	胜负	暂停	换人
1	1	1	21	1局(18)	18	0	0	0
2	2	0	17	2局(12)	21	1	2	3
1	1	1	15	3局(20)	12	0	0	0
4	4	2	53	合计(50)	51	1	2	3
胜队：福建				2:1				

图 7-4-11　填写比赛结果

(4)裁判员检查记录表填写无误后,裁判组成员均在在记分表上签字(见图7-4-12)。

签 字		
第一裁判员	×××	×××
第二裁判员	×××	×××
记 录 员	×××	×××
司 线 员	×××	×××
司 线 员	×××	×××
队长签名	Ⓐ ×××	Ⓑ ×××

1. 双方队长签字。
2. 在完善好比赛结果后,记录员、司线、二裁、
   一裁按顺序签字。
3. 填写成绩报告单并请裁判长签字。

图 7-4-12 裁判员签字

(5)填写成绩报告单(见图7-4-13)。

气排球比赛成绩报告单

(男、女)组别:<u>男子</u>   场序:<u>28</u>   场地:<u>3</u>

	队 名	名 队
	福建	浙江
第一局	21	18
第二局	17	21
第三局	15	12
总得分	53	51
比赛结果	2:1	
胜队	福建	

记录员:***

图 7-4-13 成绩报告单

九、裁判员的手势(见附录一、附录二)

裁判员必须以法定手势指出鸣哨的原因(犯规的性质或准许比赛间断的目的等)。手势应有短时间的展示。如果是单手做手势,应用与犯规队或请求队同侧的手表示。

裁判员的手势和哨音一样,它是裁判员的肢体语言,非常重要,裁判员鸣哨中止比赛时,是通过统一、规范和法定的手势,明确告知全场观众、媒体、运动队、记录台工作人员该球的犯规性质、犯规队员、中断比赛原因、不良行为判罚和赛

场管理等,因此,裁判员的手势在比赛运用时,动作务必完整、标准和规范,使全场人员一目了然,切忌盲目出手、拖泥带水、模棱两可、张冠李戴,从而给比赛带来不必要的麻烦。正确的裁判员手势应该如下。

1. 展示裁判员的外在形象

裁判员在鸣哨中断比赛,展示各类犯规性质原因时,首先是他外在形象的展示,他的仪表仪态表现出裁判员对比赛的态度和对比赛的认知程度,对比赛是否足以重视。因此,裁判员的第一印象就显得异常重要。着装应该得体、整洁、统一规范;精神饱满、振奋、不蓄胡子、不留长发;姿态站立自然挺拔、姿态稳重自如;动作自然洒脱、落落大方。

裁判员在比赛运用手势时,首先表现出的是他们外在的形象,裁判员根据比赛中断的原因,做出相应的犯规手势或请求手势,动作必须做到准确无误。标准得体的规范手势会使人们对裁判员产生信服感和舒适感,有利于比赛的连贯性。

2. 裁判员的手势(见附录一、附录二)

(1)裁判员的手势动作。第一裁判共有 25 个手势、第二裁判有 12 个手势,司线员有 5 个旗示,每一个手势(旗示)都表示了不同的犯规性质、界内外球、球队请求、判罚种类等,手势简单明了,是比赛中裁判员通用的肢体语言。比赛中裁判员鸣哨后,他们必须用标准的法定手势将运动员犯规性质或运动队的请求,告诉全体参赛人员(教练员、运动员、记录台、媒体和观众)。

(2)裁判员的手势展示。判员鸣哨后应有一个短暂的停顿,迅速环视(与二裁和司线员对视)确认无误后,再展示出需表达的动作,做手势时,动作应该舒展大方、准确规范、清晰自然、短暂展示,然后再复原收回手势。整个过程,裁判员的动作富有节奏感和层次感,是一种美的表现。鸣哨后裁判员不立即做出手势,这个短暂的停顿是必须的他可避免裁判员因手势过快而造成的错判,也可以避免裁判员之间配合时出现的反判,出手慢比改判自己的手势要好得多。

(3)裁判员的手势顺序。裁判员出手须遵循规则要求的三部曲,第一裁判员鸣哨后,首先指出的是得分方,然后是犯规性质,指出犯规队员(必要时);第二裁判员不需要随第裁判重复做同一个动作。而第二裁判员鸣哨后,他先指出的是犯规性质,犯规队员(必要时),然后随第一裁判员指出发球方。第二裁判员无论何时都不能先于第一裁判指出发球方。

(4)裁判员的手势配合。第二裁判员在协助第一裁判员判断时,他应以隐蔽的手势在胸腹前做短暂的示意,无论第一裁判员未发现或不同意此判断,第二裁判员均不得坚持自己的手势,更不能将此判断暴露在大庭广众之下,以免引起争议。

气排球与全球胜任力的交叉融合思考七

Reflection Ⅶ on the cross integration of gas volleyball and global competence

在气排球竞赛规则与裁判方法这一章中的部分内容可以渗透培养学生的全球胜任力素养。如在"气排球竞赛规则"这部分教学内容中,可以就如何利用规则进行气排球的教学与训练等话题展开讨论。而在"气排球裁判方法"专题中,裁判的权力则是值得重点关注的内容。关于这些内容的学习与讨论,从全球胜任力素养提升的角度出发,通过气排球竞赛规则与裁判方法使学生达成:(1)知识层面能够促进学生学习和掌握规则;(2)有效提升自身的规则意识以及比赛中的适应性;(3)培养其以宽容、欣赏、沟通以及合作的态度看待裁判工作。

In this chapter, we focused on the rules of air volleyball competition and refereeing techniques in cultivating students' global competence. In the session of "air volleyball rules", discussions will be held to focus on how to utilize rules to teach and train air volleyball as well as the rights of referees. From the perspective of global competence, through the learning and discussion of these contents of the air volleyball rules and refereeing, it will teach students the skills of learning, improve their innovation and creativity, and enhance their adaptability from the knowledge aspect. They will also learn to appreciate the referees work with the attitudes of empathy, appreciation, communication and collaboration.

思考题七

1. 简述气排球运动比赛场地区和区域的划分。

2. 在比赛中,第二裁判员对哪些犯规可以鸣哨并做出手势?

3. 简述司线员临场工作原则。

附　　录

附录一　　裁判员手势图

表明的性质	裁判员手势	表明的性质	裁判员手势
允许发球： 挥动发球队一侧手臂		得分、发球队： 平举发球队一侧手臂	
交换场地： 两臂在体前、体后绕体旋		暂停： 一臂屈肘抬起，另一手手掌放在该手指尖上，然后指明提出请求的队	
换人： 两臂屈肘在胸前绕环		一局或全场比赛结束： 两臂在胸前交叉	
发球时球未抛起： 一臂慢慢举起，掌心向上		发球掩护或拦网犯规： 两臂上举，掌心向前	

续 表

表明的性质	裁判员手势	表明的性质	裁判员手势
发球延误: 举起八个手指并分开		界内球: 手臂和手斜指向地面	
位置错误或轮转错误: 一手食指在体前绕环		界外球: 两臂屈肘上举,手掌向后摆动	
持球: 屈肘慢举前臂,掌心向上		四次击球: 举起四个手指并分开	
连击: 举起两个手指并分开		过网击球或过网拦网: 一手掌心向下,前臂置于球网上空	
发球未过网和队员触网: 一手触犯规队一侧球网		进入对方场区或球从网下通过: 手指指向中线	
队员进攻性击球犯规或前场区击球犯规: 一臂向上举起,前臂向下摆动		双方犯规: 重新发球两臂屈肘,竖起拇指	

续 表

表明的性质	裁判员手势	表明的性质	裁判员手势
触手出界： 用一手掌摩擦另一手屈肘上举的指尖		轻微不良行为： 一手持黄牌（警告），一手指向被警告人员	
粗鲁行为： 一手持红牌，一手指向被警告人员，对方得一分		冒犯行为、判罚出场： 一手持黄、红牌，取消该局比赛资格	
侵犯行为、取消比赛资格： 两手分持红、黄牌，取消场比赛资格		延误警告和判罚： 两臂屈肘举起，持黄牌（警告）或用红牌（判罚）贴靠其腕部	

附录二　司线员旗示图

表明的性质	司线员旗势	表明的性质	司线员旗势
界内球： 向下示旗		触手出界： 一手举旗，另一手 放置在旗顶上	
界外球： 向上示旗		球触标志杆或队员 发球时脚的犯规 一手举旗晃动，另 一手指标志杆或 端线	
无法判断： 双手胸前 交叉			

附录三　五人制气排球位置表

第一局	第二局	第三局
IV III II V　I 队　名： 教练签名：	IV III II V　I 队　名： 教练签名：	IV III II V　I 队　名： 教练签名：
IV III II V　I 队　名： 教练签名：	IV III II V　I 队　名： 教练签名：	IV III II V　I 队　名： 教练签名：
IV III II V　I 队　名： 教练签名：	IV III II V　I 队　名： 教练签名：	IV III II V　I 队　名： 教练签名：

附录四　五人制气排球比赛记分表

气排球比赛记分表（五人制）

比赛名称：
比赛　队：Ⓐ A & B　VS A & B　Ⓑ
日期：　　年　月　日／时间　：
性别：男□女□
阶段：　组别：　场序：　场地：

Ⓐ 队名：　　Ⓑ 队名：　　Ⓐ 队名：　　Ⓑ 队名：

第一局／第二局／第三局

场上位置 I II III IV V
队员号码
换人号码

发球轮次　得分

暂停

换人比分　开始时间　结束时间

比赛结果
Ⓐ　时间　得分　胜负　暂停　换人　Ⓑ
1局（　）
2局（　）
3局（　）
合计（　）

比分　　　2 ：

胜队：

警告／判罚／判罚出场

第一裁判员
第二裁判员
记录员
司线员
司线员

队长签名 Ⓐ　　　 Ⓑ

签　字

号码　姓名　　　姓名　号码

队长　教练

备注

参 考 文 献

[1] 虞重干.排球运动教程[M].北京:人民体育出版社,2015.

[2] 孔庆鹏.中国气排球[M].北京:人民体育出版社,2015.

[3] 中国排球协会.气排球竞赛规则(2017-2020)[M].北京:人民体育出版社,2017.

[4] 全国体育院校教材委员会.排球[M].北京:人民体育出版社,1999.

[5] 国家体育总局.中国体育教练员岗位培训教材[M].北京:人民体育出版社,2003.

[6] 李莹.气排球[M].北京:中国人民大学出版社,2018.

[7] 王成.排球运动汉英小词典[M].西安:西北工业大学出版社,2018.

[8] 胡敏.提升全球胜任力:面向未来青少年的核心素养—《剑桥人生胜任力框架》译介[J].基础教育课程,2019(9):69-75.

[9] 胡敏.全球胜任力[M].上海:东方出版社,2019.

[10] 彭正梅,郑太年,邓志伟.培养具有全球竞争力的中国人:基础教育人才培养模式的国际比较[J].全球教育展望,2016(8):67-79.

[11] 熊万曦.PISA 2018全球素养的内涵及实践意义[J].教师教育研究,2017(5):89-95.

[12] 丹尼尔·戈尔曼.情商:为什么情商比智商更重要[M].北京:中信出版社,2018.

[13] 徐星,官芹芳,安德烈亚斯·施莱歇尔.为全球性与跨文化性的未来做准备[J].上海教育,2016(29).

[14] 滕珺,张婷婷,胡佳怡.培养学生的"全球胜任力"美国国际教育的政策变迁与理念转化[J].教育研究,2018,039(1):142-147,158.

[15] 钟周,张传杰.立足本地、参与全球:全球胜任力美国国家教育战略探析[J].清华大学教育研究,2018(2):65-73.

[16] 周小勇.全球化时代呼唤全球素养教育[J].全球教育展望,2017(9).

[17] Cambridge University Press. The Cambridge Framework for Life Competencies[EB/OL].

[18] OECD. Handbook-PISA-2018-Global-Competence[EB/OL].2017.

[19] OECD. The future of education and skills:Education 2030 [EB/

OL].2018.

[20]　OECD. Teaching for global competence in a rapidly changing world [EB/OL].2018.

[21]　VERONICA BOXI MANSILLA，ANTHONY JACKSON. Education for Global Competence：Preparing Our Youth to Engage the World [M].New York：Asia Society,2011.